수학과 방과후 활동지도

박제남 지음

Mathematics & After-school Activities

KM 경문사

수학과 방과후 활동지도

최근 "중등대수학"이란 제목으로 연수에서 제공한 것을 부정적분, 정적분 등을 보완하여 학교에서 방과후 활동에 활용할 수 있도록 본 교안을 작성하였다. 따라서 다음 내용을 참고하여 본 강의자료를 학생지도에 활용해 보자.

활동지 활용, 수학사, 수학의 응용 들을 사용하여 새로운 교수법을 소개하였다. 본 강의 내용을 참고, 발전시켜 방과후 활동 등에 학생을 지도해보자. 이 때, 교수·학습 내용을

(1) 학생들의 포트폴리오 작성과 자료축적을 어떻게 지도할 것인가?

(2) 생활기록부에 학생의 노력과 학습발달을 어떻게 기록할 것인가?

(3) 상위학교 진학을 위한 추천서 작성 시 방과후 활동 내용을 어떻게 추천서에 언급할 것인가?

(4) 수리논술지도를 어떻게 할 것인가?

를 염두에 두기 바란다. 또한, 학생들이 자기소개서 등을 작성할 때, 스펙관리 입장에서 활용이 될 수 있도록 지도 방향 및 방법을 나름대로 설정하기 바란다.

이를 위하여 교사는 학생부기록과 추천서 작성을 위한 글쓰기 발전에 많은 노력을 기울여야 한다. 이를 위하여 학교단위로 자체 글쓰기 연수를 운영하는 것도 좋은 방법이라고 판단된다.

목 차

중·고등학교 「수학」 은 '수와 연산', '문자와 식', '함수', '확률과 통계', '기하' 등 5개 영역을 핵심 내용으로 하고 있다. 이 중 대수 영역을 살펴보자(교육인적자원부 고시 제 2007-79호[별책8] 수학과 교육과정).

	중학교			고등학교
	1학년	2학년	3학년	1학년
수와 연산	• 소인수분해 • GCD, LCM • 이진법, 삼진법 • 정수의 대소관계, 사칙계산 • 유리수의 대소관계, 사칙계산	• 순환소수 • 근삿값(연분수)	• 제곱근의 뜻과 성질 • 실수의 대소관계 • 근호를 포함한 식의 사칙계산	• 집합의 연산법칙 • 실수, 복소수의 연산
문자와 식	• 문자의 사용 • 일차식의 덧셈과 뺄셈	• 다항식의 덧셈과 뺄셈, 곱셈	• 간단한 다항식의 인수분해	• 다항식의 연산 • 다항식의 인수분해, 약수와 배수 • 유리식과 무리식

중학교 수학 1에서 수체계(ring with identity)는 자연수집합(monoid), 정수집합(integral domain), 유리수집합(field)을 다루며, 중3 이후에는 근호를 포함한 수체계(ring with identity) $\mathbb{Q}[\sqrt{2}]=\{a+b\sqrt{2} \mid a,b \in \mathbb{Q}\}$, 실수체, 복소수체와 다항식환 $\mathbb{Z}[x]$, $\mathbb{Q}[x]$, $\mathbb{R}[x]$ 등을 주로 다룬다. 자연수에서는 '약수와 배수'와 '진법'을 중심으로 다룬다. 약수와 배수로부터 소수가 정의되고 소수를 이용하여 소인수분해(unique factorization)를 도입하고 이로부터 gcd, lcm을 구한다. 그리고 수모형으로 이진법, 삼진법을 간략하게 다룬다. 정수와 유리수에서는 사칙연산이 주류를 이루고 있는데 이러한 연산 개념들은 다항식환(polynomial ring)으로 그대로 옮겨가 다항식환에서의 인수분해, 약수, 배수, 그리고 사칙연산을 다룬다(고등학교 「수학」). 중학교 1학년에서 문자와 식은 다항식환의 출발이다. 한편, 최대공약수와 최소공배수는 자연수에서 시작(초등학교 5-가)하는데 지도상 문제점이 없으나 교사가 이 개념

들을 정수환(integral domain), (유리계수, 실계수)다항식환에서 학생을 지도하면 문제(?)가 발생한다. 즉, 최대공약수가 유일하지 않다. 예를 들면, 정수환(integral domain; unique factorization domain) $\mathbb{Z}$에서는

$$\gcd(4,6)= \pm 2$$

로 2개 이며, 유리계수다항식환 $\mathbb{Q}[x]$에서는

$$\gcd(x^2-1,(x-1)^2)= \alpha(x-1),\ 0\neq\alpha\in\mathbb{Q}$$

로 무한개가 생긴다.

나머지 영역에서 다루는 내용을 살펴보면 다음과 같다. 7차교육과정에서 빠졌던 행렬의 선형변환(일차변환)을 주목해 보자.

과목명	영역	내용
수학의 활용	도형과 그래프	• 평면그래프와 정다면체
수학I	행렬과 그래프	• 행렬과 연산 • 그래프와 행렬
미적분과 통계기본	구분구적법	• 구분구적법
수학II	방정식	• 분수방정식 • 무리방정식
적분과 통계	적분, 순열과 조합	• 적분법 • 순열과 조합 • 이항정리
기하와 벡터	일차변환과 행렬	• 일차변환과 행렬 • 일차변환의 합성과 역변환
	이차곡선	• 포물선 • 타원 • 쌍곡선
	벡터	• 벡터와 그 연산 • 벡터의 내적 • 직선과 평면의 방정식

본 교재는 중학교와 고등학교에서 사용하는 대수학 및 해석학 분야를 개정교육과정에 준하여 (1) 소수, (2) 몫과 나머지, (3) 경우의 수, (4) 벡터공간, (5) 행렬, (6) 적분을 다룬다.

제1장 '소수(prime number)'와 제2장 '몫과 나머지'는 중1부터 고1까지 '수와 연산', '문자와 식'에 관련된 것으로 독자들이 대학에서 배운 대수학(환론, 체론)과 정수론의 지식을 필요로 한다. 이러한 내용은 초등학교 5학년에

서 고등학교 1학년에 걸친 대수영역의 핵심개념이다. 이는 다항식환 $\mathbb{Z}[x]$에서 인수분해 및 사측연산으로 발전하며 다항식은 방정식과 다항함수로 연결된다. 다항함수는 「미적분과 통계기본」에서 구분구적법의 대상으로 자리잡고, 수치해석적으로 무리수의 근삿값을 구하는데 사용된다. 몫과 나머지는 정수론입장에서 보면, 최대공약수를 구하는 알고리즘과 (유한단순)연분수를 만들며, 다항함수입장에서 보면 유리화와 무한연분수를 제공한다. 즉, 두 정수의 몫과 나머지는 유리수, 두 다항함수의 몫과 나머지는 (대수적)무리수를 위한 것이다. 제3장 '경우의 수'에서는 피보나치수열을 주제로 하여 경우의 수를 구하고 항등식을 찾아 증명하고, 도미노와 타일을 이용하는 조합론을 소개하였다. 또한, 벡터공간에서는 내적의 의미를 깊이 있게 다루었고, 벡터공간의 활용으로서 부호론을 간략히 소개하였다. 내적의 예에서 적분의 의미를 알아보았다. 독자들은 적분방법뿐만 아니라 그 적분이 무엇을 말하는지 관심을 가져주기 바란다. 참고로 구분구적법의 활용의 예를 몇 개 살펴보았다. 한편, 개정교육과정에서 재도입된 선형변환(일차변환)을 다루었다. 행렬은 어떻게 학문적으로 확립되었는지 복소수를 출발점으로 소개하였고 그 응용에 대하여도 살펴보았다.

끝으로, 중등수학을 이해하고 교재연구 하는데 필요한 학부과정에서 많이 사용하고 있는 전공서적을 본 교재와 연결하여 적어본다.

저자 및 교재명	본 교재 내용
(J. Fraleigh) A first course in abstract algebra	Chapter I, Chapter II, Chapter V
(J. Silverman) A friendly introduction to number theory	§2, §4. §5, §6
(H. Anton & C. Rorres) Elementary linear algebra	§10, §15, §16, §17, §18, §19, §21
(E. Kreyszig) Advanced engineering mathematics	§5, §18, §20, §21
(R. Bartle) Introduction to real analysis	§4, §12, §18
(J. Brown & R. Churchill) Complex variables and application	§20

Chapter I 소수

"수학 I"에서는 1보다 큰 자연수 중에서 1과 그 수 자신만을 약수로 가지는 수를 소수로 정의한다. 이를 바탕으로 자연수를 소인수분해하고 이를 위하여 거듭제곱의 정의를 교과서에서 먼저 제공한다. 소인수분해는 약수를 모두 구하거나 두 수의 최대공약수를 구하는데 활용된다. 본 장에서는 자연수의 합을 통하여 소수를 분류하였다.

소수가 얼마나 많은지에 대하여 알아보았다. 물론, 소수가 무한히 많다는 증명은 유클리드 때로 거슬러 올라간다. 우리는 이를 5가지 방법으로 알아보았다. 교과서에서도 서로소를 정의하는데 서로소의 용도, 판정 또는 두 수가 서로소일 확률에 대해서도 언급하였다. 소수가 무한개라는 표현은 매우 무책임(?)한 말인데 실수 x를 넘지 않는 수중에서 소수의 개수를 $\pi(x)$라 하면 대략 $\pi(10^n) \approx 4.3429 \times \dfrac{10^{n-1}}{n}$이다. 이를 사용하여 우리의 우주를 소수로 채워보았다

소수를 걸러 내는 방법으로 에라토스테네스 체를 교과서에서 사용하는데 이와 관련해서 오일러의 함수 $\zeta(x)= 1+\dfrac{1}{2^x}+\dfrac{1}{3^x}+\dfrac{1}{4^x}+\cdots$ 를 이용한 소수거르기를 알아보았고 함수 값의 일부가 소수인 일, 이차다항식을 소개하였다. 특히, 1967년에야 수학적으로 완성된 오일러의 이차다항식 x^2+x+41의 의미와 이를 바둑판에서 회전돌기로 연결 짓는 것을 마음껏 즐기기 바란다.

끝으로, 소수의 응용으로 매우 큰 수(예를 들어 200자리 수)의 소인수분해의 어려움에 기반을 둔 암호론과 소인수분해의 유일성을 이용한 새로운 절댓값을 어떻게 정의하고 활용(p−진체)하는지 간략하게 알아보았다.

§1. 자연수의 합

연속되는 자연수의 합으로 나타낼 수 있는 수에 대하여 생각해 보자[1]. 한개의 정수의 합은 제외하도록 하자. 몇 개의 예를 들어보면 5는 5＝2+3, 6는 6＝1+2+3, 10은 10＝1+2+3+4 등으로 연속되는 정수의 합으로 표현된다. 연속되는 2개, 3개 등의 양의 정수의 합으로 주어진 자연수를 나타내 보자. 먼저 20 이하인 자연수를 연속된 자연수의 합으로 표현해보자. 그리고 활동지를 관찰하여 보자. 활동지로부터 자신의 여러 가지 결론을 유추하고 이를 증명하여보자.

(1.1) IN YOUR OWN WORDS. 다음 5단계를 따라서 활동지를 사용하여 지도해보자.

과 정	내 용
① 활동하기	활동지가 요구하는 내용을 완성한다
② 관찰하기	완성한 활동지가 무엇을 말하는지 관찰한다
③ 추축하기	관찰로부터 결론을 추측한다
④ 증명하기	증명을 설계하고 시도한다
⑤ 종합하기	서술형식으로 완성한다.

다음 표를 완성해보자. 연속되는 정수의 합으로 표현이 되는 수는 'Y'로, 표현이 되지 않는 수는 'N'으로 표시하자. 특히 15는

7+8, 4+5+6, 1+2+3+4+5

와 같이 1개 이상으로 표현되는 경우도 있다. 이 점을 유의하기 바란다.

---

1) John B. Cosgrave, A Halmos Problem and a Related Problem, The American Mathematical Monthly, 101(10) (1994), 993-996.
Wai Y. Pong, Sums of consecutive integers, The College Math. J., 38(2) (2007), 119-123.

수	연속된 자연수의 합	판정
2	–	N
3	1+2	Y
4	–	N
5	2+3	Y
6	1+2+3	Y
7		
8		
9		
10	1+2+3+4	Y
11		
12		
13		
14		
15	7+8, 1+2+3+4+5, 4+5+6	Y
16		
17		
18		
19		
20		

(1) 위와 같은 방법으로 표현이 되지 않는 16 다음의 수는 얼마일까? 32일까? 64는 어떨까? 위 표를 완성하고 결과를 관찰하여 결론을 이끌어 내보자.

(2) 증명지도안을 작성해 지도해 보자.

$m(>1)$개의 연속된 양의 정수의 합:

$$(a+1)+(a+2)+(a+3)+\cdots+(a+m)$$

을 생각해보자.

$$\begin{aligned}&(a+1)+(a+2)+(a+3)+\cdots+(a+m)\\&=(a+a+\cdots+a)+(1+2+3+\cdots+m)\\&=ma+\frac{m(m+1)}{2}\\&=\frac{m(2a+m+1)}{2}\end{aligned}$$

따라서 2의 거듭제곱 2^n이 연속된 $m(>1)$개의 합으로 표현된다면

$$2^n = \frac{m(2a+m+1)}{2}$$

이다. 즉,

$$2^{n+1} = m(2a+m+1)$$

실제 2^{n+1}의 약수 m과 $(2a+m+1)$은

$$m = 2^p, \quad 2a+m+1 = 2^q$$

이고 $m > 1$ 이므로 모순이다. 따라서 2의 거듭제곱은 연속된 정수의 합으로 표현되지 못한다.

이제 2의 거듭제곱이 아닌 수를 생각해보자.

먼저 $24 = 2^3 \times 3$, $30 = 2 \times 15$등과 같이 2의 거듭제곱인 약수를 제외하면 홀수인 약수가 남는다. 즉, 2의 거듭제곱이 아닌 수는

$$2^k (2n+1)$$

인 형태이다 (여기서 $k \geq 0, n \geqq 1$). 따라서

$$2^k (2n+1) = (a+1)+(a+2)+(a+3)+ \cdots +(a+m)s$$

$$= \frac{m(2a+m+1)}{2},$$

$$2^{k+1}(2n+1) = m(2a+m+1)$$

이다. 학생들에게 일반적으로 증명지도를 하기 전에 먼저 다음과 같은 예를 들어 지도하자.

(예) $k=3$, $n=5$인 경우를 보자. $2^{k+1}(2n+1) = 2^4 \times 11$ 이다. 이 때,

$$2^4 \times 11 = m(2a+m+1)$$

을 만족하는 a, m을 구해보자. 편의상

$$m=11, \quad 2a+m+1=16$$

로 정하면 $a=2$ 를 얻는다. 즉,

$$2^3 \times 11 = 88 = 3+4+\cdots+11+12+13$$

일반적으로 증명해보자.

$$2^{k+1}(2n+1) = m(2a+m+1)$$

에서 m이 홀수 이면 $m=2n+1$이므로

$$2^{k+1}=2a+m+1=2(a+n+1),$$

$$a=2^k-n-1$$

이다. 한편 m이 짝수이면 $2a+m+1$은 홀수이므로

$$2n+1=2a+m+1=2a+2^{k+1}+1$$

이고 따라서

$$a=n-2^k$$

를 얻는다. 이를 바탕으로 $(a+1)+(a+2)+\cdots+(a+m)$의 형태로 나타내 보자. $a=2^k-n-1$일 때,

$$\begin{aligned}&(a+1)+(a+2)+\cdots+(a+m)\\&=[2^k-n]+[2^k-(n-1)]+[2^k-(n-2)]+\cdots+[2^k-(n-2n)]\\&=2^k(2n+1)-n-n+1-n+2-\cdots-n+2n\\&=2^k(2n+1)-n(2n+1)+\frac{2n(2n+1)}{2}\\&=2^k(2n+1)\end{aligned}$$

나머지는 독자에게 맡기기로 하자. 또 다른 매우 아름다운 증명을 (1.4)에서 제공하겠다. □

우리는 앞의 활동에서

$$21=10+11,\ 21=6+7+8,\ 21=1+2+3+4+5+6$$

의 서로 다른 표현을 얻었다. 이 때, 21을 연속된 자연수의 합으로 만드는데 가장 긴 것은

$$21=1+2+3+4+5+6$$

로 6개의 숫자가 동원되었다. 매우 큰 숫자, 예를 들어 5^{10}을 연속된 자연수로 표현할 때, 가장 긴 표현을 구할 수 있을까?

5^{10}이 $a+1$ 부터 m개의 연속된 정수의 합

$$(a+1)+(a+2)+(a+3)+\cdots+(a+m)$$

으로 표현되기 위해서는 다음 등식이 성립되어야 한다

$$5^{10}=(a+1)+(a+2)+(a+3)+\cdots+(a+m)$$

$$= \frac{m(2a+m+1)}{2}$$

또는

$$2\times 5^{10}= m(2a+m+1)$$

이다. 이때, m은 2×5^{10}의 약수이므로 먼저 2×5^{10}의 약수를 모두 구하면

$$1, 5, 5^2, 5^3, ..., 5^{10}, 2, 2\times 5, 2\times 5^2, ..., 2\times 5^{10}$$

에서 $m < 2a+m+1$ 인 조건하에서 m을 최대로 하려면

$$m= 5^5,\ 2a+m+1 = 2\times 5^5$$

이다. 따라서 $m = 5^5 = 3125$ 이고

$$a = \frac{2\times 5^5 - (5^5+1)}{2} = \frac{5^5-1}{2} = 1562$$

이따. 따라서 가장 긴 3125개의 합

$$1563+1564+1565+\cdots+4687 = 5^{10} = 9765625$$

을 얻는다.

(1.2) EXERCISE. 15를 연속된 자연수의 합으로 나타내어 보자. 이때, 가장 긴 합은 1+2+3+4+5이다. 3^9을 가장 긴 연속된 정수로 표현해보자[2].

연속되는 2개, 3개, … 의 양의 정수의 합으로 표현되는 수를 구해보았다. 예를 들어, 5는 5 = 2+3, 6은 6= 1+2+3, 10은 10= 1+2+3+4 등으로 연속되는 정수의 합으로 표현되는데 2의 거듭제곱은 연속된 정수의 합으로 표현하지 못한다는 것을 추정하여 이를 (1.1)에서 일반적으로 증명하였고 특정수를 가장 긴 합으로 표현하는 방법을 예를 통하여 제시하였다.

<Y : 연속수의 합으로 표현, N : 연속수의 합으로 표현되지 못함>

1	2	3	4	5	6	7	8	9	10	11	12	13	14	15	16	17	18	19	20
N	N	Y	N	Y	Y	Y	N	Y	Y	Y	Y	Y	Y	Y	N	Y	Y	Y	Y

2) Ross Honsberger, From Erdos to Kiev; Problems of Olympiad Caliber, MAA, 1996 (19-20쪽).

연속되는 정수의 합

$$6 = 1+2+3, \quad 5 = 2+3, \quad 10 = 1+2+3+4$$

에서 6은 3개의 숫자, 5는 2개의 숫자, 그리고 10은 4개의 숫자의 합으로 표현된다. 이와 같이 다음 활동에서 연속되는 정수의 합으로 표현할 때, 사용되는 수가 몇 개인지 알아보고 이를 바탕으로 어떤 결론을 이끌어 낼지 생각해보자.

(1.3) IN YOUR OWN WORDS. 다음 5단계를 따라서 활동지를 사용하여 지도해보자.

과 정	내 용
① 활동하기	활동지가 요구하는 내용을 완성한다
② 관찰하기	완성한 활동지가 무엇을 말하는지 관찰한다
③ 추측하기	관찰로부터 결론을 추측한다
④ 증명하기	증명을 설계하고 시도한다
⑤ 종합하기	서술형식으로 완성한다.

한편, 15는

$$7+8 = 4+5+6 = 1+2+3+4+5$$

로 두 가지 이상으로 표현된다. 이때는 사용한 자연수의 개수는 큰 것으로 선택하자. 주어진 자연수 n을 대하여 연속된 자연수의 합으로 표현할 때 사용된 가장 많은 수를 $p(n)$이라 하자.

$$p(1) = p(2) = 0, \ p(3) = 1, \ p(15) = 5$$

이다.

다음 활동지를 완성해보자.

수	합의 표현	합에서 사용한 수의 개수
1		
2		
3	1+2	2
4		
5	2+3	2
6	1+2+3	3
7		
8		
9		
10	1+2+3+4	4
11		
12		
13		
14		
15	7+8, 1+2+3+4+5 또는 4+5+6	5
16		
17		
18		
19		
20		

위 표에서 어떤 주장이 가능할까? $p(n)=2$ 인 수 n 은 무엇일까?

(1.4) TEAM PROJECT. 15의 경우

$$15=7+8=1+2+3+4+5=4+5+6$$

로 여러 가지로 표현된다. 15 자신은 1개, 7+8은 2개의 수의 합이다. 따라서 자기 자신을 포함하면 15는 4개의 서로 다른 합으로 표현된다. 이를 편이상

「15의 합의 표현 개수는 4이다」

로 쓰기로 하자. 한편, 15의 약수는 1, 3, 5, 15이다. 이들 모두는 홀수이다. 따라서 15는 4개의 홀수인 약수를 갖는다.

다음 활동지를 완성해보자.

n	n의 약수 중 홀수의 개수	자신을 포함한 합의 표현	합의 표현 개수
1	1	1	1
2	1	2	1
3	2	3, 1+2	2
4			
5	2	5, 2+3	2
6	2	6, 1+2+3	2
7			
8	1	8	1
9			
10	2	10, 1+2+3+4	2
11			
12			
13			
14			
15	4	15, 7+8, 1+2+3+4+5 4+5+6	4
16			
17			
18			
19			
20			

활동지는 무엇을 말하려하는가?

(1) 주어진 수 n의 홀수인 약수를 k라 하자.

① 정수 $\frac{-(k-1)}{2}$부터 $\frac{k-1}{2}$까지의 합은 0이다.

② 위 정수들에 $\frac{n}{k}$를 각각 더하여 보면 다음 수열을 얻는다.

$$\frac{n}{k}-\frac{k-1}{2}, \frac{n}{k}-\frac{k-1}{2}+1, \dots, \frac{n}{k}+\frac{k-1}{2} \qquad (1-1)$$

③ 식 (1-1)의 합은 n이다.

④ 따라서 우리는 다음 두 경우를 얻는다.

[경우1] $\frac{k-1}{2} < \frac{n}{k}$ 이면 식(1-1)은 $n=$ (홀수개의 합) 이다.

[경우2] $\frac{k-1}{2} \geq \frac{n}{k}$ 이면 식(1-1)의 앞에는 음수 또는 0이 나타난다. 0은 무시하고 음수는 양수와 소거되면서 다음 수열이 남는다.

$$\frac{k-1}{2}-\frac{n}{k}+1\,,\ \frac{k-1}{2}-\frac{n}{k}+2\,,\ \dots,\ \frac{n}{k}+\frac{k-1}{2} \qquad (1-2)$$

이 수열은 $n=$ (짝수개의 합), 즉, $n=$ $(\frac{2n}{k}$개의 합)을 제공한다.

(2) n의 연속된 자연수의 합

$$(a+1)+(a+2)+\cdots+(a+m) \qquad (1-3)$$

은 식(1-1) 또는 식(1-2)의 형태일까? 식 (1-3)의 합은

$$\frac{m(2a+m+1)}{2}=n$$

이고 따라서 m 또는 $2a+m+1$는 n의 홀수인 약수이다. 물론, 둘 다 홀수일 수는 없다.

(3) 학생지도시 $n=15$를 구체적으로 활용한 다음 위와 같은 문자를 사용해 보자.

k	$(k-1)/2$	n/k	합
1	0	15	15
3	1	5	4+5+6
5	2	3	1+2+3+4+5
15	7	1	(-6-5-4-3-2-1)+0+(1+2+3+4+5+6)+7+8

(4) 2의 거듭제곱은 홀수인 약수는 1로 유일하다. 따라서 두 개 이상의 연속된 자연수의 합으로 표현되지 않는다.[3)]

우리는 활동지를 통하여 2의 거듭제곱 형태, 1, 2, 4, 8, 16, 32, 64 등을

3) W. Y. Pong, Sums of consecutive integers, The College Math. J., Vol. 38(2) (2007), 119-123.

걸러보았다. 2의 거듭제곱의 용도를 고대 이집트인의 곱셈법에서 확인해 보고 2집법과의 관계도 살펴보자.

(1.5) REMARK(이집트인의 곱셈법). 이집트인이 사용한 곱셈(Egyptian algorithm for multiplication, Doubling Rule)법에 대하여 예를 들어 알아보자.

(1) 21×22을 구해보자.

① 1과 22를 쓰고 이를 계속하여 더해 나간다.

② 22를 계속 두 배를 한다.

③ 21을 2의 거듭제곱의 합으로 표현한 후(즉, 21 = 16 + 4 + 1) 이에 대응하는 22의 배수들을 합한다(즉, 352+88+22).

1	22

⇨

1	22
2	44

⇨

► 1	22
2	44
► 4	88
8	176
► 16	352
32	
21	

한편, 고대 이집트인들은

$$21 = 16 + 4 + 1$$

을 어떤 방법으로 구했을까?(Rhind papyrus, B.C. 1700) 이를 유추해 보자.

[1단계] 21보다 작은 수 2의 거듭제곱수중에서 제일 큰 수를 택한다.

☞ 16

[2단계] 21−16=5

[3단계] 5보다 작은 수 2의 거듭제곱수중에서 제일 큰 수를 택한다.

☞ 4

[4단계] 5−4=1,

[결론] 21= 16+ 4+ 1.

따라서 이를 이진법으로 바꾸어 쓰면

$$21 = 16+4+1 = 1\times 2^4 + 0\times 2^3 + 1\times 2^2 + 0\times 2^1 + 1 = 10101_2$$

이다.

(2) 47×73을 구해보자.

위 표에서 왼쪽 줄은 $47 = 101111_2$ 을 의미한다. □

(1.6) IN YOUR OWN WORDS. (1) 이진법에 대하여 수업안을 작성하고 지도해 보자.

(2) 진법을 주제로 포스터 그리기를 지도해 보자.

포스터 속의 문제는 "로라의 손가락은 이진법으로 소수를 나타내고 있다. 그 다음 소수는 얼마인가?"이다. 사진 속의 손가락을 이진법으로 읽으면

$$00111 \quad 01001_2 = 2^7 + 2^6 + 2^5 + 2^3 + 2^0 = 233$$

이므로 답은 239이다.

(1.7) TEAM PROJECT. 소인수분해는 주어진 자연수를 소수의 곱의 형태(거듭제곱)로 나타내는 것이다. 주어진 수를 연속된 **소수**의 합(1개의 합 포함)으로 표현해보자[4]. 예를 들면

4) R. Guy, Unsolved problems in number theory, 3rd. ed., Springer, 2004(164쪽).

$$5 = 2 + 3,$$

$$41 = 11 + 13 + 17 = 2 + 3 + 5 + 7 + 11 + 13$$

이다. 자연수 n을 연속된 소수의 합으로 나타내는 경우의 수를 $f(n)$이라 하자. 이때,

$$f(5) = 2,\ f(41) = 3$$

이다.

수	연속된 소수의 합의 표현	가짓수
1	−	0
2	2	1
3	3	1
4		
5	5, 2+3	2
6	−	0
7	7	1
8		
9		
10		
11		
12		
13		
14		
15		
16		
17		
18		
19		
20		

(1) $f(n) = 1$인 수는 무한히 많을까?(Loe Moser)

(2) 위 표에서 $\frac{1}{20}\sum_{n=1}^{20} f(n)$을 구하여보자. 수를 충분히 크게 하면 자연로그 log 2에 수렴한다(Loe Moser).

활동지를 통하여 어떤 결론을 유추할 때, 비극적인 일이 흔히 벌어진다. 그 예를 들어 보자.

(1.8) REMARK. 우리가 경우의 수를 계산할 때, 팩토리얼을 사용하곤 한다. 예를 들어,

$$3! = 3 \cdot 2 \cdot 1 = 6, \quad 5! = 5 \cdot 4 \cdot 3 \cdot 2 \cdot 1 = 120$$

이다. 연속된 팩토리얼의 합을 다음 표에서 구해보자.

부호가 바뀌면서 연속된 팩토리얼의 합의 표현	합	판정
$3! - 2! + 1!$	5	소수
$4! - 3! + 2! - 1!$	19	소수
$5! - 4! + 3! - 2! + 1!$	101	소수
$6! - 5! + 4! - 3! + 2! - 1!$		
$7! - 6! + 5! - 4! + 3! - 2! + 1!$		
$8! - 7! + 6! - 5! + 4! - 3! + 2! - 1!$		
$9! - 8! + 7! - 6! + 5! - 4! + 3! - 2! + 1!$		?

(1) 위 형태는 모두 소수인가? 불행하게도 $9!$로 시작하는 녀석은 소수가 아니다(학생지도시 TI-92 사용을 권장한다).

(2) 소인수분해란 정수를 소수의 곱으로 표현하는 것이다. 예를 들어 $150 = 2 \cdot 3 \cdot 5^2$ 이다. $n!$ 을 팩토리얼의 곱으로 표현할 수 있을까? 예를 들면 $10! = 7! \cdot 6! = 7! \cdot 5! \cdot 3!$ 이다.

(3) $2! = 2$이고 $3! = 6$이다. 정수가 아닌 $\frac{3}{2}$에 대하여 $\frac{3}{2}!$을 정의할 수 있을까? ((23.6) 참고)

(1.9) IN YOUR OWN WORDS. 다음 내용을 바탕으로 지도안을 만들어 보자.

방정식 $\sum_{i=1}^{k} \frac{1}{p_i} + \prod_{i=1}^{k} \frac{1}{p_i} = 1$에 대하여 알아보자. 먼저

$$\frac{1}{2}+\frac{1}{3}+\frac{1}{2}\times\frac{1}{3} = 1$$

을 확인해보자. 따라서 본 식은 두 개의 소수 2와 3으로 이루어 졌다. 이를 바탕으로 세 개로 이루어진 식을 생각해보자. 조금 노력하면 2, 3, 7로 이루어진

$$\frac{1}{2}+\frac{1}{3}+\frac{1}{7}+\frac{1}{2}\times\frac{1}{3}\times\frac{1}{7} =1$$

을 찾아 낼 수 있다. 위 방법을 일반화할 수 있을까? 식

$$\frac{1}{2}+\frac{1}{3}+\frac{1}{7}+\frac{1}{2}\times\frac{1}{3}\times\frac{1}{7} =1$$

다음은 무엇인지 추측해보자. 분수 사용을 아끼기 위하여 위 식을 $[2,3,7]=1$로 표시하자.

(1) $[a,b,c]=1$이 성립하고 $x=a\times b\times c+1$일 때, $[a,b,c,x]=1$이 성립함을 보여라. 즉,

$$\frac{1}{a}+\frac{1}{b}+\frac{1}{c}+\frac{1}{a}\times\frac{1}{b}\times\frac{1}{c} = 1$$

이면

$$\frac{1}{a}+\frac{1}{b}+\frac{1}{c}+\frac{1}{abc+1}+\frac{1}{a}\times\frac{1}{b}\times\frac{1}{c}\times\frac{1}{abc+1}= 1$$

(증명) $\frac{1}{a}+\frac{1}{b}+\frac{1}{c}+\frac{1}{abc+1}+\frac{1}{a}\times\frac{1}{b}\times\frac{1}{c}\times\frac{1}{abc+1}$

$$=1-\frac{1}{abc}+\frac{1}{abc+1}+\frac{1}{abc(abc+1)}$$

$$=\frac{abc(abc+1)-(abc+1)+abc+1}{abc(abc+1)}$$

$$=1 \ \square$$

(2) $[2,3,7,43]=1$이 성립함을 확인하고 그 다음 것을 구해보자, $[2,3,11,23,31]=1$이 성립함을 확인 그 다음 것을 구해보자.

(3) 소수로 이루어진 방정식(Diophantine) $\sum_{i=1}^{k}\frac{1}{p_i}+\prod_{i=1}^{k}\frac{1}{p_i}=1$의 해를 구한 것이다.

k	소 수 해
1	2
2	2, 3
3	2, 3, 7
4	2, 3, 7, 43
5	2, 3, 11, 23, 31
6	2, 3, 11, 23, 31, 47059
7	2, 3, 11, 17, 101, 149, 3109
8	2, 3, 11, 23, 31, 47059, 2217342227, 1729101023519
9	모름

9개의 소수로 이루어진 것을 모른다는 것은 8개 소수로 이루어진 것에서 모두 곱한 후 1을 더한 수는 소수가 되지 못한다는 것이다. 실제 계산은 다음과 같다.

$2\times3\times11\times23\times31\times47059\times2217342227\times1729101023519+1$
$= 8490421583559688410706771261087$
이고 이를 소인수분해하면
$8490421583559688410706771261087$
$= 300513078582032857\times373213\times2207\times34301$

우니는 교과서에서 자연수로부터 소수를 걸러내는 방법을 에라토스테네스(Eratosthenes)의 항아리체(sieve)라 부른다.

(1.10) EXERCISE. 항아리체를 수식을 사용하여 표현해 보자.

(1.11) IN YOUR OWN WORDS. 활동지를 사용하여 지도해보자. 다음 5단계를 따라서 지도해보자.

과 정	내 용
① 활동하기	활동지가 요구하는 내용을 완성한다
② 관찰하기	완성한 활동지가 무엇을 말하는지 관찰한다
③ 추축하기	관찰로부터 결론을 추측한다
④ 증명하기	증명을 설계하고 시도한다
⑤ 종합하기	서술형식으로 완성한다.

주어진 수를

$$12 = 2+4+6, \text{ 또는 } 24 = 3+5+7+9$$

와 같이 연속되는 짝수나 홀수의 합으로 나타내는 것에 대하여 생각해 보자[5].

먼저 다음 표를 완성해보자. 연속되는 짝수나 홀수의 합으로 표현이 되는 수는 'Y'로, 표현이 되지 않는 수는 'N'으로 표시하자.

수	짝/홀의 합	Y/N
1	불가능	N
2	불가능	N
3	불가능	N
4	1+3	Y
5		
6	2+4	Y
7		
8		
9		
10		
11		
12		
13		
14		
15		
16		
17		

5) "John B. Cosgrave, A Halmos Problem and a Related Problem, *The American Mathematical Monthly*, 101(10) (1994), 993-996"

(1.12) IN YOUR OWN WORDS. 우리가 알아 본 연속된 자연수의 합(예를 들면 $6=1+2+3$), 그리고 짝수 또는 홀수의 합(예를 들면 $12=2+4+6$, 또는 $24=3+5+7+9$)을 일반화를 지도해보자. 짝/홀수의 합은 두 칸을 띄어 합하는 것이므로 세 칸을 띈 수

$$a+(a+3)+(a+6)+\cdots+(a+3n)$$

(예를 들면 $2+5+8=15$) 또는 4칸을 띈 수(예를 들면, $1+6+11+16=34$) 등에 대하여 표현되는 수와 표현되지 못하는 수를 적당한 성질을 사용하여 분류하여보자.

(1.13) TEAM PROJECT. 연속된 수의 합 또는 연속된 홀수의 합 등으로 표현되는 수를 분류하였다. 이제 조건을 무시하고 주어진 수를 합으로 나타내어 보자[6].

(1) 30보다 작은 모든 수를 서로 다른 수의 합으로 나타내 보자.

(2) 30보다 작은 모든 수를 홀수의 합으로 나타내 보자.

(3) 5를 (아무런 조건 없이) 자연수의 합으로 나타내면

5 (한 개의 합으로 인정하자),

4+1,

3+2,

3+1+1,

2+2+1,

2+1+1+1,

1+1+1+1+1

와 같이 7가지로 나타낼 수 있다. 물론 경우의 수를 따질 때, 교환을 무시하고 2+2+1과 2+1+2는 동일한 것으로 간주한다. 우리는 이와 같이 합으로 표현하는 것을 "분할(partition)"이라고 부른다. 자연수 n의 분할의 개수를 $p(n)$이라 표시하자. 따라서 $p(0)=1$이고 앞에서 구한대로 $p(5)=7$이다.

(4)(Euler's partition theorem) 5의 분할에서 홀수로 이루어진 것은 5, 3+1+1, 1+1+1+1+1로 3가지이며 동원된 수가 모두 다른 것은 5, 4+1, 3+2로 역시 3가지이다. 3가지로 같다는 것을 설명해보자.

(5) $p(5)=7$은 1분 이내에 쉽게 구할 수 있다. 그러나 독자들은 $n=200$

---

6) G. Andrews, Number theory, Saunders, 1971

에 대한 분할을 구하겠는가? 물론, 이런 일에 인생을 낭비하고 싶지 않을 것이다. 라마누잔과 하디(Ramanujan, Hardy)는 $p(200) = 3{,}972{,}999{,}029{,}388$ 등을 구하는 일반적인 식(Hardy-Ramanujan 식)을 만들었고 라마누잔은 합동식 $p(5n+4) \equiv 0 \pmod 5$을 증명하였다. 오일러(Euler, 1748)는 분할의 중요성을 처음으로 발견한 수학자이다. 분할의 대하여 좀더 알아보기 바란다[7].

§2. 소수는 얼마나 많을까?

참고문헌[8]에 소개된 소수가 무한개라는 증명을 5가지 방법으로 알아보자.

(2.1) THE PROOF. 가장 오래된 증명은 유클리드(Euclid, Elements IX, 20)[9]에서 찾을 수 있다. 만일 소수가 $\{p_1, p_2, \ldots, p_n\}$으로 유한개라고 가정하자. 이 때, 정수

$$n = p_1 p_2 \cdots p_n + 1$$

은 소수인 약수 p를 갖는다. 따라서

$$p \in \{p_1, p_2, \ldots, p_n\}$$

이고 p는 $p_1 p_2 \cdots p_n$의 약수이다. 그러므로 p는 $n - p_1 p_2 \cdots p_n = 1$의 약수가 되어 모순이 발생한다. □

(2.2) THE PROOF. 페르마 수 $F_n = 2^{2^n} + 1 \ (n = 0, 1, 2, \ldots)$에 대하여 생각해 보자. 예를 들면

$$F_0 = 3,\ F_1 = 5,\ F_2 = 17,\ F_3 = 257,\ F_4 = 65537$$

이며 위 예는 모두 소수(페르마소수)이다. 따라서 소수 7은 페르마소수가 아니다. 페르마는 모든 수 $F_n = 2^{2^n} + 1 \ (n = 0, 1, 2, \ldots)$가 소수라고 주장하고 있었다. 1729년 12월 1일 오일러는 모스크바에 머물고 있던 골드바흐

---

7) http://mathworld.wolfram.com/PartitionFunctionP.html

8) M. Aigner and G. Ziegler, Proofs from THE BOOK, 3rd. ed., Springer, 2003(Chapter 1).

9) Euclid, The elements , IX 20, Dover 412쪽.

(Goldbach)의 편지를 받았는데 그 편지에서 골드바흐는 위의 페르마의 주장을 오일러에게 물었다. 오일러는 1730년 6월 4일 답장에서 $F_5 = 2^{32}+1$는 소인수 641을 갖는다는 것을 밝혔다. 실제로

$$F_5 = 4294967297 = 641 \times 6700417,$$

$$2^{32}+1 = (2^9+2^7+1)(2^{23}-2^{21}+2^{19}-2^{17}+2^{14}-2^9-2^7+1)$$

이다.

페르마수 F_n은 $n=0,1,2,3,4$일 때는 소수이지만 $n=5,6,7,...,21$일 때는 합성수이다. 아직 페르마소수가 유한개 인지는 모르고 있다.

서로 다른 두 페르마수가 서로소(relatively prime)이면 무한개의 소수가 존재한다. 먼저 다음 식

$$F_0 F_1 \cdots F_{n-1} = F_n - 2 \quad (n \ge 1) \qquad (2-1)$$

을 살펴보자.

n에 관한 수학적 귀납법을 쓰면 ① $n=1$: $F_0=3$, $F_1-2=3$ ② $F_0 F_1 \cdots F_{n-1}F_n = (F_0F_1 \cdots F_{n-1})F_n = (F_n-2)F_n$ $= (2^{2^n}-1)(2^{2^n}+1) = 2^{2^{n+1}}-1$ $= F_{n+1}-2$

m이 F_k와 F_n(여기서 $k < n$)의 약수라 하자. 따라서 식(2-1)에 의하여 $m \mid 2$ 이다. 즉, $m=1$ 또는 2이다. 그러나 페르마수는 홀수이므로 이는 불가능하다. □

(2.3) TEAM PROJECT. 정다각형의 작도문제와 관련하여 페르마소수에 대하여 알아보자[10]. 전반적인 이론을 위하여 J. B. Fraleigh 책 section 32를

10) 소수 3, 5, 17은 Fermat소수이므로 정삼각형, 정오각형, 정17각형은 작도가능하다. 그러나 7은 Fermat소수가 아니므로 정7각형은 작도불가능하다.

참고하기 바란다.

(2.4) QUESTION. 6과 35와 같은 두 수를 서로소라 부른다.

(1) 두 수 6과 35가 서로소임을 어떻게 판정할까?

(2) 다른 예를 들어 6003722857, 77695236973와 같이 매우 큰 두 수는 어떻게 할까?

(3) 매우 큰 두 수가 서로소인지를 판정하는데 얼마나 많은 시간이 걸리는지 예측할 수 있을까?

(2.5) TEAM PROJECT. 임의의 두 수에 대하여 서로소일 확률을 구할 수 있을까? 먼저 두 세 자리 숫자를 임의로 택하여 300쌍 정도를 만들어 보자. 시간을 요함으로 $TI-92$ 같은 계산기나 수학 소프트웨어(예를 들어 Maple) 등을 이용하여 임의로 만든 300쌍의 수들을 판정해보자. 이 때, 서로소인 경우가 k번 나왔다면 $\dfrac{k}{300}$을 계산해보자. 물론 독자들은 이 과제를 수행하면서 필자를 원망하겠지만 착실한(?) 독자들은 대략 180개 내외의 서로소인 쌍을 얻게 될 것이다. 그리고 독자들이 구한 $\dfrac{k}{300}$와 $\dfrac{6}{\pi^2}$(여기서 π는 원주율)과 비교해 보자.

(2.6) THE PROOF. 양의 실수 x에 대하여 x보다 작은 소수의 개수를

$$\pi(x) = \{p|\ p \le x,\ p \text{ 는 소수}\}$$

로, 그리고 소수의 집합을 작은 것부터 $\{p_1, p_2, \cdots\}$로 표시하자. 한편, 자연로그의 정의를 살펴보면

$$\log x = \int_1^x \frac{1}{t}\, dt \tag{2-2}$$

이다. 따라서 $n \le x < n+1$을 만족하는 정수 n에 대하여 식(2-2)의 오른쪽 적분에 구분구적법을 적용하면

$$\log x \le 1 + \frac{1}{2} + \frac{1}{3} + \cdots + \frac{1}{n-1} + \frac{1}{n},$$

$$1 + \frac{1}{2} + \frac{1}{3} + \cdots + \frac{1}{n-1} + \frac{1}{n} \le \sum \frac{1}{m}$$

(여기서 m 은 모든 소인수는 x 보다 작은 수들이다) 이 때,

$$\sum \frac{1}{m} = \prod_{p \le x} \left(\sum_{k \ge 0} \frac{1}{p^k} \right)$$

이다. 따라서 다음 식을 얻는다.

$$\log x \le \prod_{p \le x} \left(\sum_{k \ge 0} \frac{1}{p^k} \right)$$

이제 기하급수를 합으로 나타내면

$$\log x \le \prod_{p \le x} \frac{1}{1-\frac{1}{p}} = \prod_{p \le x} \frac{p}{p-1} = \prod_{k=1}^{\pi(x)} \frac{p_k}{p_k - 1}$$

이다. 그리고 $p_k \ge k+1$ 이므로

$$\frac{p_k}{p_k - 1} = 1 + \frac{1}{p_k - 1} \le 1 + \frac{1}{k} = \frac{k+1}{k},$$

$$\log x \le \prod_{k=1}^{\pi(x)} \frac{k+1}{k} = \pi(x) + 1$$

이다. 그런데 $\log x$ 는 무한대로 가는 함수이므로 $\pi(x)$ 도 무한대로 간다. □

(2.7) THE PROOF. 소수의 집합이 유한(finite)이고 이들 중 제일 큰 소수를 p 라 하자. 이제 $2^p - 1$ 에 대하여 소수인 약수 $q \mid 2^p - 1$ 에 대하여 생각해 보자. 먼저 $2^p \equiv 1 \pmod q$ 이므로 이를 군(group)에서 해석하면 "곱셈군(multiplicative group) $\{1, 2, \dots, q-1\}$ 에서 2 의 위수(oder)는 p"이다. 따라서 Lagrange's Theorem에 의하여 위수 p 는 q 를 나누어야 한다. 이로부터 $p < q$ 이고, 우리가 선택한 p 에 모순이 생긴다. 따라서 소수의 개수는 무한하다. □

(2.8) THE PROOF. 소수의 집합을 $\mathbb{P}$ 라하고 $a, b \in \mathbb{Z}$, $b > 0$ 에 대하여 다음 집합을 정의하자.

$$N_{a,b} = \{a + nb \mid n \in \mathbb{Z}\}, \ \Omega = \{N_{a,b} \mid a, b \in \mathbb{Z}, b > 0\}$$

이 때, $\Omega \cup \{\varnothing\} \cup \{\mathbb{Z}\}$은 $\mathbb{Z}$에서 basis가 된다. 즉,

(1) 임의의 $a \in \mathbb{Z}$에 대하여 $a \in N_{a,1}$

(2) 임의의 $a \in N_{a,b_1} \cap N_{a,b_2}$에 대하여 $a \in N_{a,b_1 b_2} \subseteq N_{a,b_1} \cap N_{a,b_2}$

따라서 open set의 모임은 $\varnothing, \mathbb{Z}$, 그리고 임의의 $N_{a,b}$들의 합집합(all unions)들이다. 그러므로 공집합이 아닌 open set은 무한집합이며

$$N_{a,b} = \mathbb{Z} - \bigcup_{i=1}^{b-1} Na+i, b$$

이므로 $N_{a,b}$는 closed set도 된다. 한편, 임의의 $n \neq 1, -1$은 소인수 p를 가지므로 $n \in N_{0,p}$이다. 따라서

$$\mathbb{Z} - \{1, -1\} = \bigcup_{p \in \mathbb{P}} N_{0,p}$$

이다. 만일 소수가 유한개이면 closed set의 유한개 union은 closed set 이 된다. 따라서 $\{1, -1\}$은 open set이 된다. 그러나 open set은 무한집합이므로 모순이 발생한다. □

1,000,000,000,000,000 이하의 정수 중에서 소수가 몇 개 존재할까? 물론 10 이하의 정수 중에서 4개의 소수가 존재한다. 이제 x보다 작은 소수의 개수를 처음으로 예측한 사람은 Gauss(1792)와 Legendre(1798, 1808)이다. 그들은 x보다 작은 소수가 $\dfrac{x}{\log x}$개 정도 존재한다는 것을 예측하였다. 여기서 사용한 로그는 자연로그이다. 이를 기호로 먼저 쓰자. $\pi(x)$를 1과 x사이에 존재하는 소수의 개수라면

$$\pi(x) \approx \frac{x}{\log x} \quad \text{(소수정리[11], prime number theorem)} \qquad (2-3)$$

이다. 여기서 등호를 쓰지 않은 이유는 근사이기 때문이다. "x가 클수록 더 정확한 값을 얻는다"로 해석하면 된다. 1852년 P. L. Chebyshev는 본 가우스-르장드르 예측을 약화시켜 증명하였다. 즉, 매우 큰 x에 대하여

$$0.92129 \times \frac{x}{\log x} < \pi(x) < 1.10555 \times \frac{x}{\log x}$$

이다. 한편 1859년의 Riemann제타함수((3.2), (23.6) 참고)

$$\zeta(s) = \sum_{n=1}^{\infty} n^{-s}$$

에 대한 한 연구결과를 바탕으로 1896년 Hadamard와 La Vallée Poussin는

11) G. Tenenbaum and M. France, The prime numbers and their distribution, AMS, 2000.

서로 독립적으로 소수정리를 증명하였다. 중학생을 지도할 때는 자연로그를 무시하고 소수정리를 표현하면 대략 다음과 같고 이를 소수정리로 사용하자.

(2.9) THEOREM(중학생을 위한 소수정리). $\pi(10^n)$을 10^n을 넘지 않는 소수의 개수라 하자. 이 때,

$$\pi(10^n) \approx 4.3429 \times \frac{10^{n-1}}{n} \quad \square$$

예를 들어, 정확히 10자리로 이루어진 소수의 개수

$$\pi(10^{10}) - \pi(10^9)$$

는 식(2-3)에서 대략

$$\begin{aligned}\pi(10^{10}) - \pi(10^9) &= 4.3429\left(\frac{10^9}{10} - \frac{10^8}{9}\right) \\ &= 3.9086 \times 10^8\end{aligned}$$

개다. 이 중 가장 재미있는 10자리 소수는 1234567891이다.

(2.10) IN YOUR OWN WORDS. 우주를 소수로 채울 때, 얼마나 많은 소수가 필요할까[12]? 6은 3의 배수이고 이와 같은 정의에서 0의 약수와 배수에서 제외한다. 그러나 0은 모든 수의 배수로 볼 수 있다. 따라서 우리가 우주를 소수로 채우려는 것은 빅뱅이론이란 모든 수의 배수인 숫자 0이 폭발하여 1자리 소수, 2자리 소수 등이 계속 방출되어 우주가 팽창하고 있는 것이다. 지금은 몇 자리 소수들이 생성되어 우주가 팽창하고 있을까? 계산을 위하여 소수 한 개의 체적을 1입방미리미터로 가정하자. 예를 들어 10자리 소수 1234567891의 체적은 1입방미리미터이다. 다음 지도안을 수업에 사용해 보자.

$\pi(10^n)$을 10^n을 넘지 않는 소수의 개수이므로 $\pi(10^n) \approx 0.4343 \times \dfrac{10^n}{n}$이고 우주의 나이를 150억년으로 하여 우주의 체적을 구해보자. 먼저 우주의 반경(r; 단위: 미터)은

$r =$(150억 년) × (30만 km/sec)

---

12) 박제남, 수학이란 무엇인가, 범한서적, 2000(40-42쪽)

$$= 1.5 \times 10^{10} \times (365 \times 24 \times 60 \times 60) \times (3 \times 10^{8})$$
$$= 1.41912 \times 10^{26} \ (m)$$

이므로

$$(\text{우주의 체적}) = \frac{4}{3}\pi r^3 = \frac{4}{3} \times \pi \times (1.41912 \times 10^{26})^3$$
$$= 1.1971 \times 10^{79} \ (m^3)$$

이다. 한편, 위 식의 단위를 입방미리미터로 바꾸어 $\pi(10^n) \approx 0.4343 \times \dfrac{10^n}{n}$ 와 같이 놓으면

$$0.4343 \times \frac{10^n}{n} = 0.1197 \times 10^{80} \times 10^{9}, \quad \frac{10^n}{n} = 0.275\,62 \times 10^{89}$$

(단위: 입방미리미터)이므로 n은 89 근처의 정수로 예측할 수 있으므로 $n = 91, 92$를 이 식에 대입하면 각각

$$\frac{10^{91}}{91} = 0.10989 \times 10^{89}, \quad \frac{19^{92}}{92} = 1.08695 \times 10^{89}$$

을 얻는다. 따라서 우리의 우주에서는 91자리 소수들은 막 팽창이 완료되었고 92자리 소수들은 계속 팽창되고 있다고 할 수 있다. 즉, 우주는 약 150억 년 전 한 점 영(0, zero)이 엄청난 폭발을 일으킨 후 소수가 팽창을 계속하고 있다. 영(0, zero)의 폭발 순간에서 10^{-43}초 사이에 모든 한 자리 소수가 형성되었으며, 이때의 온도는 10^{33} K(Kelvine) 이상이었다. 한편, 10^{-43}초에서 10^{-35}사이에서는 두 자리까지의 소수로 우주는 팽창되었으며, 이때는 온도가 10^{32}K로 낮아졌다. 현재까지는 91자리 소수들이 막 팽창을 완료하였고, 92자리 소수들이 팽창을 계속하고 있다.

【COROLLARY】 93자리 이상의 소수는 존재하지 않는다. 따라서 소수의 개수는 유한하다.

(2.11) IN YOUR OWN WORDS. 소수정리와 관련된 다음 내용을 변형하여 지도해 보자[13]. (1) 우리는 x보다 작거나 같은 소수의 개수를 $\pi(x)$로 나

13) R. T. Harger and W. L. Hightower, An interesting property if $x/\pi(x)$, The College Math. J., Vol 40(3), (2009), 213-214.

타내었다. 예를 들어 $\pi(2)=1, \pi(3)=2$, $\pi(4)=2$ 이다. 한편, $\dfrac{x}{\pi(x)} \simeq \ln x$ 이고 자연로그 함수는 무한대로의 증가함으로 $\dfrac{x}{\pi(x)}$도 무한대로 증가한다.

(2) 비율 $\dfrac{x}{\pi(x)}$을 생각해보자. $\dfrac{2}{\pi(2)}=2$이다. 자연스럽게 비율이 3이 되는 경우를 찾아볼 수 있다. 조금 노력하면 $\pi(33)=11$이므로 $\dfrac{33}{\pi(33)}=3$이다. 이제 $\dfrac{x}{\pi(x)}=4$를 만족하는 정수 x를 찾아보자. 아마 필자를 원망할 것이다.

(3) $\dfrac{x}{\pi(x)}=2010$을 찾을 수 있을까?

① $\dfrac{x_0}{\pi(x_0)} \le 2010$를 만족하는 x_0는 존재한다.

② 만일 $\dfrac{x_0}{\pi(x_0)}=2010$이면 증명은 완성된다. 따라서 $\dfrac{x_0}{\pi(x_0)} \ne 2010$이라 가정하자. 물론 $\dfrac{w}{\pi(w)} > 2010$을 만족하는 정수 w는 존재한다. 그 이유는 $\dfrac{x}{\pi(x)}$ 무한대로 증가하기 때문이다.

③ $z=\max\left\{y \in \mathrm{N}:\ x_0 \le y < w, \dfrac{y}{\pi(y)} < 2010\right\}$라 하자. 정의에 의하여

$$\frac{z}{\pi(z)} < 2010,\ \frac{z+1}{\pi(z+1)} \ge 2010$$

을 얻는다. 이를 정돈하면

$$2010\,\pi(z+1) \le z+1 < 2010\,\pi(z)+1 \qquad (2-4)$$

이다. 따라서

$$0 \le \pi(z+1)-\pi(z) < \frac{1}{2010}$$

이고 $\pi(z), \pi(z+1)$는 자연수이므로

$$\pi(z+1)=\pi(z)$$

이다. 이를 식(2-4)에 넣으면

$$2010\,\pi(z) \le z+1 < 2010\,\pi(z)+1$$

이므로 $2010\pi(z)=z+1$이다. 따라서 다음을 얻는다.

$$2010 = \frac{z+1}{\pi(z)} = \frac{z+1}{\pi(z+1)}$$

④ 다음은 2부터 11까지 해당하는 수이다.

$x/\pi(x)$	x	$x/\pi(x)$	x
2	8	7	3094
3	33	8	8427
4	120	9	24300
5	360	10	64720
6	1134	11	175197

§3. 소수를 걸러보자

(3.1) EXAMPLE(에라토스테네스). 1부터 $x=70$까지 정수에서 10과 서로소인 수가 몇 개 있을까? 먼저 $m=2$의 배수를 지우자. 즉, $m=2$와 서로소인 수의 개수를 구한 것이다. 이를 기호

$$N_m(x) = N_2(70)$$

으로 사용하자. 이 때,

$$N_2(70)= N_1(70) - N_1(70/2)= 70-70/2$$

$$N_{10}(70)= N_2(70)-N_2(70/5)= 70- 70/2 -70/5 + 70/(2 \cdot 5)$$

여기서, 부호 $+,-$ 의 변화는 배수의 경우수를 빼고 중복으로 뺀 경우수를 더하는 형태이다.

이를 잘 관찰하면 일반적으로 x(양의 실수)를 넘지 않는 수 중에서 m과 서로소인 개수를 $N_m(x)$로 표시하면 다음 식을 얻는다.

$$N_m(x)= \sum_{d\mid m^*} (-1)^{\omega(d)}\ [x/d]\ ,$$

여기서 사용한 기호는

- [ ]는 정수부분만 택한다.
- $\omega(d)$는 d의 서로 다른 소인수의 개수, $\omega(1)=0$

- m^*는 m의 소인수를 단 한번 씩 사용한 곱 (예: $m=170$이면, $m^* = 2\cdot5\cdot7=70$)

한편, m^*를 사용하지 않으려면 다음 방법을 쓸 수 있다(Legendre, 1808).

$$N_m(x)=\sum_{d|m}\mu(d)\ [x/d]$$

여기서

$$\mu(d)=\begin{cases}(-1)^{\omega(d)} & (d\text{의 제곱수의 약수가 없을 때})\\ 0 & (d\text{의 제곱수의 약수가 있을 때})\end{cases}$$

위 식을 에라토스테네스 항아리체의 르장드르식(Legendre's formula for the sieve of Eratosthenes)이라 부른다. □

(3.2) EXAMPLE(오일러). 리만제타함수((22.6) 참고)

$$\zeta(z)=\sum_{k=1}^{\infty}\frac{1}{k^z}=1+\frac{1}{2^z}+\frac{1}{3^z}+\frac{1}{4^z}+\cdots \qquad (3-1)$$

에서 오일러는 $z\ge 2$ 인 정수에 대하여 생각하였다. 오일러는 이 함수가 소수와 연관이 있다는 것을 보였는데 이에 관하여 알아보자. 먼저 식(3-1) 양변에 $\frac{1}{2^z}$을 곱하면

$$\frac{1}{2^z}\ \zeta(z)=\frac{1}{2^z}+\frac{1}{4^z}+\frac{1}{6^z}+\frac{1}{8^z}+\frac{1}{10^z}+\frac{1}{12^z}+\cdots$$

따라서

$$\zeta(z)-\frac{1}{2^z}\zeta(z)$$

를 시행하면 에라토스테네스의 방법처럼

$$1,2,3,4,5,6,7,\cdots$$

에서 2의 배수

$$2,4,6,8,\ldots$$

등을 지워나가서

$$1,3,5,7,9,11,\cdots$$

을 얻는 것과 같이

$$\left(1-\frac{1}{2^z}\right)\zeta(z)=1+\frac{1}{3^z}+\frac{1}{5^z}+\frac{1}{7^z}+\frac{1}{11^z}+\cdots$$

을 얻는다. 같은 방법으로

$$\left(1-\frac{1}{2^z}\right)\frac{1}{3^z}\ \zeta(z)=\frac{1}{3^z}+\frac{1}{9^z}+\frac{1}{15^z}+\frac{1}{21^z}+\cdots$$

이고 따라서

$$\left(1-\frac{1}{2^z}\right)\left(1-\frac{1}{3^z}\right)\ \zeta(z)=\frac{1}{3^z}+\frac{1}{5^z}+\frac{1}{7^z}+\frac{1}{11^z}+\cdots$$

을 얻는다. 그러므로 본 과정을 무한히 시행하면 다음 결과를 얻는다.

$$\zeta(z)=\prod_{p=2}^{\infty}\left(1-\frac{1}{p^z}\right)^{-1}\ (p\text{는 소수}) \qquad \text{(Euler's product)}$$

이다. 즉,

$$\zeta(z)=\prod_{p\text{는 소수}}\left(1-\frac{1}{p^z}\right)^{-1} \quad (z>0) \qquad (3-2)$$

이고 이때, z는 실수부가 $Re(z)>1$ 인 복소수로 확장된다.[14] 구체적인 예를 들어보면 다음과 같다((21.6) 참고).

$$\frac{\pi^2}{6}=\prod_{p=2}^{\infty}\left(1-\frac{1}{p^2}\right)^{-1}$$

오일러가 이차함수를 가지고 일부 소수를 어떻게 걸러냈는지 알아보자.

「이차함수 $f(x)=x^2+x+q$(여기서 q는 소수)에 $x=0, 1, 2, ..., q-2$까지 대입하여 그 결과 $f(0), f(1), ..., f(q-2)$ 가 모두 소수인가?」를 확인해보자.

① $q=2$:

$f(0)=2$

② $q=3$:

$f(0)=3,\ f(1)=5$

③ $q=5$:

$f(0)=5,\ f(1)=7,\ f(2)=11,\ f(3)=17$

---

14) G. Tenenbaum, M. France, The prime numbers and their distribution, Student Mathematical Library, Vol. 6., AMS, 2000.

여기까지 그 결과는 모두 소수들이다. 이제 $q=7$ 인 경우를 살펴보자. 이 때,

$$f(0)=7,\ f(1)=\ 9$$

로 소수가 아닌 불행한 경우가 발생한다. 따라서 지금까지 약 5분 정도를 투자하여 우리는 $q=5$ 를 찾았다. 오일러는 이차함수 $f(x)=x^2+x+41$에 $x=0,1,2,...,39$ 를 대입하면 모두 소수가 된다는 것을 발견하였고

「$f(x)=x^2+x+q\,f(0),\ f(1),\ f(2),\ ...,\ f(q-2)$ 는 모두 소수」

를 만족하는 $q=41$보다 큰 소수를 찾으려 했지만 실패하였다. □

오일러의 함수 $f(x)=x^2+x+41$는 $0\leq x\leq 39$에 대하여 소수로 꽉 채워진 것이다. 소수의 밀도가 매우 높은 함수는

$$x^2+x+3399714628553118047$$

이며 이를 Maple로 확인해보자. $x=1,3,4,6,9$일 때 $f(x)$는 소수이다.

(3.3) TEAM PROJECT. (1) 오일러가 계산했듯이 다음 표를 완성해보자. 표를 작성한 이후 이어지는 설명을 단순히 참고하기 바란다.

q	$f(x)=x^2+x+q$	판별식 $1-4q$	$f(0), f(1), f(2), ..., f(q-2)$ 의 값을 모두 구하여 소수인지 판정(Y/N)해보자	
2	$f(x)=x^2+x+2$	-7	2	Y
3	$f(x)=x^2+x+3$	-11	3, 5	Y
5	$f(x)=x^2+x+5$	-19	5, 7, 11, 17	Y
7				
11		-43		
13				
17		-67		
19				
23				
29				
31				
37				
41		-163		

(2) $q=41$일 때, 40개의 소수를 구하였다. 다음 20×20 정사각형 판에서 41에서 시작하여 회전돌기로 수자를 기입해보자. 판에는 400개의 수자가 기록되므로 41에서 440까지 적어보자. 그리고 대각선을 관찰해보자.

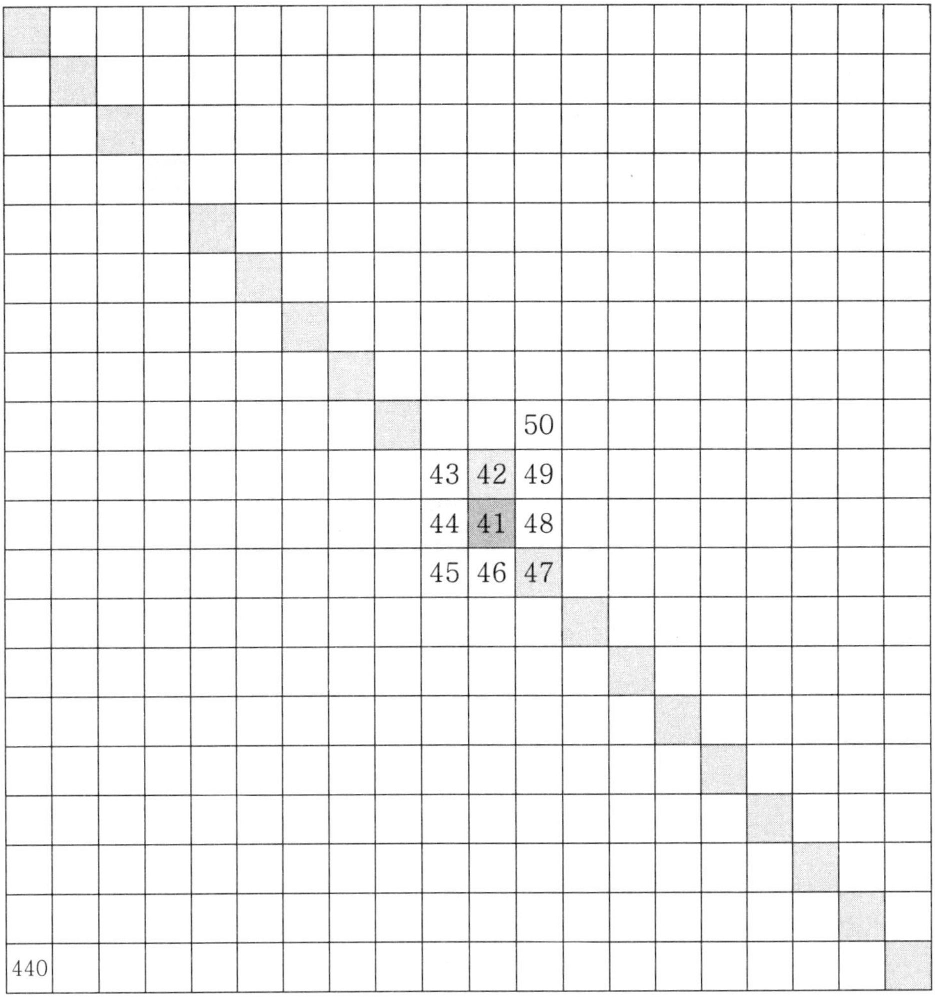

(3.4) REMARK(The class number of imaginary quadratic number fields). 이차함수 $f(x)=x^2+x+q$ 에서 $n=0, 1, 2, ..., q-2$에 대하여 모든 $f(n)$이 소수가 되는 소수 q는 판별식 $D=1-4q$와 관련이 있는데 가우스는 $D< -163$ 이면 $f(n)$이 모두 소수가 될 수 없다는 것을 예측(conjecture)하였다.

이러한 가우스의 예측은 1952년(K. Heegner)에 부분적으로 증명이 되었고 1967년에 와서 증명이 완성되어 결론적으로 오일러가 구한 41이 제일 큰 소수라는 것이 증명되었다.

즉, 이차함수 $f(x)=x^2+x+q$에서 $n=0,1,2,...,q-2$에 대하여 $f(n)$이 소수가 되는 가장 큰 소수는 $q=41$이다. 본 정리는 이차방정식의 판별식 $1^2-4\cdot 1\cdot 41=-163$과 관련이 있다. Stark[15]는 체(field) $\mathbb{Q}(\sqrt{-d})$에서

$$d=3,4,7,8,11,19,43,67,163 \tag{3-3}$$

인 경우에만 그 원소 중에서 최고차항의 계수가 1인 정수계수 다항식의 근(ring of algebraic integers)의 모임은 유일분해정역(Unique Factorization Domain; UFD)임을 보였으며 따라서 $d=163$일 때, $\mathbb{Z}[\sqrt{-163}]$은 유일분해정역이다.

(3.5) DEFINITION(Algebraic number, Algebraic integer). 복소수 ξ가

(1) 최고차항의 계수가 1인 다항식(monic polynomial) $f(x)\in\mathbb{Q}[x]$가 존재하여 $f(\xi)=0$일 때, 대수적 수(algebraic number)라 한다.

(2) 최고차항의 계수가 1인 다항식(monic polynomial) $f(x)\in\mathbb{Z}[x]$가 존재하여 $f(\xi)=0$일 때, 대수적 정수(algebraic integer)라 한다.

(3) 대수적 수가 아닌 복소수를 초월수(transcendental number)라 한다. 예를 들면 π, e 등이다.

연속되는 정의로서 초등학교에서부터 도입되는 소인수분해에서 사용되는 소수(prime number)와 관련된 정의를 엄밀하게 살펴보자.

정역(integral domain) D에서 a가 b의 약수($a,b\in D$)란 원소 $d\in D$가 존재하여 $b=da$를 만족할 때이다. 이를 기호 $a|b$로 나타낸다. 한편, 곱에 관한 역원이 존재할 때, 이를 단원(unit)이라 부른다.

(3.6) DEFINITION(irreducible element, prime element). 정역(integral domain) D에서

15) H.M. Stark, A complete determination of the complex quadratic fields of class-number one, Michigan Math. J. 14 (1967), 1-27.

(1) 단원(unit)이 아닌 원소 a가 다음을 만족할 때, 기약수(irreducible element)라 부른다:

$$a = bc \Rightarrow b \quad \text{또는} \quad c\text{가 정역 } D\text{에서 단원이다.}$$

(2) 단원(unit)이 아닌 원소 a가 다음을 만족할 때, 소수(prime element)라 부른다:

$$a \mid bc \Rightarrow a|b \quad \text{또는} \quad a \mid c$$

소수는 기약수이지만 그 역은 성립하지 않는다. 물론 중등 수학 교과서에서 다루는 정역 $\mathbb{Z}, \mathbb{Q}[x], \mathbb{R}[x]$에서는 기약수와 소수가 일치한다.

(3.7) DEFINITION(irreducible factorization). 정역 D의 0이나 단원이 아닌 원소가 기약수의 곱으로 표현될 때, 정역 D를 atomic이라 부른다.

따라서 우리가 흔히, 인수분해를 한다는 것은 최소한 정역이 atomic일 때이다. 일반적으로 기약수(irreducible element)는 소수(prime element)가 아니기 때문에 기약인수분해(irreducible factorization)는 유일하지 않다. 이를 다음에서 상세히 살펴보자.

(3.8) REMARK. 본 교재 §3절에서는 대수적 정수를 다루고, §5절에서는 연분수나 유리화와 관련하여 대수적 수를 다룬다.

(1) 유리수들 중에서 대수적 정수인 수는 $0, \pm 1, \pm 2, \pm 3, \ldots$등으로 정수이다. 그 이유는 유리수 m/q (여기서 $\gcd(m,q)=1$)가 대수적 정수이면

$$\left(\frac{m}{q}\right)^n + b_1\left(\frac{m}{q}\right)^{n-1} + \cdots + b_n = 0 \text{ 또는 } m^n + b_1 qm^{n-1} + \cdots + b_n q^n = 0$$

(여기서 $b_i, i = 1, 2, \ldots, n$는 정수)이다. 따라서 $q \mid m^n$ 이므로 $q = \pm 1$이고 m/q는 정수이다.

(2) 유리수는 대수적 수이다. 자명하게 유리수 q는 monic polynomial $f(x) = x - q \in \mathbb{Q}[x]$의 근이다.

(3) 대수적 수(algebraic number)의 모임(set)은 체(field)이며 대수적 정수(algebraic integer)의 모임은 정역(integral domain)이다. 즉, α가 대수적 정수이면 $-\alpha$는 대수적 정수이지만 α^{-1}은 대수적 정수일 필요는 없다.

식(3-3)에서 나열한 수 중 5, 6, 23이 빠져 있는데 구체적인 이유를 살펴보자.

($d=5$인 경우) 체(field) $\mathbb{Q}(\sqrt{-5})$에서 대수적 정수(algebraic integers)의 모임은 $\mathbb{Z}[\sqrt{-5}]=\{a+b\sqrt{-5} \mid a,b\in\mathbb{Z}\}$ 이며 이 때, 21의 기약인수분해(irreducible factorization)는

$$21=3\cdot 7=(1+2\sqrt{-5})(1-2\sqrt{-5})$$

로 서로 다른 두 가지 방법으로 나타내 진다. 따라서 $\mathbb{Z}[\sqrt{-5}]$는 유일분해정역(Unique Factorization Domain; UFD)이 아닌 atomic 정역이다. 이 때, $3, 7, 1+2\sqrt{-5}, 1-2\sqrt{-5}$는 소수가 아닌 기약수이다. 이를 다음 경로를 통하여 자세히 알아보자.

① 함수 $N:\mathbb{Z}[\sqrt{-5}]\to\mathbb{Z}^{+}$, $N(a+b\sqrt{-5})=a^2+5b^2$을 정의하자. 이 때,

$$N(\alpha\beta)=N(\alpha)N(\beta) \quad (\text{여기서 } \alpha,\beta\in\mathbb{Z}[\sqrt{-5}])$$

를 쉽게 보일 수 있다.

② 정역 $\mathbb{Z}[\sqrt{-5}]$의 모든 단원을 구해보자. $N(a+b\sqrt{-5})=1$ 이면 $a^2+5b^2=1$ 이고 따라서 $b=0$, $a=\pm 1$이다. 이로부터 모든 단원은 $\{1,-1\}$이다.

③ 3이 기약수임을 보이자. 만일 $3=\alpha\beta$ 이면

$$N(3)=9=N(\alpha)N(\beta)$$

이다. 따라서 $N(\alpha)=1,3$ 또는 9이다. $N(\alpha)=1$이면 α가 단원이고 $N(\alpha)=3$이면

$$N(\alpha)=a^2+5b^2=3$$

을 만족하는 정수 a,b는 존재하지 않는다. 한편, $N(\alpha)=9$이면 $N(\beta)=1$이고 따라서 β가 단원이다. 즉, $3=\alpha\beta$이면 α 또는 β가 단원이다. 그러므로 3은 $\mathbb{Z}[\sqrt{-5}]$에서 기약수이다. 같은 방법으로 7, $1+2\sqrt{-5}$, $1-2\sqrt{-5}$가 기약수임을 자세히 확인하기 바란다.

④ 3은 소수가 아니다. 정의를 따라서 증명해 보자. 먼저, $3\mid 21$이고 $21=(1+2\sqrt{-5})(1-2\sqrt{-5})$ 이므로

$$3\mid(1+2\sqrt{-5}) \quad \text{또는} \quad 3\mid(1-2\sqrt{-5})$$

이다. 이 때, $1+2\sqrt{-5}=3(x+y\sqrt{-5})$를 만족하는 정수 x,y가 존재할 수 없다. 따라서 3은 소수가 아니다.

($d=6$인 경우) 체 $\mathbb{Q}(\sqrt{-6})$에서 대수적 정수(algebraic integers)의 모임은 $\mathbb{Z}[\sqrt{-6}] = \{a+ b\sqrt{-6} \mid a, b \in\mathbb{Z}\}$이며 이 때, -6의 기약인수분해는

$$-6=-2\cdot 3 = \sqrt{-6} \cdot \sqrt{-6}$$

로 서로 다른 두 가지 방법으로 나타내 진다. 따라서 $\mathbb{Z}[\sqrt{-6}]$는 유일분해정역(UFD)이 아니다.

($d=23$인 경우) 체 $\mathbb{Q}(\sqrt{-23})$에서 algebraic integers의 모임은 $\mathbb{Z}[\frac{1+\sqrt{-23}}{2}]$이고 기약인수분해

$$27= 3\cdot 3\cdot 3= (2+\sqrt{-23})(2-\sqrt{-23})$$

에서 왼쪽 3개의 기약수(irreducible element)들의 곱이 오른쪽 2개의 기약수들의 곱과 같다. 따라서 불행하게도 유일분해정역이 아니다.

우리는 앞에서 유일분해정역이 아닌 예를 『이차함수 $f(x)= x^2+x+q$에서 $n=0, 1, 2, \ldots, q-2$에 대하여 $f(n)$이 소수가 되는 가장 큰 소수는 $q=41$이다』의 입장에서 살펴보았다. UFD가 아닌 예를 『페르마의 마지막 정리』의 입장에서 알아보자.

(3.9) REMARK. Fermat의 마지막 정리는 A. Wilse 증명 이전에 여러 차례에 걸쳐 증명이 나왔지만, 번번이 오류가 지적되었고, 1986년경 한 일본 수학자의 증명에 문제가 있었으며, 이를 통하여 Time지는 Fermat의 마지막 정리가 인류문화사에 어떤 영향을 끼치어 왔는가를 다룬 적이 있었다. 한편, 1847년 Lamé는 $\mathbb{Z}[e^{\frac{2\pi i}{p}}]$ (여기서 $p>2$인 소수)를 유일분해정역(UFD)으로 잘못 인식하여 식 $x^p+y^p=z^p$이 $xyz\neq 0$인 정수해 x, y, z를 가지면 인수분해

$$x^p+y^p=\prod_{k=1}^{p}(x+e^{\frac{2\pi i}{p}k}y)=z^p$$

는 유일성에 모순이 된다고 생각하였다. 이 오류는 Liouville이 지적하였고, 한편 Kummer도 위 오류를 알고 있었으며 1851년에 $n<100$에 대하여 $x^n+y^n=z^n$의 정수해가 존재하지 않음을 보였다.

(3.10) TEAM PROJECT[16]. 일차함수 $f(x)=ax+b$에 대하여 오일러의 접근을 시도해보자. 먼저 $f(0)=b$이므로 b는 소수이어야 한다. 따라서 함수 $f(x)=ax+q$(여기서 q는 소수)에서 $x=1, 2, ..., q-1$을 대입했을 때, 어떤 a에 대하여 q개의 수

$$q, q+a, q+2a, ..., q+(q-1)a$$

가 모두 소수가 될까?

① $q=3$일 때,

- $a=2$이면 3, 5, 7 --- YES!

② $q=5$ 일 때,

- $a=2$ 이면 5, 7, 9
- $a=4$ 이면 5, 9
- $a=6$ 이면, 5, 11, 17, 23, 29 --- YES!

이제 $q=7$일 때 어떻게 a를 구해야 할까? 또 그 다음은?

피보나치수열 $\{1, 1, 2, 3, ...\}$

$$\begin{cases} F_{n+1}=F_n+F_{n-1} \ (n \geq 1) \\ F_0=1, F_1=1 \end{cases}$$

을 계수로 갖는 다항식을

$$F(x)=F_0+F_1\ x+F_2\ x^2+F_3\ x^3+\cdots=\sum_{n=0}^{\infty}F_n\ x^n$$

구하면 얼마나 멋이 있을까?

$$F(x)=\frac{1}{1-x-x^2}$$

는 피보나치수열을 상수항부터 각항의 계수로 갖는 함수가 된다. 우리는 이를 피보나치 생성함수라 부른다((10.4) 참고). 다항식 1을 $1-x-x^2$ 으로 나누었을 때, 몫과 나머지를 구하여 확인해보기 바란다. 한편, 우리의 꿈은

「함수 $f(n)$이 존재하여 $f(n)=p_n$인 함수를 찾는 것」

이다. 물론 이 꿈은 인류가 멸망한 후에도 이룰 수 없을 것이다. 어쩔 수 없이 다음 두 식에 특정 숫자를 대입하여 계산기 등을 이용하여 즐겨보자.

---

16) P. Ribenboim, Are there functions that generate prime numbers?, The College Math. J.,Vol. 28(5) (1997), 352-358.

(3.11) TEAM PROJECT. 특정 수를 대입하여 다음 두 식을 확인해 보자.

(1) C.P. Willans는 1964년 소수를 만드는 다음과 같은 식을 만들었다.

$$f(n) = 1 + \sum_{m=1}^{2^n} \left[\left(\frac{n}{1+\pi(m)} \right)^{1/n} \right] \qquad (n=1,2,3,\ldots)$$

(2) 소수 $p_1, p_2, p_3, \ldots, p_{n-1}$ 에 대하여 다음 소수를 구하였다(J. M. Gandhi, 1971).

$$p_n = \left[1 - \frac{1}{\log 2} \log \left(-\frac{1}{2} + \sum_{d|P} \frac{\mu(d)}{2^d - 1} \right) \right]$$

여기서

- [ ]는 정수값
- $\log x = \int_1^x \frac{1}{t}\, dt$는 자연로그
- $P = p_1 p_2 \cdots p_{n-1}$
- μ는 앞서 르장드르 식에서 언급((3.1) 참고)

§4. 소인수분해의 활용

정수 $n = 137703491$와 같이 매우 큰 정수의 약수는 타원곡선 $y^2 = x^3 + x - 9$를 이용하여 인수 17389를 구할 수 있다[17]. 한편, 200자리의 숫자를 소인수분해하는데 수년이 걸리며 우리가 소인수분해를 한다는 것은 우리의 비우호적 집단에서 소인수분해를 하는데 충분히 오래 걸리도록 하는데 그 의미가 있다.

양의 정수 n에 대하여 $\mathbb{Z}_n = \{0, 1, \ldots, n-1\}$ 이라고 하자. 집합 $\mathbb{Z}_n$의 원소 중에서 n과 서로소인 원소 전체의 집합을 $\mathbb{Z}_n^*$로 쓰고, 이 집합의 원소의 개수를 $\phi(n)$로 나타내자. 이와 같이 정의된 함수 $\phi: \mathbb{N} \to \mathbb{Z}$ 를 오일러함수라 부른다. 이를 다시 반복하여 말하면 $\mathbb{Z}_n$은 가환환(commutative ring)이고 이 환에서 곱셈의 관한 역원을 모두 모아놓은 것이 집합 $\mathbb{Z}_n^*$이다. 따라서 $\mathbb{Z}_n^*$는 곱에 관한 군(group)이 된다. 그러므로 $\phi(n)$은 군 $\mathbb{Z}_n^*$의 위수(order)이

17) 박승안, 대수학과 암호학, 경문사(1999)(404쪽)

다. 한편, 본 절에서 두 정수 m,n의 최대공약수를 (m,n) 또는 $\gcd(m,n)$으로 혼용하여 쓰기로 하자. 이제 오일러 정리

$$(a,n)=1 \Rightarrow a^{\phi(n)} \equiv 1 \pmod{n} \qquad \text{(오일러 정리)}$$

를 다시 말하면 군 $\mathbb{Z}_n^*$의 임의의 원소 a를 군의 위수 $\phi(n)$ 만큼 거듭 곱하면 항등원(identity)이 된다.

충분히 크다고 가정할 수 있는 두 소수

$$p=2595377,\ q=104729$$

에 대하여 생각해보자. 위 두 수에 대하여 공개된 12자리의 수

$$n=pq=271811237833$$

을 적군이 소인수분해하는 데는 적당한 시간이 요구된다. 주어진 큰 정수 271811237833에 대한 소인수분해의 어려움은 오일러함수 $\phi(271811237833)$를 구하는데 있다. 즉, 271811237833을 인수분해 한다는 것은 $\phi(271811237833)$를 구하는 것이다. 그 이유는 소인수분해의 한 용도로서

$$\phi(n)=\phi(pq)=(p-1)(q-1)$$

을 이용할 수 있기 때문이다. 따라서 우리는

$$(e,\phi(n))=1,\quad 1 \leqq e \leqq \phi(n)$$

인 e를 하나 쉽게 얻을 수 있으며 이를 공개하자. 이 때, 유클리디안 알고리즘(Euclidean Algorithm, §5절 참고)을 사용하여

$$ed \equiv 1 \pmod{\phi(n)}$$

인 d를 구하고 이를 비공개로 한다. 따라서 공개된 271811237833에 대한 소인수분해의 어려움은 결과적으로 d를 구하는 어려움으로 귀착된다. 이 때, 암호문

$$a_1^e \cdots a_k^e \equiv b_1 \cdots b_k \pmod{n}$$

은 평문

$$b_1^d \cdots b_k^d \equiv a_1 \cdots a_k \pmod{n}$$

으로 전환된다. 그 이유를 살펴보자.

$ed \equiv 1 \pmod{\phi(n)}$에서 적당한 k가 존재하여

$$ed = 1+\phi(n)k$$

이고 이를 오일러정리

$$(a, n) = 1 \Rightarrow a^{\phi(n)} \equiv 1 \pmod n$$

와 함께 이용하면

$$a^e \equiv b \pmod n \Rightarrow b^d \equiv (a^e)^d \equiv a(a^{\phi(n)})^k \equiv a \pmod n$$

를 얻는다. 따라서

$$a_1^e \cdots a_k^e \equiv b_1 \cdots b_k \pmod n \quad \Rightarrow b_1^d \cdots b_k^d \equiv a_1 \cdots a_k \pmod n$$

이다. 한편, $(a,n)=1$은 어떻게 자연스럽게 보장될까?

$\mathbb{Z}_n = \{0,1,\dots, n-1\}$ 의 임의의 원소 a가 n과 서로소일 확률값은 $\dfrac{\phi(n)}{n}$이고 이를 풀어쓰면

$$\frac{\phi(n)}{n} = \frac{(p-1)(q-1)}{pq} = (1-\frac{1}{p})(1-\frac{1}{q})$$

이므로 $n = pq$에서 p, q가 충분히 크면 $(a,n)=1$일 확률값 $(1-\dfrac{1}{p})(1-\dfrac{1}{q})$은 1로 보아도 무방하다. 따라서 $(a,n)=1$은 거의 보장된다. 실제 숫자가 작아 실질적인 의미는 없지만, 구체적 이해를 위하여 다음 예를 들어보자.

(4.1) EXAMPLE. $n = 11 \times 23 = 253$을 정한다. 이 때,

$$\phi(n) = \phi(11) \times \phi(23) = (11-1) \times (23-1) = 220$$

이다. 253을 공개하고 두 소수 11, 23은 공개하지 않는다.

Step1. $(e, 220) = 1$ 인 e 값을 우리 마음대로 정하여 공개하자.

☞ $e = 17$

Step2. Euclidean Algorithm을 220과 17에 적용하여 비공개할 d를 구하자.

$$220 = 17 \times 12 + 16$$

$$17 = 16 \times 1 + 1$$

즉, $\gcd(220, 17) = \gcd(17, 16) = 1$이다(정리 6.4 참고). 따라서

$$\begin{aligned} 1 &= 17 - 16 \times 1 \\ &= 17 - (220 - 17 \times 12) \times 1 \\ &= 17 \times 13 - 220 \times 1 \end{aligned}$$

이므로 $d=13$을 위 알고리즘(division algorithm)에서 얻고 이를 비공개한다.

Step3. 선택된 평문 $a=100$에 대하여 $100^{17}\equiv 243\ (\mathrm{mod}\ 253)$이다. 따라서 우군에게 전달된 암호문 $b=243$는 공개된 $n=253$와 비공개된 $d=13$에 의하여 우군은 $243^{13}\equiv 100(\mathrm{mod}\ 253)$으로부터 평문 100을 얻는다.

오일러정리의 활용(RSA[18])에서의 암호체계를 공격해보자. 우군에게 전달된 암호문 b를 적군이 낚아채면 이미 공개된 e에 적당한 평문 a가 존재하여 $a^e=b$를 만족한다.

적군은 평문 a를 어떻게 구할까?

(4.2) EXAMPLE. b, b^{e^2}, b^{e^3},$\cdots$은 mod n에 관하여 1과 n사이의 정수이므로 적당한 정수 t가 존재하여 $b\equiv b^{e^t}\ (\mathrm{mod}\ n)$이다. 따라서 $a\equiv b^{e^{t-1}}\ (\mathrm{mod}\ n)$로 택할 수 있으므로 위 암호체계를 공격할 수 있다.

Step4. 가로챈 암호문 $b=243$을 적군이 해독하는 방법은 집합

$$243,\ 243^{17},\ 243^{17^2},\cdots$$

을 "$\equiv(\mathrm{mod}\ 253)$"에 관하여 계산하는데 있다. 이를 직접 Maple을 이용하여 순서대로 구하면

$$243,\ 144,\ 12,\ 78,\ 210,\ 177,\ 188,\ 232,\ 133,\ 100,\ 243,\ \cdots$$

등으로 나타난다. 따라서 즉, $243^{17^{10}}\equiv 243\ (\mathrm{mod}\ 253)$ 이다. 그러므로 적군은 가로챈 암호문 $b=243\equiv\left(243^{17^9}\right)^{17}(\mathrm{mod}\ 253)$으로부터 평문

$$a=100\equiv 243^{17^9}\ (\mathrm{mod}\ 253)$$

을 알아낼 수 있다.

---

18) · R.L. Rivest, A. Shamir, and L. Adleman, A method for obtaining digital signature and public key cryptosystems, Comm. ACM 21 (1978), 120-126.
· Pohlig-Hellman 이 개발한 거듭제곱법을 변형한 것으로 이 암호체계의 안전성은 매우 큰 정수의 인수분해가 어렵다는 사실에 뿌리를 두고 있으며 암호화와 디지털 서명에 이용되고 있다.

$e=17$을 사용한 우군의 사용자를 갑이라 하자. 우군의 또 다른 사용자를 을이라 하자. 일반적으로 갑과 을이 $(e, 220)=1$로 사용한 값을 각각 e_1, e_2 라 하자. 이 두 수는 공개된 것이고 $(e_1, e_2)=1$일 때, 어떤 문제가 발생하는지 알아보자.

평문 a 는 공개된 두 수 e_1, e_2 에 의하여 다음 계산에 의하여 암호문 b_1, b_2 로 변형되어 갑과 을에게 전달된다.

$$\begin{cases} b_1 \equiv a^{e_1} \pmod{253} \\ b_2 \equiv a^{e_2} \pmod{253} \end{cases}$$

$(e_1, e_2)=1$이란 정수환 $\mathbb{Z}$에서 두 수 e_1, e_2 에 의하여 생성된 이데알(ideal)이 정수환 자신 $\mathbb{Z}$임을 뜻한다. 따라서 이데알 입장에서 $\mathbb{Z}=e_1\mathbb{Z}+e_2\mathbb{Z}$ 이다. 한편, $1\in\mathbb{Z}$이므로 두 정수 x,y 가 존재하여 $1=e_1x+e_2y$ 를 만족한다. 따라서 공개된 두 정수 e_1, e_2 에 대하여 적군은 $1=e_1x+e_2y$ 인 x, y 를 구할 수 있다. 따라서 암호문 b_1, b_2를 입수한 적은

$$b_1^x\, b_2^y \equiv (a^{e_1})^x\,(a^{e_2})^y \equiv a^{e_1x+e_2y} \equiv a^1 = a \pmod{253}$$

을 통하여 평문 a 를 알아 낼 수 있다. □

(4.3) IN YOUR OWN WORDS. 다음 포스터를 소재로 지도안을 작성해 보고 소수를 주제로 한 포스터를 만들어 교실에 전시하자.

포스터 : The London Underground의 포스터(10월 Maths Breaks the Code)

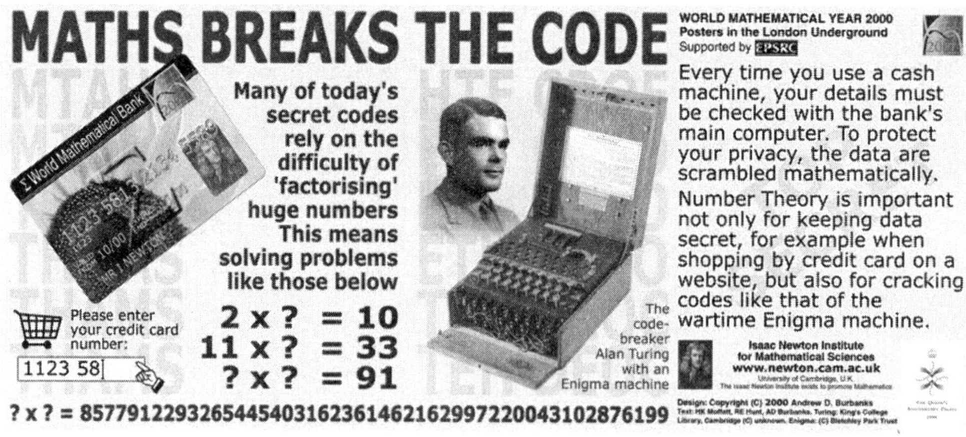

흔히 쓰이고 있는 RSA 암호체계는 인수분해의 어려움에 기초를 두고 있다. 위의 포스터는 10, 33, 91은 쉽게 인수분해할 수 있지만

$$8577912293265445403162361462162997220043102876199$$

와 같이 큰 수를 인수분해하는 것은 매우 어렵다는 것을 강조하고 있다.[19]
충분히 큰 두 소수

$$p = 671998030559713968361666935769, \quad q = 12764787846358441471$$

에 대하여 공개된 수

$$n = pq = 8577912293265445403162361462162997220043102876199$$

를 인수분해하는데 적당한 시간이 요구된다. 주어진 큰 수의 인수분해의 어려움은 오일러함수

$$\phi(8577912293265445403162361462162997220043102876199)$$

를 얻는데 있다. 이 때, 다음을 얻는다.

$$\phi(n) = \phi(pq) = (p-1)(q-1)$$
$$= 8577912293265445402490363431590518463835077498960$$

소인수분해의 활용으로 교과서에서 절대부등식의 성질로 다루고 있는 세 가지 조건

19) > ifactor(8577912293265445403162361462162997220043102876199);
(671998030559713968361666935769)*(12764787846358441471)

① $|x| \geq 0$ 이고 $|x|=0 \Leftrightarrow x=0$,

② $|xy|=|x||y|$,

③ $|x+y| \leq |x|+|y|$ (삼각부등식, triangle inequality)

을 만족하는 새로운 절댓값을 만들어 보자.

유리수집합 $\mathbb{Q}$는 사측연산이 가능하지만 연결되지 않은 점들로 분포되어 있다. 즉, 유리수집합에는 수많은 틈(gap)이 존재한다. 이런 틈을 메워 매끈한 직선으로 만든 집합을 우리는 실수집합이라고 한다(이 과정을 completion이라 부른다). 유리수집합에서 틈새를 메운 실수집합을 만드는 방법은 Dedekind의 cut와 Cantor의 Cauchy sequence를 이용하는 방법이 있는데 본 지면에선 Cauchy sequence를 이용하는 방법에 대하여 간략하게 알아보았다.

일반적으로 집합 $S(\neq \varnothing)$ 위에 정의된 관계(relation) 『$\sim$』가 다음 세 조건을 만족할 때, 이 관계를 집합 S에서의 동치관계(equivalence relation)라고 부른다.

① $x \sim x$ (반사율, reflexive),

② $x \sim y \Rightarrow y \sim x$ (대칭율, symmetric),

③ $x \sim y,\ y \sim z \Rightarrow x \sim z$ (추이율, transitive).

집합 S에서의 동치관계$\sim$ 가 정의되어 있을 때, 두 원소 $x,y \in S$에 대하여 $x \sim y$일 때, x와 y는 서로 동치(equivalent)라 한다. 각 원소 x와 동치인 S의 원소 모임을 x에 의하여 결정된 동치류(equivalence class)라 하고

$$[x]=\{y \in S \mid x \sim y\}$$

로 나타낸다. 동치류 $[x]$로 이루어진 집합을 $S/\sim$ 로 표시하자. 즉

$$S/\sim\ = \{[x] \mid x \in S\}$$

이 때, $S = \cup [x]$ 이고 x와 y가 동치관계가 아니면 $[x] \cap [y] = \varnothing$이다. 즉, 주어진 집합은 동치류들로 완전히 분할된다.

(4.4) DEFINITION (Cauchy Sequence). 수열 $\{a_n\}$에 대하여 임의의 양수 ϵ (매우 작은 수)에 대하여 양의 정수 N가 존재하여

$$n, m \geq N \Rightarrow |a_n - a_m| < \epsilon$$

을 만족할 때, 수열 $\{a_n\}$ 을 코시수열(Cauchy sequence)이라 부른다.

유리수로 이루어진 코시수열을 다 모아서 이 집합을 S로 표시하자. S의 두 원소 $f=\{a_n\}$와 $g=\{b_n\}$ 사이의 관계 『$\sim$』를 다음과 같이 정의하자.

$$f \sim g \Leftrightarrow |a_n - b_n| \to 0 \ (n \to \infty).$$

이 때, 위 관계는 동치관계이고 따라서 동치류의 집합

$$S/\sim \ = \{[f] \mid f \in S\}$$

이 우리가 사용해온 실수집합 $\mathbb{R}$이다[20]. 즉, 실수집합 $\mathbb{R}$은 유리수집합 위에 정의된 절댓값 $|\ \ |$에 대해서 유리수로 만들어진 코시수열의 극한값의 모임이다. 환언하면 실수집합이란 유리수집합과 우리들이 사용하고 있는 절댓값 $|\ \ |$에 의하여 결정되는 새로운 집합이다(절댓값은 식(17-2)에서 다시 다룬다). 이 시점에서 다음을 생각해보자.

(4.5) QUESTION. 절댓값 $|\ \ |$이 변하면 실수집합이 아닌 새로운 수체계가 만들어질까?

정수의 소인수분해는 유일하게 결정되며 $(2^5\ 17) \times (2^4 11^2) = 2^9 11^2\ 17$처럼 두 수 사이의 곱은 각 소수의 어께에서 덧셈으로 표현된다. 이와 같은 소수(prime)의 인수분해 성질(unique factorization properties)을 이용하여 새로운 절댓값을 정의하고 이를 바탕으로 새로운 수체계를 만들어 보자. 절댓값은 중학교 수학1에서 "원점 사이의 거리"로 정의되고 두 음수의 덧셈은 두 수의 절댓값의 합에 공통인 부호를 붙여 계산한다. 양의 정수와 음의 정수의 곱에서도 절댓값을 이용한다. 먼저 절댓값이 어떤 역할을 하는지 대학수준에서 알아보자.

유리수에서 실수를 만들 때, 가장 중요한 역할을 하는 것은 절댓값이다. 따라서 절댓값의 정의를 먼저 살펴보자. 유리수 x의 절댓값(absolute value)

---

20) M. H. Protter and C. B. Morrey, A first course in real analysis, 2nd. ed., Springer-Verlag, 1991(379쪽).

$|x|$ 의 정의는 다음과 같다(절댓값에 대하여는 제4장 백터공간에서 내적의 결과로 다룬다).

$$|x| = \begin{cases} x & (x \geq 0) \\ -x & (x < 0) \end{cases} \tag{4-1}$$

이 때, 식(4-1)으로부터 우리는 학생들에게 다음 세 가지 성질을 교과서에서 가르치고 있다.

$$\begin{aligned} &① \ |x| \geq 0 \text{ 이고 } |x| = 0 \Leftrightarrow x = 0, \\ &② \ |xy| = |x||y|, \\ &③ \ |x+y| \leq |x| + |y| \ (\text{삼각부등식, triangle inequality}). \end{aligned} \tag{4-2}$$

이제 유리수집합 위에 식(4-1)이 아니면서 식(4-2)와 같은 성질을 만족하는 새로운 자(norm)를 만들어보자. 이를 위하여 절댓값에 관련된 엄밀한 정의를 살펴보자.

(4.6) DEFINITION. R 이 $\mathbb{Z}, \mathbb{Q}, \mathbb{R}$ 등과 같이 항등원 1이 가지고 있는 환(ring)일 때, 다음을 만족하는 함수 $N: R \to \mathbb{R}^{+} = \{r \in \mathbb{R} : r \geq 0\}$을 환 R에서 노름(norm)이라 부른다.

(1) $N(x) = 0 \Leftrightarrow x = 0$;

(2) $N(xy) = N(x)N(y) \quad \forall x, y \in R$;

(3) $N(x+y) \leq N(x)N(y) \quad \forall x, y \in R$

특히, (3)을 삼각부등식이라 부르며, 조건 (3)보다 조건이 더 강한 식

(4) $N(x+y) \leq \max\{N(x), N(y)\} \quad \forall x, y \in R$

을 만족하는 노름을 <u>non-Archimedean</u>이라 부른다.

우리가 교과서에서 사용하는 절댓값 $|\ |$은 정의(4.6)을 만족하는 노름의 한 예이다. 노름의 정의를 만족하는 것은 무한개가 존재한다(정리(4.10)).

$\mathbb{Q}$에서 non-Archimedean norm을 만들어 보자. 본 절에서는 p를 고정된 소수로 사용하겠다.

(4.7) DEFINITION. 소수 p를 고정시키고. 0이 아닌 정수 m에 대하여 m을 소인수분해 했을 때, p의 최대 멱(p-adic valuation of m)을 $\text{ord}_p m$라 쓰자. 즉,

$$\text{ord}_p m = \max\{r : p^r | m\}$$

예를 들면,

$$\text{ord}_5 50 = 2,\ \text{ord}_5 250 = 3,\ \text{ord}_2 96 = 5,\ \text{ord}_2 103 = 0$$

등이다. 한편, $\text{ord}_p 0 = \infty$로 정의하면

$$\text{ord}_p (m n) = \text{ord}_p m + \text{ord}_p n$$

임을 쉽게 보일 수 있다(지수법칙). 이 정의를 유리수로 확장하자.

$q = \dfrac{m}{n} \in \mathbb{Q}$일 때,

$$\text{ord}_p q = \text{ord}_p \frac{m}{n} = \text{ord}_p m - \text{ord}_p n$$

로 정의하자. 이 때, 위 식은 q에만 의존하고, q를 표현하는 m,n과는 무관함을 확인하기 바란다. 즉,

$$\frac{a}{b} = \frac{a'}{b'} \text{ 이면 } \text{ord}_p a - \text{ord}_p b = \text{ord}_p a' - \text{ord}_p b'$$

(4.8) THEOREM. $x, y \in \mathbb{Q}$일 때, 함수 ord_p는 다음 성질을 만족한다.

(1) $\text{ord}_p x = \infty \Leftrightarrow x = 0$

(2) $\text{ord}_p (xy) = \text{ord}_p x + \text{ord}_p y$

(3) $\text{ord}_p (x+y) \geq \min\{\text{ord}_p x, \text{ord}_p y\}$ 이고 등호는 $\text{ord}_p x \neq \text{ord}_p y$ 일 때, 성립한다.

(증명) (1)과 (2)는 독자에게 맡기고 (3)을 증명해 보자. 0이 아닌 x, y, $x+y$에 대하여 $x = a/b$, $y = c/d$로 더 이상 약분이 안 되는 형태로 가정하자. 이때, $x+y = (ad+bc)/bd$ 이고 따라서

$$\text{ord}_p (x+y) = \text{ord}_p (ad+bc) - \text{ord}_p b - \text{ord}_p d$$

이다. 한편

$$\mathrm{ord}_p(ad+bc) \geq \min(\mathrm{ord}_p\, ad\ ,\ \mathrm{ord}_p\, bc)$$

이므로

$$\begin{aligned}\mathrm{ord}_p(x+y) &\geq \min(\mathrm{ord}_p\, ad,\ \mathrm{ord}_p\, bc)-\mathrm{ord}_p\, b-\mathrm{ord}_p\, d\\ &=\min(\mathrm{ord}_p\, a+\mathrm{ord}_p\, d\ ,\ \mathrm{ord}_p\, b+\mathrm{ord}_p\, c)-\mathrm{ord}_p b-\mathrm{ord}_p\, d\\ &=\min(\mathrm{ord}_p\, a-\mathrm{ord}_p\, b, \mathrm{ord}_p\, c-\mathrm{ord}_p\, d)\\ &=\min(\mathrm{ord}_p\, x\ ,\ \mathrm{ord}_p\, y)\end{aligned}$$

이다. □

(4.9) DEFINITION. $x \in \mathbb{Q}$에 대하여 p-adic 노름(p-adic norm)을

$$|x|_p = \begin{cases} p^{-\mathrm{ord}_p x} & (x \neq 0) \\ p^{-\infty} = 0 & (x = 0) \end{cases} \tag{4-3}$$

로 정의하자.

(4.10) THEOREM. p-adic norm $|\ \ |_p : \mathbb{Q} \to \mathbb{R}^+$는 다음을 만족한다.

(1) $|x|_p = 0 \Leftrightarrow x = 0,$

(2) $|xy|_p = |x|_p\,|y|_p,$

(3) $|x+y|_p \leq \max(|x|_p, |y|_p)$, 등호는 $|x|_p \neq |y|_p$ 일 때, 성립한다.

따라서 p-adic norm $|\ \ |_p$는 $\mathbb{Q}$에서 non-Archimedean norm이다.

(풀이) (3)을 증명하기 위하여 다음 부등식을 살펴보자.

$$\begin{aligned}|x+y|_p = p^{-\mathrm{ord}_p(x+y)} &\leq \max(p^{-\mathrm{ord}_p x}, p^{-\mathrm{ord}_p y})\\ &= \max(|x|_p, |y|_p) \leq |x|_p + |y|_p\end{aligned}$$ □

따라서 소수만큼 많은 노름을 만들었다.

(4.11) EXAMPLE. 유리수 x 의 p-adic 노름(p-adic norm of x) $|x|_p$를 몇 개 구해 보자.

$$|6|_3 = |15|_3 = \frac{1}{3}, \quad \left|\frac{1}{4}\right|_2 = \left|\frac{3}{4}\right|_2 = 4 \quad \square$$

(4.12) EXAMPLE. 수열 $a_n = 1+p+p^2+\cdots+p^{n-1}$은 Cauchy sequence이고 $\dfrac{1}{1-p}$로 수렴한다. 먼저

$$\begin{aligned}|a_{n+k} - a_n|_p &= |p^n + p^{n+1} + \cdots + p^{n+k-1}|_p \\ &= \frac{1}{p^n}\end{aligned}$$

이고, 따라서 임의 $\epsilon > 0$에 대하여 $p^N \geq 1/\epsilon$을 만족하는 N을 택할 수 있다. 그러므로 $n > N$ 이면

$$|a_{n+k} - a_n|_p < \frac{1}{p^N} \leq \epsilon$$

이다. 극한값을 구해보자. $a = \dfrac{1}{1-p} \in \mathbb{Q}$에 대하여 $a_n = \dfrac{p^n - 1}{p-1}$이므로

$$\left|a_m - \frac{1}{1-p}\right|_p = \left|\frac{p^n}{p-1}\right|_p = \frac{1}{p^n}$$

이다. 따라서 임의의 ϵ에 대하여 앞에서 택한 N에 대하여

$$n > N \Rightarrow \left|a_n - \frac{1}{1-p}\right|_p < \epsilon \quad \square$$

(4.13) EXERCISE. 수열 4, 34, 334, 3334, 333334, ...은 코시수열이고 $\dfrac{2}{3}$로 수렴한다.

우리는 새로운 크기를 정의하였다. 이를 유리수로 이루어진 코시수열 사이에 동치관계를 정의하는데 사용하고, 새로운 수체계를 만들어 보자.

유리수로 이루어진 코시수열을 다 모아 이 집합을 S로 표시하자. S의 두 원소 $f = \{a_n\}$와 $g = \{b_n\}$ 사이의 관계 『$\sim$』를 다음과 같이 정의하자.

$$f \sim g \Leftrightarrow |a_n - b_n|_p \to 0 \ (n \to \infty).$$

위 관계는 동치관계이고 동치류의 집합

$$S/\sim = \{\,[f] \mid f \in S\}$$

를 $\mathbb{Q}_p$로 표시하고 각 원소를 p-진수라 부른다. 이 p-진수집합은 유리수 집합을 품는 수체계로 실수집합과는 매우 다르다. 실수체계에서 주어진 원의 중심은 유일하고 임의의 모양의 삼각형이 존재한다. 그러나 새로운 수체계에서 예상치 않은 일이 벌어질 수 있다. 두 가지 다른 면을 살펴보자.

(4.14) THEOREM. $\mathbb{Q}_p$의 세계에서 모든 삼각형은 이등변삼각형이다.

(증명) $x, y \in \mathbb{Q}_p$ 일 때, $x-y \in \mathbb{Q}_p$이다. $|x|_p < |y|_p$ 를 가정하고 다음 삼각형

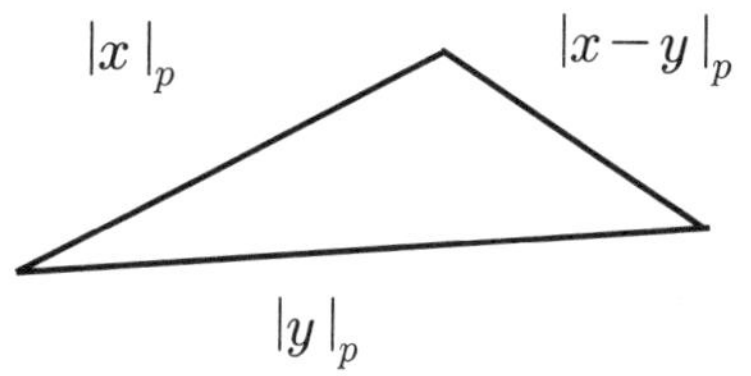

으로부터

$$|x-y|_p \le \max(|x|_p, |y|_p) = |y|_p$$

이고

$$|y|_p = |x-(x-y)|_p \le \max(|x|_p, |x-y|_p) \le |x-y|_p$$

이므로

$$|x-y|_p = |y|_p$$

이다. □

(4.15) THEOREM. $\mathbb{Q}_p$의 세계에서 주어진 원의 중심은 무수히 많다.

(증명) 중심이 $a \in \mathbb{Q}_p$ 이고 반지름이 $r \in \mathbb{R}$, $r \ge 0$ 인 개원판은

$$disc(a, r) = \{x \in \mathbb{Q}_p \mid |x-a|_p < r\}$$

이다. $b \in disc(a, r)$에 대하여 만일 $x \in disc(a, r)$ 이면 $|x-a|_p < r$이다.

정리 4.10(3)으로부터

$$|x-b|_p = |(x-a)+(a-b)|_p \le \max(|x-a|_p, |a-b|_p) \le r$$

이므로 $x \in disc(b,r)$ 이다. 따라서 $disc(a,r) \subset disc(b,r)$ 이다. 마찬가지 방법으로 $disc(b,r) \subset disc(a,r)$ 을 얻는다. 그러므로 $disc(a,r) = disc(b,r)$ 이다. 따라서 주어진 원의 중심은 무한히 많다. □

정리 4.15에 대한 필자의 생각은 써보면, 원은 우주이고 원 내부의 점은 우리 인간들이다. 따라서 원 내부에 있는 모든 점이 그 원의 중심이 된다는 본 증명은 유사 이래로 우리가 인간의 존엄성을 언급한 것들 중에서는 가장 위대한 작품이다. 다음은 중학교에서 순환소수를 지도한 후, 방과후에 활용할 지도안이다.

(4.16) IN YOUR OWN WORDS. 인간의 존엄성을 주제로 지도해 보자.

(4.17) IN YOUR OWN WORDS. 앞에 내용을 바탕으로 중학교 2학년에서 지도하는 순환소수를 바탕으로 다음을 수업시간에 활용해 보자.

【질문】 순환소수 $0.\dot{9}$를 분수로 나타내어라.
현행 교과서에서 제시된 순환소수의 정의를 달리하여 즐겨보자.

순환소수 $0.\dot{9} = 0.9999\cdots$ 에서 숫자 9가 오른쪽으로 무한히 붙여지는 것처럼 왼쪽으로 무한히 붙여지는 것을 생각해보자.

【질문】 $\cdots 99999$란 무엇인가? 무한일까? 교과서에 있는 방법으로 접근해보자.
【질문】 다른 계산방법을 써도 $\cdots 99999 = -1$이 나올까?
【질문】 $\cdots 99999 = -1$을 어떻게 인식해야하는가? 자신의 생각을 써보자 (식(4-4) 참고).

계산의 편이를 위하여 10 을 0 으로 보는 mod 10 계산에 대하여 알아보자. 이는 10 개의 원소로 이루어진 수체계로 등식은 $\equiv_{10}$ 을 사용하자. 예를 들어

$$14 \equiv_{10} 4,\quad 28 \equiv_{10} 8,\quad -19 \equiv_{10} 1,\quad 10 \equiv_{10} 0$$

처럼 두 수 a, b의 차이가 10의 배수이면 $a \equiv_{10} b$로 표시하자. 즉,

$$a \equiv_{10} b \Leftrightarrow a-b = 10k \text{ (여기서 } k\text{는 적당한 정수)}$$

이다. 따라서 모든 수는 mod 10 계산에 의하여 $0, 1, 2, \ldots, 8, 9$이다. 한편, $3 \times 7 = 21 \equiv_{10} 1$이므로 이를 분수로 표현하면 $3 \equiv_{10} \dfrac{1}{7}$이다. 이 때, 5처럼 10과 서로소가 아닌 수의 역원은 존재하지 않으며 3과 같이 10과 서로소인 수만 역원을 갖는다. 10과 서로수인 것은 $1, 3, 7, 9$이다. 그 이유를 설명해보자.

【정의】 p, q가 10과 서로소일 때,

$$\frac{l}{p} \equiv_{10} \frac{m}{q} \Leftrightarrow lq \equiv_{10} mp$$

로 정의하자.

예를 들어 $4 = \dfrac{4}{1}$를 유리수로 나타내면 다음과 같다.

$$\frac{4}{11},\ 9\frac{5}{7},\ 1\frac{1}{7},\ -\frac{2}{7}$$

다른 표현을 4개 찾아보자.

이제 앞에서 사용한 10을 일반적인 거듭제곱 10^n에 대하여 생각해보자. mod 10^n 계산에 쓰이는 숫자는 모두 10^n개로 $0, 1, 2, \ldots, 10^n-2, 10^n-1$이다. 이 때, 1, 3, 7, 9처럼 10^n과 서로소인 수는 곱에 관한 역원을 가지며 이를 분모로 하는 분수를 앞에서 한 것처럼 정의할 수 있다. 즉,

$$\frac{l}{p} \equiv_{10^n} \frac{m}{q} \Leftrightarrow lq \equiv_{10^n} mp \Leftrightarrow lq-mp \text{는 } 10^n \text{의 배수}$$

mod 10^6계산에서 4를 표현해보자.

$$333337\frac{1}{3},\ 142861\frac{1}{7}$$

【NOTATION】 우리는 숫자가 오른쪽으로 반복되어 나타나는 경우를 다루

고 있다. 이를 다음과 같이 표시하자.

$${}^{6}\overleftrightarrow{7} = 777777, \quad {}^{6}\overleftrightarrow{27} = 272727\ , \quad {}^{6}\overleftrightarrow{1234567} = 234567$$

위 표현을 mod 10^6 계산에서 알아보자. 위 예를 따라서 다음 문제를 해결하자.

$${}^{6}\overleftrightarrow{9} = \qquad {}^{6}\overleftrightarrow{2717} =$$

$${}^{6}\overleftrightarrow{21} = \qquad {}^{6}\overleftrightarrow{211} =$$

$${}^{6}\overleftrightarrow{1211} = \qquad {}^{6}\overleftrightarrow{1121} =$$

$${}^{6}\overleftrightarrow{31121} =$$

한편, ${}^{6}\overleftrightarrow{27} = 272727$일 때,

$$10^2 \times {}^{6}\overleftrightarrow{27} = 27272700 \equiv_{10^6} 272700 = {}^{6}\overleftrightarrow{27} - 27,$$

$${}^{6}\overleftrightarrow{27}\ (10^2 - 1) \equiv_{10^6} -27,\ {}^{6}\overleftrightarrow{27} \equiv_{10^6} \frac{-27}{10^2 - 1}$$

위 계산을 일반적인 식으로 쓸 수 있을까? 학생들이 다른 예를 시도해보면 일반적인 식을 도입할 수 있다고 본다. 일반적인 식을 구해보고 학교에서 순환소수를 분수로 표현했던 방법과 비교해보자.

$13579 = a_4a_3a_2a_1a_0$ 로 일의 자리부터 $a_0 = 9$로 출발하여 표시하자. 이 때 자리수가 4자리이므로 이를

$$13579 = a_4a_3a_2a_1a_0 = a(5)$$

로 표시하면 편리하다. 따라서 다음 식을 얻는다.

$${}^{n}\overleftrightarrow{a(k)} \equiv_{10^n} \frac{-a(k)}{10^k - 1}$$

본 식에서 오른쪽은 $n(=6)$과 관계가 없음을 위 두 예에서 알 수 있다. 따라서 다음과 같은 새로운 정의를 내리자.

【정의】 $\overleftrightarrow{a(k)} = \dfrac{-a(k)}{10^k-1}$

이 때,

$$\overleftrightarrow{9} = -\frac{9}{9} = -1,\ \overleftrightarrow{27} = \frac{-27}{10^2-1} = -\frac{3}{11},\quad \overleftrightarrow{12345} = \frac{-12345}{10^5-1} = -\frac{4115}{33333}$$

물론 본 계산은 $n=6$일 때, mod 10^6 계산과 동일하다. 즉,

$${}^{6}\overleftrightarrow{9} = 999999 \equiv_{10^6} -1,$$

$${}^{6}\overleftrightarrow{27} = 272727 \equiv_{10^6} -\frac{3}{11}$$ (여기서 $272727\times 11+3 = 3000000$),

$${}^{6}\overleftrightarrow{12345} = 512345 \equiv_{10^6} -\frac{4115}{33333}$$

(여기서 $512345\times 33333+4115 = 17078000000$)

【정의】 앞 절에서 순환마디의 길이가 k인 순환수의 값을 다음과 같이 정의하였다.

$$\overleftrightarrow{a(k)} = \frac{-a(k)}{10^k-1}$$

이 값을 모듈 10 유리수라 부른다.

【지도할 때, 참고사항】 정수 k에 대하여, $10^n|k$, $10^{n+1} \nmid k$ (k를 나누는 가장 큰 10의 멱이 10^n)일 때

$$|k|_{10} = 10^{-n}$$

위 정의를 사용하면

$$|\ {}^{n}\overleftrightarrow{9} - (-1)\ |_{10} = |10^n|_{10} = 10^{-n} \to 0 \quad (n\to\infty) \qquad (4-4)$$

이다(물론 정리 4.10에서 10이 소수가 아니므로 한 가지를 만족 못한다.)

우리는 정수의 소인수분해에 관하여 알아보았다. 다항식의 인수분해를 확대 해석한 내용을 짧게 다루어 보자.

(4.18) REMARK. 방정식 $\sin x=0$에서 π에 관한 식을 인수분해를 통하여 유도해 보자. 무한급수[21])

$$\sin(x)=x-\frac{x^3}{3!}+\frac{x^5}{5!}-+\cdots,$$

$$\cos(x)=1-\frac{x^2}{2!}+\frac{x^4}{4!}-+\cdots$$

에 대하여 $\sin x$는 $x=0,\pm\pi,\pm2\pi,\dots$에서 0이므로 무한급수 $\sin x$를 다항식처럼 무한히 인수분해하면

$$\sin x=x(1-\frac{x^2}{\pi^2})(1-\frac{x^2}{4\pi^2})(1-\frac{x^2}{9\pi^2})\cdots$$

이다. 마찬가지로 $\cos x$는 $x=\pm\frac{1}{2}\pi,\pm\frac{3}{2}\pi,\dots$에서 0이므로 $\cos x$를 다항식처럼 무한히 인수분해하면

$$\cos x=(1-\frac{4x^2}{\pi^2})(1-\frac{4x^2}{9\pi^2})(1-\frac{4x^2}{25\pi^2})\cdots$$

이다. 먼저 $x=\frac{\pi}{2}$로 택하면

$$1=\frac{\pi}{2}(1-\frac{1}{4})(1-\frac{1}{16})(1-\frac{1}{36})\cdots$$

따라서 $\frac{\pi}{2}$를 주어로 쓰면 월리스(John Wallis, 1616~1703, 영국)가 1650년에 구한 식

$$\frac{\pi}{2}=\frac{2}{1}\cdot\frac{2}{3}\cdot\frac{4}{3}\cdot\frac{4}{5}\cdot\frac{6}{5}\cdot\frac{6}{7}\cdot\cdots$$

을 얻는다. 이번에는 $x=\frac{\pi}{6}$로 택하여 보자. 그러면

$$\frac{1}{2}=\frac{\pi}{6}\left(1-\frac{1}{36}\right)\left(1-\frac{1}{4\cdot36}\right)\left(1-\frac{1}{9\cdot36}\right)\cdots$$

이고 따라서 $\frac{\pi}{3}$을 주어로 쓰면

---

21) $f(x)=f(0)+f'(0)x+\frac{f''(0)}{2!}x^2+\frac{f^{(3)}(0)}{3!}+\cdots$

$$\frac{\pi}{3}=\frac{6}{5}\cdot\frac{6}{7}\cdot\frac{12}{11}\cdot\frac{12}{13}\cdot\frac{18}{17}\cdot\frac{18}{19}\cdots$$

을 얻는다. □

(4.19) LETTER OF RECOMMENDATION. 소수를 주제로 한 학기 동안 방과후에 학생을 지도해보자. 이 때, 교수·학습내용을

(1) 학생들의 포트폴리오 작성과 자료축적을 어떻게 지도할 것인가?

(2) 생활기록부에 학생의 노력과 학습발달을 어떻게 기록할 것인가?

(3) 상위학교 진학을 위한 추천서 작성 시 방과후 활동 내용을 어떻게 추천서에 언급할 것인가?

를 염두에 두고 학생을 지도하여 보자.

Chapter II 몫과 나머지

몫과 나머지는 초등학교 5-가에서 「배수와 약수」로 시작을 한다. 주어진 수에 1배, 2배, 3배, 10배, 100배, 1000배, 10000배 등으로 지도하고 배수를 여러 개 찾도록 지도하고 약수를 지도한다. 이 개념은 그 대로 중학교 수학1로 이어지는데 모든 수는 자연수 범위에서 시행한다. 최대공약수의 지도는 소인수분해를 이용한다. 예를 들어 초등학교의 경우 $12=2\times2\times3$, $30=2\times3\times5$임을 이용하여 지도한다. 이 경우 자연수에서는 최대, 최소의 의미를 그대로 사용할 수 있다.

고등학교 「수학」에서 다항식의 사칙 연산인 덧셈, 뺄셈, 곱셈, 나눗셈을 시행한다. 여기서 나눗셈이란 몫과 나머지를 구하는 과정이므로 나눗셈의 결과에 분수식이 나올 수 있다. 여기까지 교과서에서 다루는 다항식의 범위는 외견상 정역 $\mathbb{Z}[x]$를 뜻한다. 몫과 나머지에서 나누는 다항식은 $x+3$, x^2+1 정도이므로 나머지에 분수가 계수인 다항식이 나타나지 않는다. 왜냐하면 $\mathbb{Z}[x]$는 나눗셈을 할 수 있는 유클리디안 정역(Euclidean domain)은 아니지만(정리 5.3 참고) 나누는 다항식의 최고차항 계수가 ±1이면 나누는 과정에서 분수가 나오질 않는다. 물론 교과서에 다루는 문제에서 분수가 나오면 다항식의 범위를 $\mathbb{Q}[x]$로 한 것이다. 얘를 들면, $2x^3-\frac{7}{2}x^2-x+6$(두산, 익힘책, 100쪽) 등이다. 개정교육과정에서의 교과서는 7차 때보다 분수의 사용을 자제하였다. 인수분해에서 다루는 다항식의 영역은 $\mathbb{Z}[x]$이다. 다항식의 인수분해에서 소수(prime number)의 역할을 하는 것은 기약다항식(irreducible polynomial)이다. 유일분해정역(unique factorization domain) $\mathbb{Z}[x]$에서는 단원 ±1의 역할을 제외한 인수분해는 유일[22]하고 약수, 배수, 최대공약수,

22) $6=2\cdot3=3\cdot2=(-1)(-1)\cdot2\cdot3$ 등은 동일한 표현으로 간주한다.

최소공배수가 존재한다. 그러나 음수를 다루기 때문에 문제(?)가 발생한다. 예를 들면, 정수환 $\mathbb{Z}$에서 $\gcd(4,6)=\pm 2$이다. 즉, 최대공약수가 유일하지 않으며, 두 일차다항식 $2x-4$, $2x+8$은 정수계수 다항식환 $\mathbb{Z}[x]$에서 $\gcd(2x-4,\ 2x+8)=\pm 2$이므로 서로소가 아니다.

다항식에서 몫과 나머지 등은 분수의 사칙연산이 목적이 아니므로 모든 다항식은 최고차항의 계수가 1인 정수계수를 다루며 나누는 다항식은 $x+2$ 정도로 하고 또한 다항식에서는 서로소(또는 7차 때는 수인수)를 정의하지 않는 것이 바람직하다.

§5. 몫과 나머지

두 수 $m=43, n=30$에 몫과 나머지를 적용하면 다음과 같다.

$$43 = 30\times 1+13$$

즉, 몫은 1이고 나머지는 0이거나 나누는 수 30보다 작은 양의 정수이다 (우리의 경우는 $13<30$). 이를 일반화하면 $m=qn+r$일 때, 당연히 분모인 n은 0이 아니고 $r=0$이거나 $r<b$이다. 일반적인 정의를 다음에서 알아보자.

(5.1) DEFINITION(Euclidean Domain). 주어진 정역(integral domain) D에서 0을 제외한 모든 원소에서 음이 아닌 정수집합으로 가는 함수 $\delta : D-\{0\}\rightarrow \mathbb{N}$가 존재하여 다음을 만족할 때,

(1) 임의의 D의 원소 $a,\ b\neq 0$에 대하여 $q,r\in D$가 존재하여 $a=qb+r$, $r=0$ 또는 $r\neq 0$이고 $\delta(r)<\delta(b)$

(2) 0이 아닌 두 원소 $x, y\in D$에 대하여 $\delta(xy)\geq \delta(x)$

정역 D를 유클리디안 정역이라 한다.

다음 정리를 증명 없이 소개하자. 독자들은 세부 증명을 확인하기 바란다.

(5.2) THEOREM. (1) Euclidean domain(ED) $\Rightarrow$ Principal ideal domain(PID) $\Rightarrow$ Unique factorization domain(UFD)

(2) F가 체(field)이면 다항식환 $F[x]$는 유클리디안 정역(UD)이다.

두 정수계수 다항식에 몫과 나머지를 구하다 보면 계산과정에서 종종 분수가 나온다. 그 이유를 다음 정리에서 알아보자. 먼저, 정역 R에서 집합 $A(\subset R)$로 생성된 이데알을 $\langle A\rangle$로 표시하자. 따라서

$$<A> = \left\{\sum_{i=1}^{n} a_i r_i \mid r_i \in R, a_i \in A; n = 1, 2, \ldots\right\}$$

이다. 본 교재에서 기호 $< >$는 생성된 이데알, 연분수(최소정사각형분할), 내적에서 사용된다. 혼돈을 피하기 바란다.

(5.3) THEOREM. 정수계수 다항식환 $\mathbb{Z}[x]$는 PID가 아니고 따라서 유클리디안 정역이 아니다.

(증명) 정역 $\mathbb{Z}[x]$에서 2와 x로 생성된 이데알 $<a, x>$이 단항이데알(principal ideal)이 아님을 보이자. 먼저, 집합으로

$$<a, x> = \{2f(x) + xg(x) \mid f, g \in \mathbb{Z}[x]\}$$

이고 $<a, x>$의 원소는 상수항이 항상 2의 배수이다. $<a, x> = <\alpha(x)>$로 가정하자. 이 때, $2 \in <\alpha(x)>$이므로 적당한 $p(x) \in \mathbb{Z}[x]$가 존재하여 $2 = \alpha(x)\, p(x)$이다. 한편,

$$\deg \alpha(x)\, p(x) = \deg \alpha(x) + \deg p(x)$$

이므로 $\alpha(x), p(x)$는 모두 상수다항식이다. 그런데 2가 소수이므로

$$\alpha(x), p(x) \in \{\pm 1, \pm 2\}$$

이다. $\alpha(x) = \pm 1$이면 $<2, x> = \mathbb{Z}[x]$로 모순이고 $\alpha(x) = \pm 2$이면

$$x \in <\alpha(x)> = <2> = <-2>$$

이다. 이 때, 적당한 $q(x) \in \mathbb{Z}[x]$가 존재하여 $x = 2q(x)$가 되어 모순이다. 따라서 2와 x로 생성된 이데알 $<a, x>$는 단항이데알이 될 수 없다. 즉 $\mathbb{Z}[x]$는 PID가 아니며 정리 5.2에 의하여 몫과 나머지를 자유자재로 할 수 있는 유클리디안 정역(ED)이 아니다. □

연속되는 몫과 나머지(Euclidean Algorithm)를 분할을 이용하여 설명해 보고 몫과 나머지를 도미노와 타일을 사용하여 접근해 보자. 먼저, 분할에 대하

여 알아보자. 두 변의 길이가 37, 16인 직사각형을 정사각형으로 분할해보자.

(5.4) DEFINITION. 직사각형 R을 변의 길이가 자연수인 정사각형 S_i로 분할하자. 즉,

(1) $R = \cup_{i=1}^{n} S_i$,

(2) $S_i \cap S_j = \varnothing \ (i \neq j)$(disjoint union)

이 때, 분할에 사용된 정사각형의 개수를 최소로 하는 분할을 「최소정사각형분할」 이라 한다. 최소정사각형분할에 사용된 정사각형의 개수를 큰 정사각형부터 순서대로

$$< a_0, a_1, a_2, \dots, a_n > \tag{5-1}$$

로 쓰기로 하자(2006, 박제남).

(5.5) EXAMPLE. 높이가 16이고 폭이 37인 직사각형을 최소정사각형분할을 해보자.

(1) 16을 한 변으로 하면 두 개의 정사각형이 만들어진다.

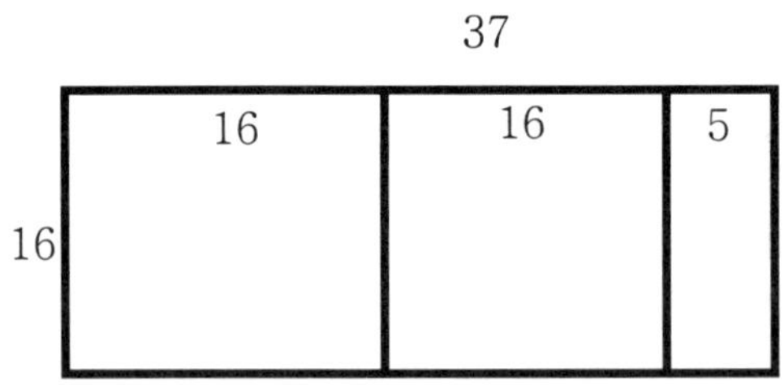

이때, 높이가 16이고 폭이 5인 직사각형이 남는다.

(2) 높이가 16이고 폭이 5인 직사각형에서는 다시 한 변의 길이가 5인 정사각형을 3개를 만들 수 있다.

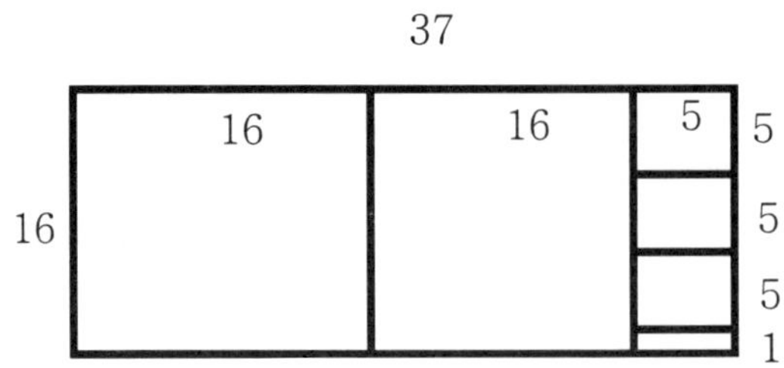

(3) 이때, 오른쪽 아래 모서리에는 높이가 1이고 폭이 5인 직사각형이 남는다. 이 직사각형을 다섯 개의 단위 정사각형으로 나눈다.
따라서 두 변의 길이가 37, 16인 직사각형은 아래와 같은 최소정사각형분할을 얻는다.

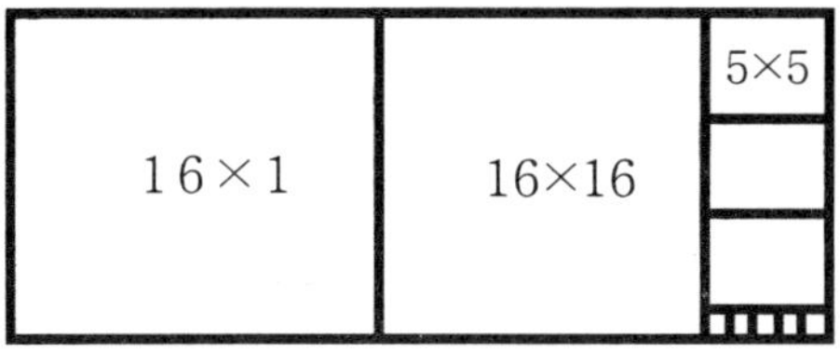

즉, 2개의 16×16, 3개의 5×5 그리고 5개의 1×1 정사각형을 얻는다. 이와 같이 최소정사각형분할에서 얻는 정사각형의 개수를 큰 정사각형부터 것부터 <2, 3, 5>로 표시하기로 하였다. ▢

상황을 바꾸어 두 정수 37, 16 2에 몫과 나머지를 거듭 시행하면(Euclidean algorithm)

$$37 = 2\times16 + 5$$
$$16 = 3\times5 + 1$$
$$5 = 5\times1 + 0$$

이다. 이를 연속되는 곱의 형태로 하여 순서대로 위에서 내려오면 다음을 얻는다.

$$\begin{aligned} 16\times37 &= 16\times(16+16+5) \\ &= (16\times16) + (16\times16) + 16\times5 \\ &= 2\times(16\times16) + (5+5+5+1)\times5 \\ &= 2\times(16\times16) + 3\times(5\times5) + 1\times5 \\ &= 2\times(16\times16) + 3\times(5\times5) + 5\times(1\times1) \end{aligned}$$

즉, 연속된 몫과 나머지를 곱의 형태로 바꾸면 최소정사각형분할을 얻는다.
한편, 몫과 나머지를 분수형태로 하여 순서대로 위에서 내려오면

$$\frac{37}{16} = \frac{2\times16+5}{16} = 2 + \frac{5}{16}$$

$$= 2+ \cfrac{1}{\cfrac{16}{5}} = 2+ \cfrac{1}{\cfrac{3\times 5+1}{5}}$$

$$= 2+ \cfrac{1}{3+\cfrac{1}{5}}$$

인 연분수를 얻는다. 이 연분수를 순서대로

$$[2 ; 3, 5]$$

로 표시하자.

결론적으로 몫과 나머지는 최소정사각형분할

$$< a_0, a_1, a_2, \cdots, a_n >$$

과 유한단순연분수

$$[a_0 ; a_1, a_2, \cdots, a_n]$$

을 서로 관련 있게 한다.

(5.6) EXAMPLE. 28×36 인 사각형의 최소정사각형분할을 구해보자.

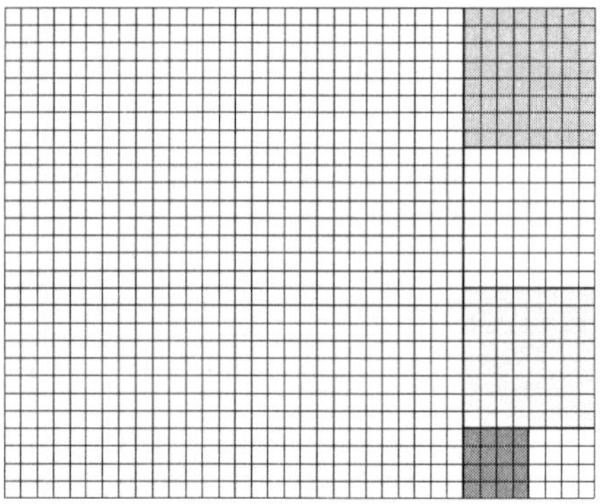

분할을 위의 그림과 같고 가장 작은 정사각형은 4×4로 두 개가 존재한다. 최소정삭가형분할에서의 개수는 <1, 3, 2>이다. 즉

$$\frac{36}{28} = [1; 3, 2]$$

이다. 좀 더 복잡한 수를 선택하여 앞에서와 같이 시행해보자. □

(5.7) TEAM PROJECT. (1) 예제(5.6)에서 가장 작은 정사각형이 4×4인 이유는 무엇일까?(정리(6.4) 참고).

(2) 최소정사각형분할에 동원된 정사각형은 서로 다른 3가지가 존재하는데 매우 큰 수에서는 어떻게 이를 예측할 수 있을까?

지금까지 우리는 몫과 나머지를 최소정사각형분할과 연분수로 알아보았다. 이제, 몫과 나머지를 도미노와 타일로 접근해보자.

정사각형타일을 편의상 타일이라 부르고 두 개의 타일을 붙여 놓은 것을 도미노라 부른다. 타일 쌓기의 규칙을 정해보자. 타일을 쌓기 위한 방이 있고 방에는 왼쪽부터 번호를 $0, 1, 2, 3, \dots$로 붙이며 각 번호에 해당하는 방을 B_i $(i=0, 1, 2, \dots)$로 표시하자.

[규칙1] 각 방에는 최대층수가 정해진다. 예를 들어 B_2의 최대층수는 a_2로 표시한다.

[규칙2] 각 방은 타일이나 도미노로 채워야하며 도미노는 1층에서만 사용하고 도미노 위에는 타일을 놓을 수 없다.

먼저 방이 3개(B_0, B_1, B_2)이고 각 방의 최대층은 $a_0=2,\ a_1=3,\ a_2=5$인 경우를 생각해보자.

(1) 타일만 사용할 때 :
각 방 1층에 적어도 하나의 타일이 있으면서 주어진 층 수 아래서 놓는 모든 방법은 $2\times 3\times 5=30$가지

(2) 도미노를 사용할 경우 :

① B_0, B_1에 도미노를 놓으면 세 번째 방 B_2에 타일을 놓는 경우의 수가 5이므로 5가지

② B_1, B_2에 도미노를 놓으면 첫 번째 방 B_0에 타일을 놓는 경우의 수가 2이므로 2가지

따라서 총 37가지이다. 다음 그림은 37가지 중에서 두 개의 예이다.

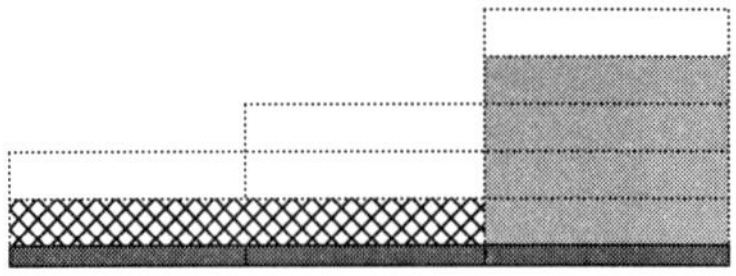

1개의 도미노와 4개의 타일

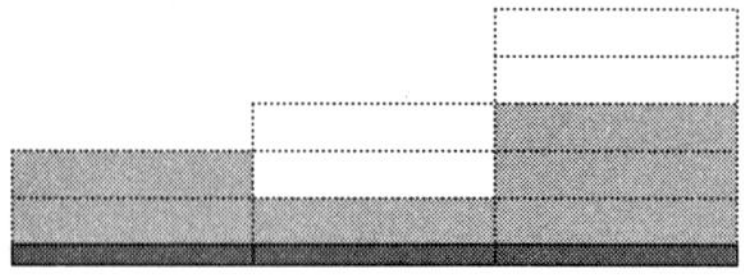

6개의 타일

위 예에서 기호

$$P(a_0, a_1, a_2) = P(2, 3, 5) = 37$$

를 사용하고

$$Q(a_0, a_1 \cdot a_2) = P(a_1, a_2)$$

라 하자. 이 때, $P(a_1, a_2) = P(3, 5) = 15 + 1 = 16$임을 알 수 있다. 일반적으로

(1) $P(a_0, a_1, a_2, ..., a_n)$이란 각 방에 최대층수가 $a_0, a_1, ..., a_n$인 $(n+1)$개의 방에 (규칙1)과 (규칙2)에 따라 타일과 도미노를 사용하여 쌓는 가짓수이다.

(2) $Q(a_0, a_1, a_2, ..., a_n) = P(a_1, a_2, ..., a_n)$로 정의한다.

비율 $\dfrac{P(a_0, a_1, a_2)}{P(a_1, a_2)} = \dfrac{37}{16}$에서 두 수 $37, 16$에 몫과 나머지를 거듭 시행하면 $[a_0 ; a_1, a_2]$을 얻는다. 이를 일반적으로 살펴보자.

연속된 분수계산에 의하여

$$[a_0; a_1, a_2, ..., a_n] = \frac{p(a_0, a_1, a_2, ..., a_n)}{q(a_0, a_1, a_2, ..., a_n)}$$

라 하면 다음을 얻는다.

(1) $[a_0; a_1, a_2, ..., a_n] = a_0 + \dfrac{1}{[a_1, a_2, ..., a_n]}$

$$= a_0 + \cfrac{1}{\cfrac{p(a_1, a_2, \ldots, a_n)}{q(a_1, a_2, \ldots, a_n)}}$$

$$= a_0 + \frac{q(a_1, a_2, \ldots, a_n)}{p(a_1, a_2, \ldots, a_n)}$$

$$= \frac{a_0 \ p(a_1, a_2, \ldots, a_n) + q(a_1, a_2, \ldots, a_n)}{p(a_1, a_2, \ldots, a_n)}$$

(2) (1)에 의하여

$$p(a_0, a_1, a_2, \ldots, a_n) = a_0 \ p(a_1, a_2, \ldots, a_n) + q(a_1, a_2, \ldots, a_n)$$

$$q(a_0, a_1, a_2, \ldots, a_n) = p(a_1, a_2, \ldots, a_n)$$

앞에서 $P(a_0, a_1, a_2, \ldots, a_n)$이란 각 방에 최대층수가 $a_0, a_1, \ldots, a_n$인 $(n+1)$개의 방에 (규칙1)과 (규칙2)에 따라 타일과 도미노를 사용하여 쌓는 가짓수이고

$$Q(a_0, a_1, a_2, \ldots, a_n) = P(a_1, a_2, \ldots, a_n)$$

로 정의하였다. 첫 번째 방의 최대층수는 a_0이다. $P(a_0, a_1, a_2, \ldots, a_n)$는 다음 두 가지를 포함한다.

① 방 B_0에 도미노가 없다

② 방 B_0에 도미노가 있다

따라서

①은 $a_0 \ P(a_1, a_2, \ldots, a_n)$개의 쌓기를 결정하고

②는 첫째 방과 둘째 방에 걸쳐 도미노가 있으므로 $P(a_2, a_3, \ldots, a_n)$개의 쌓기를 결정한다. 그러므로

$$\begin{aligned} P(a_0, a_1, a_2, \ldots, a_n) &= a_0 \ P(a_1, a_2, \ldots, a_n) + P(a_2, a_3, \ldots, a_n) \\ &= a_0 \ P(a_1, a_2, \ldots, a_n) + P(a_1, a_2, \ldots, a_n) \end{aligned}$$

이다.

이를 종합하면 다음 정리를 얻는다.

(5.8) THEOREM. 양의 정수 $a_0, a_1, \dots, a_n$ 에 대하여 $[a_0; a_1, \dots, a_n] = \frac{p_n}{q_n}$ 이라면

(1) p_n 은 최대층수가 $a_0, a_1, \dots, a_n$ 인 $(n+1)$개의 방에 타일과 도미노를 쌓는 가짓수이고

(2) q_n 은 최대층수가 $a_1, \dots, a_n$ 인 n개의 방에 타일과 도미노를 쌓는 가짓수이다.

(5.9) IN YOUR OWN WORDS. 두 정수(예를 들어 37, 16을 마음속에 고정해 놓고)에 대하여

(1) 유리수가 하나 결정된다(즉, 37/16).

(2) 두 정수의 몫과 나머지를 거듭 시행한다.

(3) 최소정사각형분할을 한다.

(4) 유한연분수로 본다.

(5) 방이 유한개인 도미노와 타일로 본다.

는 동일선성에 있다는 것을 지금까지 자세히 알아보았다. 수업을 위한 지도안을 작성해 보자. 한편, 유리수를 $\sqrt{2}$와 같은 무리수로 바꾸면 문장 (2), (3), (4), (5)는 어떻게 변할까 생각해 보자. 지금 이 순간 너무 행복하지 않은가?

	유리수	무리수
분류	유리수 37/16	무리수 $\sqrt{2}$
Euclidean Algorithm	두 정수의 몫과 나머지	(2)
도형	분할	(3)
연분수	유한연분수	(4)
조합론	유한개의 방	(5)

이제 화제를 유리수 37/16에서 무리수 $\sqrt{2}$로 옮겨가 보자.

(5.10) REMARK. 중등과정에서

“$\frac{1}{1+\sqrt{2}}$을 유리화하여라”

는 실제 다항식의 몫과 나머지와 맥을 같이한다. 먼저, 무리수 $\frac{1}{\sqrt{2}+1}$을 유리화하라는 문제는 흔히 다음과 같이 기계적으로 계산한다.

$$\frac{1}{\sqrt{2}+1}\times\frac{\sqrt{2}-1}{\sqrt{2}-1}=\frac{\sqrt{2}-1}{2-1}=\sqrt{2}-1$$

유리화의 계산에서 분자, 분모에서 필요한 $\sqrt{2}-1$은 어떻게 나온 것일까? 이것은 다항식의 몫과 나머지에서 연유한다. 다항식 $p(x)=x^2-2$는 $\mathbb{Q}$ 위에서 기약다항식[23]이므로 x^2-2로 생성된 단항이데알(principal ideal) $M:=<x^2-2>$는 극대이데알(maximal ideal)[24]이다. 따라서 환(factor ring)

$$\mathbb{Q}[x]/M\simeq\{a_0+a_1t \mid a_i\in\mathbb{Q}, t^2=2\}$$

$$a_0+a_1x+M \leftrightarrow a_0+a_1t$$

는 체(field)이다. 한편, 두 다항식 x^2-2, $x+1$에 몫과 나머지를 적용하면

$$x^2-2=(x+1)(x-1)-1$$

인데, 이를 체 $\mathbb{Q}[x]/M$에서 쓰면,

$$0=(t+1)(t-1)-1 \text{ (여기서 } t=x+M\text{(coset))}$$

이므로

$$(t+1)(t-1)=1$$

이다. 즉,

$$(t+1)^{-1}=t-1$$

결국 $\frac{1}{\sqrt{2}+1}=\sqrt{2}-1$이다. 이를 바탕으로

---

23) ① 정의(3.6)에서 기약수(irreducible element)라 하였다. 다항식에서는 기약수를 기약다항식(irreducible polynomial)이라 부른다.
② 기약다항식(irreducible polynomial) 판정법: Eisenstein's Criterion for $\mathbb{Z}[x]$):
$p\in\mathbb{Z}$ 가 소수이고 $f(x)=x^n+a_{n-1}x^{n-1}+\cdots+a_1x+a_0\in\mathbb{Z}[x]$에 대하여
$p|a_i$ $(i=0,1,\cdots,n-1)$이고 $p^2\nmid a_0$이면 $f(x)$는 $\mathbb{Z}[x]$와 $\mathbb{Q}[x]$에서 기약다항식이다.

24) $p(x)=x^2-2$가 속하는 극대이데알을 M이라 하자. 다항식환 $\mathbb{Q}[x]$는 PID이므로 $M=<q(x)>$이다. 한편, $p(x)=x^2-2\in M$이므로 $f(x)\in\mathbb{Q}[x]$가 존재하여 $p(x)=f(x)q(x)$ 이다. 그러나 $p(x)$가 기약다항식이므로 $f(x)$는 단원이다. 따라서 $<x^2-2>=M$, 즉 $<x^2-2>$는 극대이데알이다.

$$\sqrt{2}=1+(\sqrt{2}-1)=1+\frac{1}{\sqrt{2}+1}$$

이고

$$\frac{1}{\sqrt{2}+1}=\frac{1}{2+(\sqrt{2}+1-2)}=\frac{1}{2+\frac{1}{\sqrt{2}+1}}$$

이므로 $\sqrt{2}$ 는 중복해서 표현되는 무한연분수 $\sqrt{2}=[1;2,2,2,\ldots]$ 로 표현된다. 한편, 무한연분수는 $\sqrt{2}$ 와 같은 일부 무리수(quadratic irrational number)를 완전히 결판낸다25). □

(5.11) SUMMING UP. "두 다항식 x^2-2, $x+1$의 몫과 나머지를 구한다"는 것은 무엇을 의미할까? 다음 8개의 문장은 모두 동일한 개념하에 있다.

(1) x^2-2 를 $x+1$로 나눌 때, 몫과 나머지를 구하여라.

(2) $\dfrac{1}{\sqrt{2}+1}$을 유리화하여라.

(3) $1+\sqrt{2}$의 역원을 수집합 $\mathbb{Q}[\sqrt{2}]=\{a+b\sqrt{2} \mid a,b\in \mathbb{Q}\}$에서 구하라.

(4) $\sqrt{2}$를 무한 단순연분수 $1+\cfrac{1}{2+\cfrac{1}{2+\ldots}}$(기호로 $[1;2,2,2,2\ldots]$)로 표시한다

(5) 연분수로 무리수 $\sqrt{2}$의 근삿값을 구한다.

(6) 근호를 포함한 수집합 $\mathbb{Q}[\sqrt{2}]=\{a+b\sqrt{2} \mid a,b\in \mathbb{Q}\}$는 체(fIeld)다.

(7) $\sqrt{2}$는 방정식 $x^2-2=0$의 근이다.

(8) $\sqrt{2}$는 대수적 무리수(algebraic number)(정의(3.5)참고)이다. □

따라서 독자들은 (5.9)의 표에서 (4)와 (5)에는 "유한" 대신 "무한"이 들어간다는 것을 알았다. 그리고 (2)는 "유리화" 이다. 독자들은 "두 정수"가 "두 다항식"으로 변한다는 것을 알고 있다. 이제 문제는 (3)이다. 유한의 경우 분할이 가능하지만 무한을 어떻게 분할할 수 있겠는가? 먼저 이를 해결하기 위한

25) · Ivan Niven, Herbert S. Zuckerman and Hugh L. Montgomery, An introduction to the theory of numbers, John Wiley & Sons, New York, 1991. (정리 7.7, 7.19 참고)
· 김응태, 박승안, 정수론, 4판, 경문사, 1997.

새로운 정의가 필요하다.

(5.12) DEFINITION(2006, 박제남)[26]. 정사각형과 다른 정사각형을 변(모서리)끼리 붙여 직사각형을 만들자. 아래 그림은 두 번의 붙이기를 보여준다. 한 변의 길이가 n 인 정사각형에 붙일 수 있는 정사각형은 같은 것이다. 따라서 그림에서 두 번째 붙인 정사각형의 폭은 $2n$ 이다.

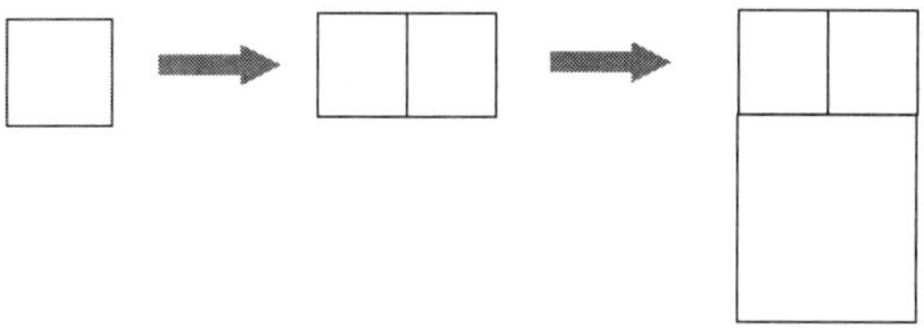

한편, 분할에서 사용한 기호를 마지막 사각형에 적용하면 $<1,2>$ 이다.

다시 (5.9)의 이야기로 돌아가자. 표에 (2)는 "붙이기"가 된다. 위 두 단계 붙이기에서 나타난 사각형의 개수는 $<1,2>$ 이고, 이를 연분수로 바꾸면 $1+\dfrac{1}{2}$ 이다. 따라서 3번째 붙이기 결과가 $<1,2,2>$이고, 네 번째 붙이기 결과가 $<1,2,2,2>$가 되도록 붙이면 된다. 사각형의 개수 $<1,2,2>$를 그리면 다음과 같다.

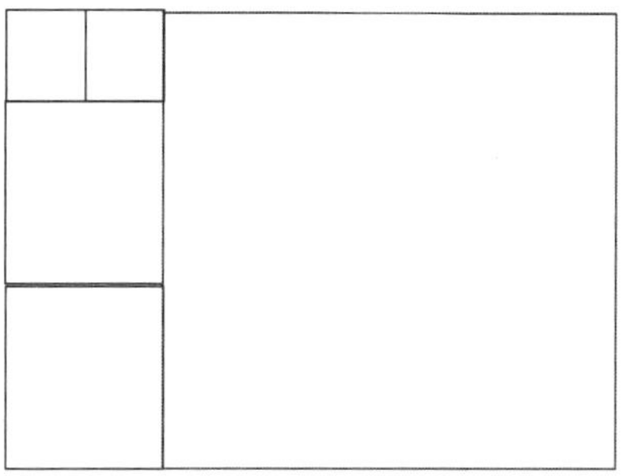

26) 필자가 본 정의를 도입하게 된 이유(motivation)는 피보나치수열 도입에 있었다.

독자들은 사각형의 개수 $<1,2,2,2>$를 쉽게 그릴 수 있다. 이와 같이 무한히 붙이기를 한 것이 무리수 $\sqrt{2}$이다. 다음 표를 홀가분하게 완성하자. 조합론(도미노와 타일)입장에서 무한개의 방에서 최대층수는 첫 번째 방부터 1, 2, 2, 2, ... 이다.

	유리수	무리수
예	유리수 37/16	무리수 $\sqrt{2}$
Euclidean Algorithm	정수	다항식
도형	분할	붙이기
연분수	유한연분수	무한연분수
조합론	유한개의 방	무한개의 방

주어진 수가 무리수임을 $\sqrt{2}$처럼 연분수로 판정할 수 있을까? 이제, 무리수 판정과 근삿값의 이야기로 넘어 가자. 먼저 무리수의 판정에 대하여 알아보자.

(5.13) EXERCISE. 무리수 π를 무한 단순연분수로 표시해보자.

$$\pi = [3; 7, 15, 1, 292, 1, 1, 1, 2, 1, 31, 14, 2, 1, 1, 2, \ldots]$$

(5.14) REMARK. 연분수가 유한에서 끝나지 않으면 그 수는 유리수가 아니다. 앞에서 본데로 $\sqrt{2}$는 무한히 계속된다는 보장되지만 원주율은 유한으로 끝이 날지 또는 무한히 갈지 우리로서는 알 수가 없다. 따라서 원주율은 연분수방법으로 유리수인지 무리수인지를 판정할 수 없고 그때, 그때 상항에 따라서 증명을 해야 한다. 이와 같은 이유로 아직도 유리수인지 무리수인지 판정하지 못한 수들이 많이 있다. 이에 관하여 알아보자.

다음은 π가 무리수임을 보이는 가장 간단한 방법이다. π^2이 무리수임을 보이면 π는 무리수가 된다. 왜냐하면 두 유리수의 곱은 유리수이기 때문이다.

(5.15) THEOREM. π^2은 무리수이다.

(증명) 양의 두 정수 a, b에 대하여 $\pi^2 = \dfrac{a}{b}$라 가정하자. 먼저

$$f(x) := \frac{x^n(1-x)^n}{n!}$$

로 정의하자. 즉, $f(x) = \dfrac{1}{n!}\sum_{k=0}^{n}\binom{n}{k}(-1)^k x^{n+k}$ 로 n차항부터 $2n$차항으로 이루어져 있다. 따라서 $r < n$ 또는 $r > 2n$일 때, $f^{(r)}(0) = 0$이고 $m = 1,2,\ldots,n-1$일 때,

$$f^{(n+m)}(x) = \frac{1}{n!}\sum_{k=m}^{n}\binom{n}{k}\frac{(n+k)!}{(k-m)!}(-1)^k x^{k-m}$$

이므로 임의의 양의 정수 s에 대하여 $F^{(s)}(0)$는 정수이다. 또한 $f(1-x) = f(x)$이므로 $F^{(s)}(1)$도 정수이다. 개구간 $0 < x < 1$에서

$$0 < f(x) < \frac{1}{n!}$$

임을 쉽게 알 수 있다. 이제 가정 "$\pi^2 = \dfrac{a}{b}$"에서 양의 정수 b와 $f(x)$를 이용하여 임의의 양의 정수 n에 대하여

$$F_n(x) := b^n\left(\pi^{2n}f(x) - \pi^{2n-2}f^{(2)}(x) + \pi^{2n-4}f^{(4)}(x) - \cdots + (-1)^n f^{(2n)}(x)\right)$$

로 정의하자. 이 때, $b^n\pi^{2n}, b^n\pi^{2n-2}, \ldots, b^n$은 모두 정수이므로 $F(0), F(1)$은 정수이다. 한편, 다음 미분을 계산하자.

$$\frac{d}{dx}[F_n'(x)\sin \pi x - \pi F_n(x)\cos \pi x]$$
$$= [F_n''(x) + \pi^2 F_n(x)]\sin \pi x$$
$$= b^n \pi^{2n+2} f(x)\sin \pi x$$
$$= \pi^2 a^n f(x)\sin \pi x$$

이를 정적분으로 고쳐 쓰면

$$\int_0^1 \pi a^n f(x)\sin \pi x\, dx = \left[\frac{F_n(x)\sin \pi x}{\pi} - F_n(x)\cos \pi x\right]_0^1 = F(1) + F(0)$$

으로 정수값이다. 한편, 충분히 큰 정수 n에 대하여 $0 < \dfrac{\pi a^n}{n!} < 1$이므로

$$0 < \int_0^1 \pi a^n f(x) \sin \pi x \, dx < \frac{\pi a^n}{n!} < 1$$

이다. 따라서 π^2은 무리수이고 결과적으로 π도 무리수이다. □

e도 π와 마찬가지로 무리수임을 증명할 수 있으며 π에 비하여 그 방법이 더 쉽다.[27)]

(5.16) REMARK(**몇 가지 특별한 수**). 유리수의 유한 합은 유리수이다. 그러면 (특별한) 무한 합 $\dfrac{1}{1^2}+\dfrac{1}{2^2}+\dfrac{1}{3^2}+\cdots$ 도 유리수일까 무리수일까? 더 나아가 $\dfrac{1}{1^5}+\dfrac{1}{2^5}+\dfrac{1}{3^5}+\cdots$ 는 유리수일까? 무리수일까? 이에 대한 접근을 $n!$ 과 관계가 있는 감마함수에서 시작하자. 오일러(Leonhard Euler, 1707-1783)는 팩토리얼 $n!$ 을 정수가 아닌 수로 확장하기 위하여 감마함수를 양의 실수 x에 대하여

$$\Gamma(x) = \int_0^\infty e^{-t} t^{x-1} \, dt \qquad (5-2)$$

로 도입하였다((23.6) 참고). 한편,

$$e^{-t} = \lim_{n\to\infty}\left(1-\frac{t}{n}\right)^n$$

이므로 식(5-2)는 다음과 같이 변형된다.

$$\begin{aligned}\Gamma(x) &= \int_0^\infty e^{-t} t^{x-1} \, dt \\ &= \lim_{n\to\infty}\int_0^n \left(1-\frac{t}{n}\right)^n t^{x-1} \, dt \quad \left(\frac{t}{n} = \tau \text{ 로 치환}\right) \\ &= \lim_{n\to\infty} n^x \int_0^1 (1-\tau)^n \tau^{x-1} \, d\tau\end{aligned}$$

한편, 부분적분법을 거듭 사용하면

27) I. N. Herstein, Topics in Algebra, JOHN WILEY & SONS, 1975, p.217.

$$\int_0^1 (1-\tau)^n \tau^{x-1}\, d\tau = \left(\frac{1}{x}\tau^x (1-\tau)^n\right)^1_0 + \frac{n}{x}\int_0^1 (1-\tau)^{n-1}\tau^x \, d\tau$$

$$\vdots$$

$$= \frac{n(n-1)\cdots\cdot 1}{x(x+1)\cdots(x+n)}$$

이므로

$$\Gamma(x) = \int_0^\infty e^{-t} t^{x-1}\, dt = \lim_{n\to\infty}\frac{n!\, n^x}{x(x+1)\cdots(x+n)}$$

$$= \lim_{n\to\infty}\frac{n^x}{x(1+x/1)(1+x/2)\cdots(1+x/n)}$$

이다. 흔히 기호 $\Gamma_n(x) := \frac{n!\, n^x}{x(x+1)\cdots(x+n)}$를 사용한다. 한편, 지수함수의 정의(식(20-5) 참고)로부터

$$n^x = e^{x\ln(n)} = e^{x[\ln(n)-1-1/2-\cdots-1/n]}e^{x+x/2+\cdots+x/n}$$

이므로

$$\Gamma_n(x) = \frac{n!\, n^x}{x(x+1)\cdots(x+n)}$$

$$= \frac{1}{x}\cdot\frac{1}{x+1}\cdot\frac{2}{x+2}\cdots\frac{n}{x+n}\, n^x$$

$$= \frac{e^{x[\ln(n)-1-1/2-\cdots-1/n)}\, e^{x+x/2+\cdots+x/n}}{x(1+x)(1+x/2)\cdots(1+x/n)}$$

$$= e^{x[\ln(n)-1-1/2-\cdots-1/n]}\,\frac{1}{x}\cdot\frac{e^x}{1+x}\cdot\frac{e^{x/2}}{1+x/2}\cdots\frac{e^{x/n}}{1+x/n}$$

이다. 다시 말하면

$$\Gamma(x) = \lim_{n\to\infty} e^{x[\ln(n)-1-1/2-\cdots-1/n]}\,\frac{1}{x}\cdot\frac{e^x}{1+x}\cdot\frac{e^{x/2}}{1+x/2}\cdots\frac{e^{x/n}}{1+x/n}$$

이다. 이 때, 감마함수 표현에 있어 지수 어깨와 관련된 상수

$$\gamma = \lim_{n\to\infty}\left(\sum_{k=1}^n \frac{1}{k} - ln(n)\right) \qquad (5-3)$$

를 오일러상수라 부른다.

한편, 리만제타함수(식(3-1) 참고)에서 오일러는 2부터 26까지 z가 짝수

인 경우를 구했는데 이를 몇 개 살펴보면 다음과 같다($\zeta(2)$는 (22.6)에서 계산함)

$$\zeta(2)=\frac{\pi^2}{6},\ \zeta(4)=\frac{\pi^4}{90},\ \zeta(6)=\frac{\pi^6}{945},\ \zeta(8)=\frac{\pi^8}{9450}$$

따라서 정리 5.15에 의하여 π^2이 무리수임으로 유리수의 무한합

$$\frac{1}{1^2}+\frac{1}{2^2}+\frac{1}{3^2}+\cdots=\sum_{n=1}^{\infty}\frac{1}{n^2}=\zeta(2)$$

은 무리수이다. 아직

$$\frac{1}{1^5}+\frac{1}{2^5}+\frac{1}{3^5}+\cdots$$

이 남아있다. 물론 이와 같은 무한 급수가 감미함수와 관련이 있는 이유는 양의 정수 z에 대하여

$$\zeta(n)=\frac{1}{\Gamma(n)}\int_0^{\infty}\frac{u^{n-1}}{e^u-1}\,du$$

이기 때문이다((23.6) 하단 참고).

(5.17) REMARK(**유리수인지 무리수인지 판정하지 못한 수**). 어떤 수가 유리수인지 무리수인지 판단하기 위해서는 그 수를 단순연분수로 표현하면 된다. 그러나 특정한 수를 단순연분수로 표현하였을 때 무한인지 유한인지 쉽게 알 수 없다면 더 이상 판단할 수 있는 방법이 없기 때문에 π가 무리수임을 알아볼 때처럼 증명과 같은 불특정방법을 사용할 수밖에 없다. 우리 모두가 알고 있는 것처럼 유리수가 아니면 무리수이지만 특정한 수가 유리수인지 무리수인지는 그 때 그때 판정할 수밖에 없고 따라서 아직 판정을 못한 수들이 많이 있다. 다음은 그 중 가장 간단한 세 가지 수와 이들을 메이플에서 계산한 소수점 아래 100자리까지의 근삿값이다.

(1) $\pi+e$

```
> evalf(exp(1)+Pi,101);
5.8598744820488384738229308546321653819544164930750653959419
1222003189303663975659319941700386728349540
```

(2) 식(5-3)의 오일러 상수 $\gamma = \lim_{n\to\infty}(\sum_{k=1}^{n}\frac{1}{k} - \log n)$

```
> evalf(sum(1/k, k=1..10^100000)-ln(10^100000),101);
0.57721566490153286060651209008240243104215933593992359880576723488486772677766467093694706329175
```

(3) $\frac{1}{1^5} + \frac{1}{2^5} + \frac{1}{3^5} + \cdots = \zeta(5)$

```
> evalf(Zeta(5), 101);
1.036927755143369926331365486457034168057080919501912811974192677903803589786281484560043106557133336 4
```

이제 근삿값 이야기로 넘어가자. 바빌로니아인들은 $\sqrt{2}$어떻게 접근하였는지 알아보자.

(5.18) REMARK($\sqrt{2}$의 근삿값, Babylonian[28])

고대 바빌로니아(B.C. 1900 - B.C. 1600)인들은 주로 60진법을 사용하였으며 기록(Tablet No. 7289)에 의하여 $\sqrt{2}$를

$$\sqrt{2} = 1 + \frac{24}{60} + \frac{51}{60^2} + \frac{10}{60^3}$$

로 사용하였다. 즉, $\sqrt{2} \equiv 1{,}414212963\cdots$. 그 이유에 대한 가장 신뢰성 높은 추정은 다음과 같은 두 단계 접근법에 두고 있다(1999년).

Tablet No. 7289

(1) $x < \sqrt{2}$ 이면 $\frac{2}{x} > \sqrt{2}$ 이고

(2) $\frac{1}{2}(x + \frac{2}{x})$은 x 나 $\frac{2}{x}$ 보다 $\sqrt{2}$에 가깝다.

따라서

28) Ezra Brown, Square roots from 1; 24, 51, 10 to Dan Shanks, The College Math. J., Vol. 30 (1999) 82-95.

$$x = x_1 = \frac{3}{2}$$

으로 시작하고

$$y_i = \frac{2}{x_i}, \; x_{i+1} = \frac{1}{2}(x_i + y_i)$$

로 기호를 사용하면 다음과 같다.

단계	x_i	y_i
1	3/2	4/3
2	17/12	24/17
3	577/408	

이 때, $\frac{577}{408}$을 60진법으로 바꾸면

$$\frac{577}{408} = 1 + \frac{24}{60} + \frac{51}{60^2} + \frac{10}{60^3} + \frac{35}{60^4} + \cdots$$

을 얻는다. □

한편 $\frac{577}{408}$을 연분수로 표시하면 $\frac{577}{408} = [1;\ 2,2,2,2,2,2,2]$ 이다. 분수 $\frac{577}{408}$을 다시 유리화 입장에서 보자.

(5.19) REMARK. 먼저 식

$$X^2 - NY^2 = m \quad (m \neq 0)$$

을 만족하는 해[29]를 (x,y)라 하자. 이 때,

$$\frac{x}{y} - \sqrt{N} = \frac{1}{y}\frac{(x - y\sqrt{N})(x + y\sqrt{N})}{x + y\sqrt{N}}$$

$$= \frac{1}{y}\frac{x^2 - Ny^2}{x + y\sqrt{N}} = \frac{1}{y}\frac{m}{x + y\sqrt{N}}$$

---

29) J.H. Silverman, A friendly introduction to number theory, 2nd. ed., Prentice Hall, New York, 2001(Chapter 28, 29, 30, 31 참고)

이다. 따라서 x, y가 m보다 충분히 크면 클수록 $\frac{x}{y}$는 $\sqrt{N}$의 좋은 근삿값이 된다. 예를 들면 $577^2 - 2 \times 408^2 = 1$이므로 577과 488은 상대적으로 1보다 크므로 $\frac{577}{408}$은 $\sqrt{2}$의 좋은 근삿값이다. 참고로 $\frac{577}{408}$ 는 분모가 488인 유리수 중에서 $\sqrt{2}$에 가장 가까운 수이다(증명!?!). □

고대 바빌로니아인의 방법을 Newton's Method 입장에서 잠시 살펴보고 유리화로 돌아가자.

(5.20) REMARK(NEWTON'S METHOD). 함수 $f(x)$에서 x 축의 점 a에서 수직으로 올린 직선이 그래프와 만난 점에서 접선을 그어 x축과 만난 점을 a^*라 하면

$$a^* = a - \frac{f(a)}{f'(a)}$$

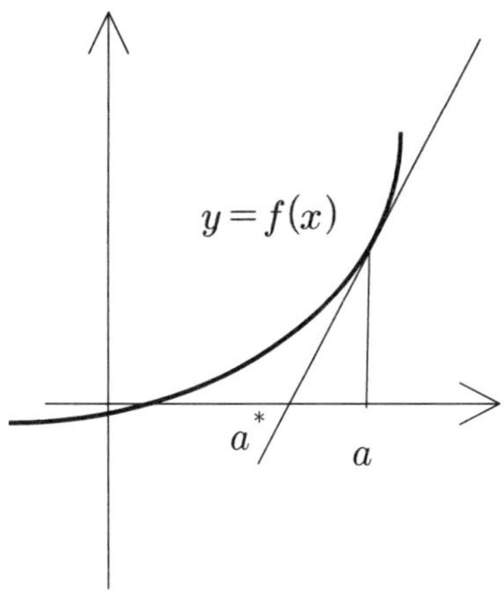

을 쉽게 보일 수 있다. 함수 $f(x) = x^2 - 2$ 에서 $\sqrt{2}$를 x_1으로 시작하면 수열

$$x_{n+1} = x_n - \frac{x_n^2 - 2}{2x_n}$$

을 얻는다. 따라서

$$x_1 = 2,$$

$$x_2 = x_1 - \frac{{x_1}^2 - 2}{2x_1} = \frac{3}{2},$$

$$x_3 = x_2 - \frac{{x_2}^2 - 2}{2x_2} = \frac{17}{12},$$

$$x_4 = x_3 - \frac{{x_3}^2 - 2}{2x_3} = \frac{577}{408}$$

로부터 577/408을 다시 얻는다. □

독자들은 함수

$f(x)=\cos(x)-x$, $f(x)=128x^8-256x^6+160x^4-32x^2+1$(Chebyshev 다항식) 등을 대상으로 본 방법을 지도해 보자.

다시 유리화로 돌아가자. 독자들은 $\dfrac{1}{\sqrt{2}+1}$의 유리화는 분자, 분모에 $\sqrt{2}-1$을 기계적으로 곱하면 해결되는데 너무 복잡하게 접근했다고 생각할 수 있다. 기계적으로 해결할 수 없는 다소 복잡한 유리화를 시도해보자.

(5.21) EXAMPLE. $\dfrac{1}{1+\sqrt[5]{2}+\sqrt[5]{8}}$을 유리화하여라.

(풀이) 다항식 $p(x)=x^5-2$는 $\mathbb{Q}$ 상에서 기약다항식(irreducible polynomial)이므로 x^5-2로 생성된 단항이데알(principal ideal) $<x^5-2>$은 극대이데알(maximal ideal)이다[30]. 따라서 환(factor ring)

$$\frac{\mathbb{Q}[x]}{<x^5-2>}\simeq\{a_0+a_1t+a_2t^2+a_3t^3+a_4t^4 \mid a_i\in\mathbb{Q}, t^5=2\}$$

는 체(field)가 된다. 예를 들어 곱셈을 하나 확인하면

$$t^4(t^3+1)=t^7+t^4=t^2t^5+t^4=2t^2+t^4$$

이다. 이제 $1+t+t^3$의 역원(inverse)$(1+t+t^3)^{-1}$을 구해보자. 먼저 x^5-2와 $1+x+x^3$에 몫과 나머지를 거듭 사용해 보자(Euclidean algorithm).

$$x^5-2=(x^3+x+1)(x^2-1)-(x^2-x+1),$$
$$x^3+x+1=(x^2-x+1)(x+1)+x,$$
$$x^2-x+1=x(x-1)+1.$$

따라서 이 과정을 거꾸로 올라가면

$$\begin{aligned}1&=(x^2-x+1)-x(x-1)\\&=(x^2-x+1)-[(x^3+x+1)-(x^2-x+1)(x+1)](x-1)\end{aligned}$$

---

30) $p(x)=x^5-2$가 속하는 극대이데알을 M이라 하자. 다항식환 $\mathbb{Q}[x]$는 PID이므로 $M=<q(x)>$이다. 한편, $p(x)=x^5-2\in M$이므로 $f(x)\in\mathbb{Q}[x]$가 존재하여 $p(x)=f(x)q(x)$이다. 그러나 $p(x)$가 기약다항식이므로 $f(x)$는 단원이다. 따라서 $<x^5-2>=M$ 즉, $<x^5-2>$는 극대이데알이다.

$$= -(x-1)(x^3+x+1)+(x^2)(x^2-x+1)$$
$$= -(x-1)(x^3+x+1)+x^2[(x^3+x+1)(x^2-1)-(x^5-2)]$$
$$= (x^4-x^2-x+1)(x^3+x+1)+(-x^2)(x^5-2)$$

이다.

마지막 식의 의미를 살펴보자(다음 §6절 (6.5), (6.6) 참고).

두 다항식 $f(x)=x^5-2$와 $g(x)=x^3+x+1$에 대하여

(1) 다항식 $f(x), g(x)$로 각각 생성된 단항이데알(principal ideal)의 합은 $\mathbb{Q}[x]$이다. 즉, $f(x)\,\mathbb{Q}[x]+g(x)\,\mathbb{Q}[x]=\mathbb{Q}[x]$

(2) 두 다항식 $f(x)=x^5-2$와 $g(x)=x^3+x+1$의 최대공약수로 단원(unit) 1을 택할 수 있다(독자는 본 표현을 정확히 이해하기 바란다).

(3) 단원 1은 $f(x), g(x)$로 생성된 이데알에 속한다.

이제, $1=(x^4-x^2-x+1)(x^3+x+1)+(-x^2)(x^5-2)$을 체(field)

$$\frac{\mathbb{Q}[x]}{<x^5-2>} \simeq \{a_0+a_1t+a_2t^2+a_3t^3+a_4t^4 \mid a_i \in \mathbb{Q}, t^5=2\}$$

로 옮겨가 보면

$$1=(t^4-t^2-t+1)(t^3+t+1),\ t=x+<x^5-2>$$

이므로

$$(t^3+t+1)^{-1}=t^4-t^2-t+1$$

이다. 즉, 다음 유리화를 얻는다.

$$\frac{1}{1+\sqrt[5]{2}+\sqrt[5]{8}}=\sqrt[5]{16}-\sqrt[5]{4}-\sqrt[5]{2}+1$$

환언하면, $1+\sqrt[5]{2}+\sqrt[5]{8}$의 역원을 $\mathbb{Q}[\sqrt[5]{2}]$에서 구한 것이다. □

(5.22) IN YOUR OWN WORDS. (1) $\dfrac{1}{1-\sqrt[3]{2}+\sqrt[3]{4}}$을 유리화하여라. 즉 $1-\sqrt[3]{2}+\sqrt[3]{4}$의 역원을 $\mathbb{Q}[\sqrt[3]{2}]$에서 구하여라.

(2) $\sqrt{2}$ 와 π는 모두 무리수이다. $\dfrac{1}{\sqrt{2}+1}$의 유리화처럼 $\dfrac{1}{\pi+1}$의 유리화

도 있을까? 학생들이 질문을 하면 독자는 이를 어떻게 지도할까?

(3) 두 다항식의 몫과 나머지는 Euclidean algorithm을 만들고 이를 거꾸로 올라가 만든 식은 유리화와 관계가 있음을 알아보았다. 몫과 나머지는 degree가 낮은 다항식이 높은 다항식을 나누는 것이다. 거꾸로 높은 degree의 다항식이 낮은 다항식을 나눈다는 것은 무엇을 의미할까? 이를 학생들에게 지도하여 보자. 예를 들어 x를 $1-x-x^2$으로 나눌 때, 몫과 나머지를 연속하여 구해보자.

§6. 최대공약수, 최소공배수

최대공약수의 정의를 대학수준에서 살펴보자.

(6.1) DEFINITION. 정역(integral domain) D의 두 원소 a, b에 대하여

(1) $d \mid a,\ d \mid b$이고

(2) $c \mid a,\ c \mid b$이면 $c \mid d$

인 $d \in D$가 존재할 때, d를 두 원소 a, b의 최대공약수(greatest common divisor)라 하고 $d = \gcd(a, b)$로 표시한다.

최대공약수의 정의에 따라 다음 예를 살펴보자.

(6.2) EXAMPLE. (1) 정수환 $\mathbb{Z}$에서 4와 6의 최대공약수를 구하면 2와 -2로 두 개가 존재한다. 즉, $\gcd(4,6) = \pm 2$

(2) 환 $R = 2\mathbb{Z}$(가환환이지만 항등원 1이 없음)에서 $2 \in R$의 약수는 존재하지 않는다. 따라서 $\gcd(a, b)$는 R에서 존재하지 않는다.

(3) 정수계수다항식환 $\mathbb{Z}[x]$에서 두 다항식

$$4(x-1)(x+1),\ 6(x-1)(x+2)$$

의 최대공약수를 구하면 $\pm 2(x-1)$이다. 즉,

$$\gcd(4(x-1)(x+1), 6(x-1)(x+2) = \pm 2(x-1) \quad \square$$

최대공약수가 존재하지 않는 정역이 존재한다.

(6.3) REMARK. 최대공약수가 존재할 때, 굳이 유일할 필요가 없으며 최대공약수가 존재하지 않는 정역도 존재한다. 특히, 정역 $D=\mathbb{Z}[x^2,x^3]$에서 $\gcd(x^2.x^3)=1$이지만 x^2과 x^3의 최소공배수 $lcm(x^2,x^3)$은 정역 D에서 존재하지 못하고 불행히도 $\gcd(x^5,x^6)$와 $lcm(x^5,x^6)$은 주어진 정역 D에서 존재하지 못한다.

몫과 나머지에서 연유되는 최대공약수와 최소공배수를 계산하는 과정과 그 의미를 이데알(ideal) 입장에서 알아보자.

(6.4) THEOREM. 두 정수 m, n에 대한 몫과 나머지 $m=qn+r\ \ (r>0)$에 대하여

$$\gcd(m,n)=\gcd(n,r) \tag{6-1}$$

(증명) $d=\gcd(m,n)$이라 하자. 이 때, $d\mid n$ 이고 $d\mid m$이다. $r=m-qn$ 이므로 $d\mid r$ 이다. 따라서 $d\mid \gcd(n,r)$. 같은 방법으로 $\gcd(n,r)\mid n$, $\gcd(n,r)\mid r$이고 $m=qn+r$이므로

$$\gcd(n,r)\mid n,\ \gcd(n,r)\mid m$$

이다. 그러므로 $\gcd(n,r)\mid d$이다. 즉,

$$\gcd(m,n)=\gcd(n,r)\ \square$$

(6.5) EXAMPLE. (1) 두 정수 3654, 1365의 최대공약수 $\gcd(3654, 1365)$을 구하여보자. 먼저 두 수에 몫과 나머지를 연속하여 적용하면 다음과 같다.

$$3654=1365\times2+924,\qquad 1365=924\times1+441,$$
$$924=441\times2+42,\qquad 441=42\times10+21,$$
$$42=21\times2+0$$

따라서

$$\begin{aligned}\gcd(3654, 1365)&=\gcd(1365, 924)=\gcd(924, 441)=\gcd(441, 42)\\&=\gcd(42, 21)=21\end{aligned}$$

(2) 두 다항식 $f(x)=x^4-x^2+x-1$, $g(x)=x^3-x^2+x-1$의 최대공약수를 $\mathbb{Q}[x]$에서 구해보자. $f(x)$와 $g(x)$에 몫과 나머지를 거듭 사용하면

$$f(x)=(x+1)g(x)+(-x^2+x)\ ,$$
$$g(x)=(-x)(-x^2+x)+(x-1),$$
$$-x^2+x=(-x)(x-1)+0$$
이고 따라서 $\gcd(f(x), g(x))=x-1$다. □

(6.6) REMARK. (1) 연속된 몫과 나머지는 최대공약수를 구하는 알고리즘을 제공한다. 연속된 계산을 거꾸로 올라가 보자. 즉,

$$21=441-21\times 10\ =441-(924-441\times 2)\times 10$$

이와 같이 올라가면

$$21=1365\times 21-(3654-1365\times 2)\times 22=3654\times(-22)+1365\times(65)$$

이다. 두 이데알(principal ideal)의 합은

$$3654\ \mathbb{Z}+1365\ \mathbb{Z}\ =\ 12\mathbb{Z}$$

이 된다. 따라서 유클리디안 알고리즘을 거꾸로 올라가면 다음과 같은 최소공배수 12를 구하는 것이다.

① principal ideal $12\,\mathbb{Z}$는 두 이데알 $3654\ \mathbb{Z}$, $1365\,\mathbb{Z}$을 포함하는 정수환 $\mathbb{Z}$의 이데알 중에서 제일 작은 이데알이다.

② 두 정수 3654, 1365로 정수환 $\mathbb{Z}$에서 생성된 이데알은 $12\,\mathbb{Z}$이다.

③ 두 정수 3654, 1365의 최대공약수 중에 하나는 12이다.

(2) 한편 위 유클리디안 알고리즘을 거꾸로 올라가면

$$x-1=g(x)+x(-x^2+x)x-1=g(x)+x([f(x)-(x+1)g(x)]$$
$$=xf(x)-(x^2+x-1)g(x)$$

이다. 이를 이데알로 표현하면 다음과 같다.

$$(x)\,\mathbb{Q}[x]+(x^2+x-1)\,\mathbb{Q}[x]=(x-1)\mathbb{Q}[x]$$ □

(6.7) EXERCISE. 두 정수의 LCM을 이데알 입장에서 해석하고 구해보자.

(6.8) IN YOUR OWN WORDS. 두 정수의 최대공약수를 최소정사각형분할로 지도해 보자.

(6.9) IN YOUR OWN WORDS. (1) 두 다항식

$$4(x-1)(x+1),6(x-1)(x+2)$$

최대공약수(최소공배수)의 문제를 어떻게 지도하는 것이 옳은가?

(2) 다항식에서 서로소를 정의할 필요가 있는가?

(3) 교과서에서 두 다항식의 LCM의 용도를 찾아보자.

§7. 몫과 나머지의 횟수

매우 큰 두 수의 몫과 나머지를 거듭 시행할 때, 그 횟수가 문제가 된다. 이제 다음에서 몫과 나머지의 횟수를 추정해 보자. 몫과 나머지의 거듭된 적용은 매우 큰 두 정수의 최대공약수를 구하는 매우 뛰어난 알고리즘이다. 두 정수의 최대공약수를 구하기 위한 횟수의 상계를 결정하는데 피보나치수열이 사용된다.

피보나치수열($F_0=1,\ \ F_1=1$)과 몫과 나머지와 연관성이 있다. 이를 자세히 알아보자.

(7.1) PROPOSITION. 피보나치수(Fibonacci number)와 황금비((10.6) 참고)로 불리는 $\dfrac{1+\sqrt{5}}{2}$ 사이에는 F_n과 $\alpha=\dfrac{1+\sqrt{5}}{2}$에 대하여

$$\alpha^{n-2} < F_{n-1} < \alpha^{n-1} \quad (n \geq 3)$$

이 성립한다. 이를 수학적 귀납법을 이용하여 증명하여보자.

(증명) $n=3,4$ 일 때, 다음이 성립함을 알 수 있다.

$$n=3: \alpha^{n-2}=\alpha=\frac{1+\sqrt{5}}{2} < \frac{1+3}{2}=2=F_2$$

$$n=4: \alpha^{n-2}=\alpha^2=(\frac{1+\sqrt{5}}{2})^2 < \frac{3+\sqrt{5}}{2} < \frac{3+3}{2}=3=F_3$$

이제 $n=3,4,\ldots,k$ 일 때 정리가 성립한다고 가정하고 $n=k+1$ 일 때 성립함을 보이자(이때, $k \geq 3$). $\alpha^2=\alpha+1$ 이므로 양변에 α^{k-3} 을 곱하면

$$\alpha^{n-2}=\alpha^{k-1}=\alpha^{k-2}+\alpha^{k-3} < F_{k-1}+F_{k-2}=F_k$$

따라서 수학적 귀납법에 의하여

$$\alpha^{n-2} < F_{n-1} \quad (n \geq 3)$$

이다. 같은 방법으로

$$F_{n-1} < \alpha^{n-1} \quad (n \geq 3)$$

을 보일 수 있다. □

한편, 앞에서 알아본 식에 로그를 사용하여 변경하면 다음과 같다.

$$n-1 < \log_{\alpha} F_n < n \quad (n \geq 2)$$

두 정수 $a \geq b \geq 2$에 대하여 $a = r_0, b = r_1$이라 하면

$$r_0 = r_1 q_1 + r_2 \qquad 0 \leq r_2 < r_1$$

$$r_1 = r_2 q_2 + r_3 \qquad 0 \leq r_3 < r_2$$

$$\cdots$$

$$r_{n-2} = r_{n-1} q_{n-1} + r_n \qquad 0 \leq r_n < r_{n-1}$$

$$r_{n-1} = r_n q_n$$

따라서 나눗셈의 횟수는 n으로 $\gcd(a, b) = r_n$을 구할 수 있다. 그러면 나눗셈의 횟수 n과 a, b 사이에 어떤 관계가 있을까?

(7.2) PROPOSITION. 두 정수 $a \geq b \geq 2$에 대하여 나머지 횟수는 b의 자리수의 5배 이하이다.

(증명) ,$r_{i-1} > r_i$, $q_i \geq 1$ $(1 \leq i \leq n)$이고, 특히, $r_{n-1} > r_n$, $q_n \geq 2$이고 $r_n \geq 1$ $r_n \geq 1$이므로 다음을 얻는다.

$$r_{n-1} \geq 2 = F_2,$$

$$r_{n-2} \geq F_2 + 1 = r_{n-1} q_{n-1} + r_n \geq r_{n-1} + r_n = F_2 + F_1 = F_3,$$

$$r_{n-3} = r_{n-2} q_{n-2} + r_{n-1} \geq r_{n-2} + r_{n-1} \geq F_3 + F_2 = F_4,$$

$$\cdots$$

$$r_1 = r_2 q_2 + r_3 \geq r_2 + r_3 \geq F_{n-1} + F_{n-2} = F_n,$$

즉,

$$b \geq F_n, b \geq F_n > \alpha^{n-1}, \text{ 여기서 } \alpha = \frac{1+\sqrt{5}}{2} \text{ 이고 } n \geq 3$$

따라서

$$b > \alpha^{n-1} \text{ 또는 } \log b > (n-1)\log\frac{1+\sqrt{5}}{2}$$ (여기서 log 는 상용 로그)이다. 계산기를 이용하면

$$\log\frac{1+\sqrt{5}}{2} \fallingdotseq 0.20898 > \frac{1}{5}$$

이고, b가 k 자리수이면

$$b < 10^k \quad \text{또는} \quad \log b < k$$

이므로

$$k > (n-1)\log\frac{1+\sqrt{5}}{2} > \frac{n-1}{5} \quad \text{또는} \quad n \leq 5k$$

이다. 나머지 횟수는 b 의 자리수의 5배 이하이다. 한편,

$$\log b > (n-1)\log\frac{1+\sqrt{5}}{2} > \frac{n-1}{5}$$

에서 $1+5\log b > n$이고 $b \geq 2$ 이므로 $5\log b \geq 5\log 2 > 1$ 이다. 따라서

$$n < 1+5\log b < 5\log b + 5\log b = 10\log b$$

이므로 $n < 10\log b$이다. □

(7.3) EXERCISE. $a = 6003722857, b = 77695236973$ 의 최대공약수를 구하기 위한 횟수를 추정해 보자. 이를 인수분해 입장에서 확대해석해 보자.

(7.4) LETTER OF RECOMMENDATION. 몫과 나머지를 주제로 다음 표를 한 학기 동안 방과후에 학생을 지도해보자.

	유리수	무리수
예	유리수 37/16	무리수 $\sqrt{2}$
Euclidean Algorithm(1)	정수	다항식
Euclidean Algorithm(2)	두 정수의 최대공약수	두 다항식의 최대공약수
도형	분할	붙이기
연분수	유한연분수	무한연분수
조합론	유한개의 방	무한개의 방
특징	근삿값	하늘에서 떨어진 수

이 때, 교수·학습내용을

(1) 학생들의 포트폴리오 작성과 자료축적을 어떻게 지도할 것인가?

(2) 생활기록부에 학생의 노력과 학습발달을 어떻게 기록할 것인가?

(3) 상위학교 진학을 위한 추천서 작성 시 방과후 활동 내용을 어떻게 추천서에 언급할 것인가? 를 염두에 두고 학생을 지도하여 보자.

Chapter III 경우의 수

피보나치수열을 왜 생각했을까?

수열 {1, 1, 2, 3, 5, 8, 13, 21, . . .}은 Pythagoras 시대로부터 유래되며, (classical) Fibonacci 수열이라 부르며 1202년 Fibonacci는 개체수 증가 모델을 추상적인 토끼수의 증가모델을 이용하여 제시하였다(Fibonacci proposed in 1202 a model for population growth based on an imaginary rabbit population)[31]. 이는 연속이 아닌 이산수학입장에서 설명한 것이다.

먼저 한 쌍의 토끼가 특정기간(N일)에 암수 한 쌍만을 출산하며 이러한 규칙은 오직 두 번에 제한된다. 이제 F_n을 n차 기간에 태어난 토끼쌍의 수라 하자. $n=0$에서 맨 처음 쌍을 시작으로 하면, $F_0=1$, $F_1=1$이고 $n=2,3,4,...$에 대하여 다음을 얻는다.

$$F_n = F_{n-1} + F_{n-2}$$

이제 이산적인 접근을 연속적으로 접근해보자. 1760년 오일러(Euler)는 개체수 증가를 기하적으로 접근하였다. 이후 Malthus(1798)의 업적에 따라 n차 시기의 개체수를 B_n이라 할 때,

$$B_{n+1} = r\, B_n$$

을 Malthus's model이라 부른다(상수 r을 증가율(growth rate)이라 한다). 이 때,

$$B_n = rB_{n-1} = r(rB_{n-2}) = \cdots = r^n\, B_0$$

이다.

31) F. Hoppensteadt and C. Peskin, Mathematics in medicine and the life sciences, Springer, New York, 1996.

Fibonacci 수열은 자연현상 속에서 찾을 수가 있으며 독자들도 이에 관하여 많은 예를 보았고 쉽게 자료를 구할 수가 있다[32]. 피보나치수열과 관련된 새로운 이론이나 과거의 방법을 새롭게 조명한 논문들이 Fibonacci quarterly[33]를 통하여 발간되고 있다.

- 피보나치가 정의한 '피보나치수열의 정의'와 일반항을 구하는 방법에 대하여 알아보자.
- 본문에서 등비수열 $F_n = r^n$ 에서 두 개의 등비를 사용하였다. 이에 대하여 생각해 보자.
- population growth에 대한 이론을 알아보자.
- n차 시기의 개체수를 B_n이라 할 때, 식

$$B_{n+1} = r\, B_n$$

를 Malthus's model이라 부르며

$$B_n = rB_{n-1} = r(rB_{n-2}) = \cdots = r^n\, B_0$$

이다.

실험단위	밀도($cells/ml$)
1	$B_1 = 1.8 \times 10^8$
2	$B_2 = 3.6 \times 10^8$
3	6.9×10^8
4	1.3×10^9
5	2.5×10^9
6	4.7×10^9
7	8.5×10^9
8	1.4×10^{10}

오른쪽 표는 시간당 조사한 Salmonella Typhimurium이다. 본 데이터로부터 증가율 r을 어떻게 결정할지 생각해보자.

§8. 경우의 수를 구해보자

피보나치수열을 도입하는 방법을 많은 자료에서 찾아볼 수 있다. 본절에서는 연속되는 수가 없는 자연수모임, 적당한 규칙하에서 "정사각형 붙이기", 주어진 자연수를 특정조건하에서 합으로 나타내기, 그리고 도미노와 타일 등을 이용하여 모두 6가지를 소개하였다. 특히, 정사각형 붙이기는 몫과 나머지와 연분수 등과 관계가 있으며 도미노와 타일을 사용한 방법은 조합론

32) http://www.mcs.surrey.ac.uk/Personal/R.Knott/Fibonacci/fib.html
http://www.branta.connectfree.co.uk/fibonacci.htm

33) http://www.sdstate.edu/~wcsc/http/fibhome.html

(combinatorics)에서 많이 활용되고 있다.

(8.1) EXAMPLE. {2, 3, 4, 5}는 4개의 연속되는 자연수의 모임이고 {2, 3, 7}은 2개의 연속되는 자연수의 모임이다.

(1) 두 자연수 1, 2로 만들 수 있는 연속되는 수가 없는 자연수 모임을 구하여보자.

{1}, {2},

아무것도 없다(공집합)

(2) 세 자연수 1, 2, 3으로 만들 수 있는 연속되는 수가 없는 자연수 모임을 구하여보자.

{1, 3},

{1}, {2}, {3},

공집합

(3) 네 자연수 1, 2, 3, 4로 만들 수 있는 연속되는 수가 없는 자연수 모임을 구하여보자.

{1, 3}, {1, 4}, {2, 4}

{1}, {2}, {3}, {4}

공집합

수	1	2	3	4
연속되는 수가 없는 자연수 모임	공집합	공집합	공집합	공집합
	{1}	{1}, {2}	{1},{2}, {3}	{1}, {2}, {3}, {4}
			{1, 3}	{1, 3}, {1, 4}, {2, 4}
개수	**2**	**3**		

위 활동에서 나타난 개수를 순서대로 써보자. □

(8.2) EXAMPLE(2006, 박제남). 한 변의 길이가 1인 정사각형을 단위정사각형이라 부르자. 그리고 정사각형 한 변의 길이를 정사각형의 크기라 부르다. 다음 그림은 이미 주어진 단위정사각형에 두 개에 크기가 2인 정사각형을 붙인 것이다.

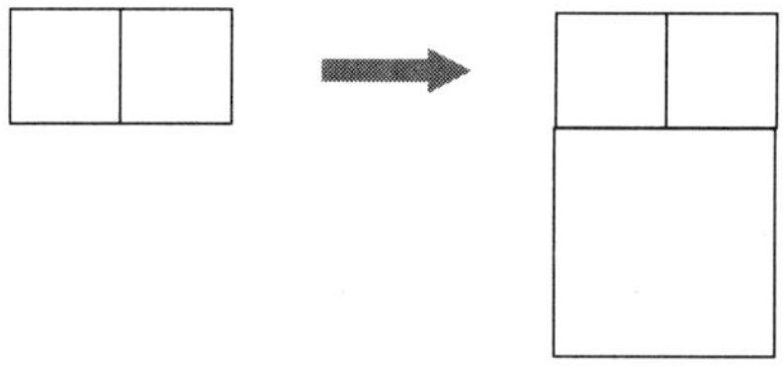

이 때, 도형에 나타난 정사각형의 크기를 작은 것부터 순서대로 쓰면 1, 1, 2이다.

단위 정사각형이 1개 또는 2개가 주어진 상황에서 다음 두 규칙에 따라 정사각형을 붙이고 크기를 나열해 보자.

[규칙1] 정사각형을 붙인 모양은 항상 직사각형을 유지한다(겹치면 안 됨).
[규칙2] 한번 붙이는데 사용한 정사각형은 사용하지 않는다.

(1) 주어진 단위정사각형 1개로 시작하자.
단위정사각형 한 개로 시작하는 정사각형붙이기를 하면 처음 붙이는 정사각형 크기는 1이므로 다음으로 붙이는 정사각형 크기는 2이다. 따라서 다음 그림을 얻는다.[34)]

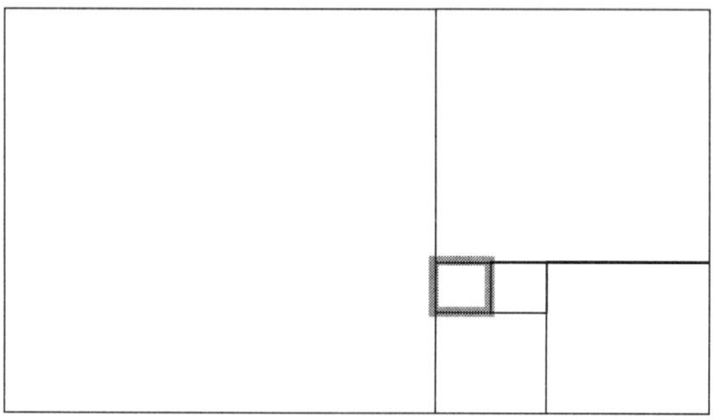

위 그림에 관한 지도는 잠시 후 (8.8)에서 다루겠다. 즉, 2개의 단위정사각

34) 최소정사각형분할 입장에서는 <1,1,1,1,2> 이다((5.4) 참고).

형, 1개의 2×2 등이다. 그림에 있는 정사각형의 크기를 작은 것부터 차례로 나열하면

1(처음 주어진 단위정사각형 크기), 1, 2, …

등으로 다음 수열을 얻는다.

$$1, 1, 2, 3, 5, 8, 13, 21, 34, 55, \cdots \qquad (8-1)$$

이 때, n번째 크기를 F_n이라고 하면

$$F_n = F_{n-1} + F_{n-2} \quad (F_0 = 1, F_1 = 1)$$

이다. 물론 여기서 "$F_0 = 1$"은 처음 주어진 정사각형의 크기가 1임을 뜻한다.

(2) 주어진 단위정사각형 2개로 시작하자.

나란히 놓인 단위정사각형 두 개로 시작하는 정사각형붙이기는 두 가지가 존재한다. 처음으로 붙이는 정사각형의 크기가 1이거나 2이다.

① 처음 붙인 정사각형의 크기가 1인 경우 도형에 나타난 정사각형의 크기를 작은 것부터 나열하면

1(원래 주어진 단위정사각형 크기), 1(원래 주어진 단위정사각형 크기), 1, 3, 4, ...등으로 다음 수열을 얻는다.

$$1, 1, 1, 3, 4, 7, 11, 18, 29. 47, 76, 123, 199, \cdots \qquad (8-2)$$

② 처음으로 붙이는 정사각형의 크기가 2이면 수열 (8-1)을 얻는다.

한편 단위정사각형 1개로 시작하여 얻은 수열 식(8-1)

$$1, 1, 2, 3, 5, 8, 13, 21, 34, 55, \cdots$$

과 수열(8-2)와 어떤 관계가 있을까? 식(8-1)에서 두 수를 건너서 더하면 식(8-2)에 존재한다. 예를 들어, $3+8=11$, $8+21=29$이다. 정리를 만들고 증명해 보자. □

(8.3) DEFINITION. (1) Gibonacci number(Generalized Fibonacci number):

$$\begin{cases} G_0, G_1: & \text{음이 아닌 두정수} \\ G_n = G_{n-1} + G_{n-2} & (n \geq 2) \end{cases}$$

(2) Lucas Number:

$$L_n = L_{n-1} + L_{n-2} \qquad (L_0 = 2, L_1 = 1)$$

수열 식(8-2)를 Lucas 수열과 비교해보자.

(8.4) EXAMPLE. 자연수 3을 홀수들의 합으로 만들면

1+1+1; 3

으로 두 가지이다. 마찬가지로 자연수 4를 나타내면

1+1+1+1; 1+3; 3+1

로 세 가지이다.

중복을 허락하고 순서가 다른 경우 서로 다른 것으로 인정할 때, 주어진 자연수를 홀수들의 합으로 만드는 경우를 활동지를 만들어 지도해 보자. □

(8.5) EXAMPLE. 2 이상의 자연수의 합으로 자연수 3을 만들면

3

으로 한 가지 방법 밖에 없다. 자연수 4를 만드는 방법은

2+2; 4

로 두 가지이다. 자연수 5를 만드는 방법은

2+3; 3+2; 5

로 세 가지 존재한다.

중복을 허락하고 순서가 다른 경우 서로 다른 것으로 인정할 때, 자연수를 2 이상의 자연수의 합으로 만드는 경우를 활동지를 만들어 지도해 보자. □

피보나치 수열을 만드는 예를 하나 더 들어보자.

(8.6) EXAMPLE. 아파트를 흰색과 파란색을 이용하여 칠하는 경우의 수를 생각해 보자. 단, 파란색을 위/아래층 연속하여 칠하지는 않기로 한다. 4층 건물을 칠해보고 경우의 수를 활동지를 만들어 지도해 보자. □

(8.7) IN YOUR OWN WORDS. 활동지와 교구(도미노와 타일)를 사용하여 다음 5단계를 따라서 지도해보자.

과 정	내 용
① 활동하기	활동지가 요구하는 내용을 완성한다.
② 관찰하기	완성한 활동지가 무엇을 말하는지 관찰한다.
③ 추축하기	관찰로부터 결론을 추측한다.
④ 증명하기	증명을 설계하고 시도한다.
⑤ 종합하기	서술형식으로 완성한다.

수 1과 2만의 합으로 자연수를 만들어보자. 이 때, $1+2$, $2+1$ 등은 서로 다른 경우로 계산하자. 합이 2인 경우는

$1+1$

로 한 가지뿐이다.

합이 3인 경우는

$1+1+1$

$1+2$, $2+1$

로 세 가지이다.

합이 4인 경우는

$1+1+1+1$

$1+1+2$, $1+2+1$, $2+1+1$

$2+2$

로 다섯 가지이다.

합이 5가 되는 경우는

$1+1+1+1$

$1+1+1+2$, $1+1+2+1$, $2+1+1+1$

$1+2+2$, $2+2+1$, $2+2+1$

로 여덟 가지가 존재한다.

다음 활동지를 완성하고 규칙을 발견하여 보자.

합	1	2	3	4	5	6
경우	1	1 1	1 1 1	1 1 1 1	1 1 1 1 1	1 1 1 1 1 1
		2	1 2	1 1 2	1 1 1 2	1 1 1 1 2
			2 1	1 2 1	1 1 2 1	1 1 1 2 1
				2 1 1	1 2 1 1	1 1 2 1 1
				2 2	1 2 2	1 1 2 2
					2 1 1 1	1 2 1 1 1
					2 1 2	1 2 1 2
					2 2 1	1 2 2 1
						2 1 1 1 1
						2 1 1 2
						2 1 2 1
						2 2 1 1
						2 2 2
기호	$F_1=1$	$F_2=2$	$F_3=3$	$F_4=5$	$F_5=8$	$F_6=13$

합이 7,8 이 되는 경우를 자기 나름대로의 순서를 개발하여 구해보자. 합이 4를 만드는 방법은 합이 3이 되는 경우에 1을 붙이거나 합이 2가 되는 경우에 2를 붙이면 된다.

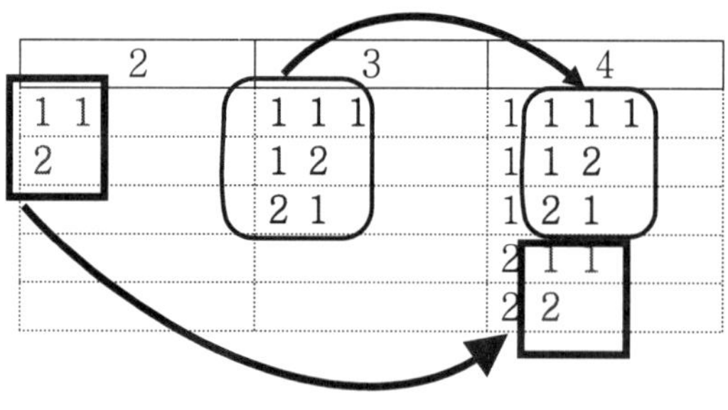

마찬가지로 합이 6이 되도록 하기 위해서는 합이 5가되는 경우에 1을 붙이고 합이 4가 되는 경우에 2를 붙이면 된다. 앞에서 활동한 합이 7, 8이 되는 경우에서 이를 확인해보자.

이제 한 개의 정사각형 타일(간단히 타일이라 부르자)과 두 개의 정사각형 타일을 붙인 도미노를 도입하자. 타일은 한 개의 방(크기가 1×1인 직사각형) 그리고 도미노는 두 개의 방(크기가 1×2인 직사각형)으로 하자. 즉

타일 도미노

나무 또는 두꺼운 종이 등을 이용하여 타일과 도미노를 30개씩 만들어 다음에 전개되는 내용에 사용해보자. 먼저, 방이 4, 5, 6 개가 되는 경우를 타일과 도미노를 이용하여 확인하여 보자. 방이 6개란 크기가 1×6인 직사각형이다.

이제 타일과 도미노를 이용하여 n개의 방(크기가 $1\times n$인 직사각형)을 채우는 경우의 수를 F_n이라 하자. 편의상 $F_0=1$로 정의하자. 앞에서 관찰한 바와 같이 타일(room)과 도미노(connected room)를 이용하여 4개의 방을 만드는 경우의 수는 5이다(타일은 1칸짜리 방을 도미노는 2칸짜리 방을 만든다). 즉, $F_4=5$. 이를 확인하면 다음과 같다.

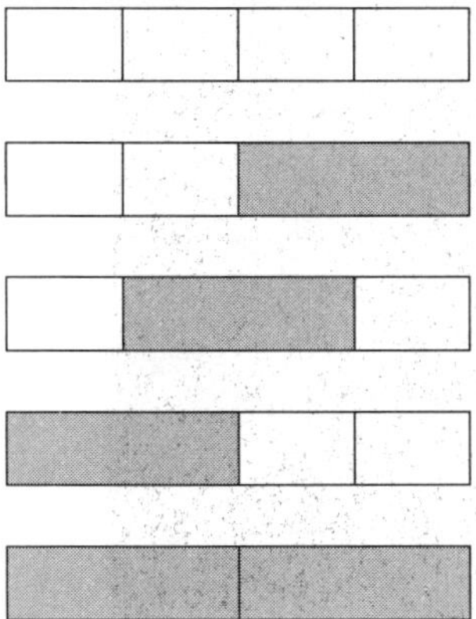

(1) $F_6 = F_5 + F_4$를 확인해보아라.

(2) $F_n = F_{n-1} + F_{n-2}$ $(n \geq 2)$를 보여라. □

위와 같은 식을 항등식이라 부른다. 이를 다음 §9절에서 다루어 보자.

(8.8) IN YOUR OWN WORDS. 피보나치수열을 주제로 포스터 그리기 및 미술 감상을 지도해 보자.

(1)

(2)

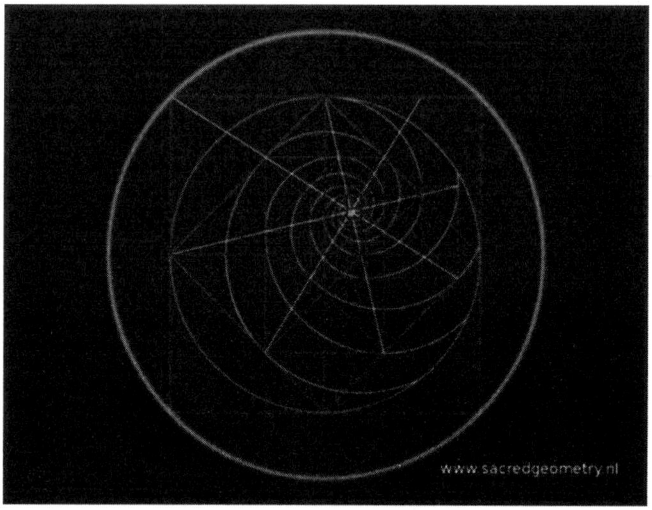

(3)

(4)

(5)

§9. 항등식을 증명해보자

본 절에서는 도미노와 타일을 이용한 조합론(combinatorial proof)을 소개하려 한다. 피보나치수열과 관련된 항등식은 매우 많이 소개되어 왔다. 1999년 이후 Benjamin, Guinn 등은 도미와 타일, 도넛 등의 교구를 Gibonacci 항등식, Lucas 항등식, 연분수 관련 등식 등의 증명에 성공적으로 활용하고 있다.

우리가 경우의 수를 따질 때, "적어도 하나"를 자주 사용하곤 한다. 이와 관련된 전형적인 방법을 다음에서 두 가지로 살펴보려 한다. 이로부터 도미노와 타일을 사용할 때 어떤 장점이 있는지 알아보자.

(9.1) EXERCISE. 도미노를 한 개 이상 사용하여 다음을 구해보자.

(1) 6개의 방을 채우는 경우의 수를 구해보자.

(2) 일반적으로

$$F_0 + F_1 + F_2 + F_3 + \cdots + F_n = F_{n+2} - 1$$

임을 타일과 도미노를 사용하여 이야기를 꾸미고 증명해보자(Lucas, 1876년).

이번에는 홀수 개의 방을 채우는 경우를 생각해보자. 먼저 다섯 개의 방을 채우는 경우의 수를 구해보자. 5는 홀수이므로 타일이 적어도 한 개는 있어야 한다. 그 한 개의 타일을 오른쪽 끝부터 놓아보자. 가장 오른쪽(5번 방)에 타일을 놓으면 앞에 4개의 빈방을 타일과 도미노로 채우는 가짓수와 같으므로 이 경우의 수는 F_4이다.

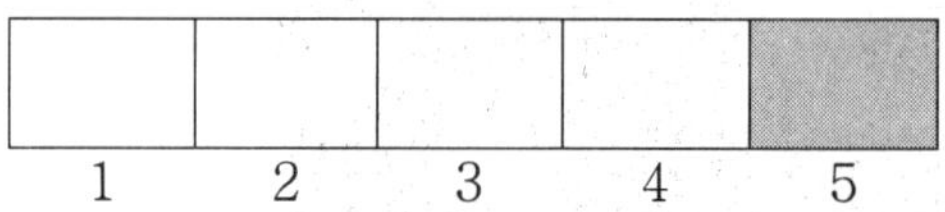

4번 방에 타일을 놓자.

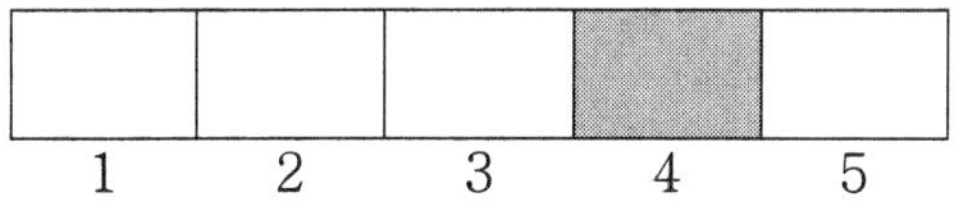

이 때, 5번 방에는 타일을 놓아야 한다. 따라서 이 경우는 앞에서 알아본 경우에 속한다. 따라서 3번 방 그리고 1번 방에 타일을 놓는 경우만 생각하면 된다.

물론 3번 방에 타일을 놓으면 4, 5번 방에다 도미노를 놓는 경우만 생각하고, 마찬가지로 1번 방에 타일을 놓으면 2, 3번 방과 4, 5번 방에 도미노를 놓는 경우만을 생각하면 된다.

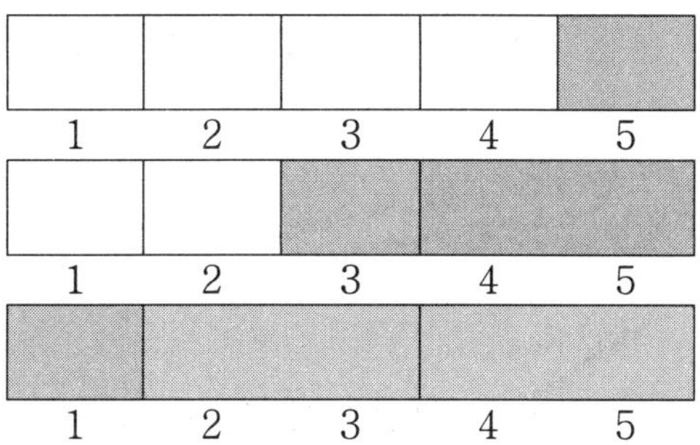

따라서 $F_0 + F_2 + F_4 = F_5$ 이다. 7개의 방을 만드는 경우의 수를 구해보자. 7은 홀수이므로 반드시 타일이 1개 있어야 한다.

오른쪽부터 한 개의 타일(빗금)을 놓으면서 모든 경우를 그려보아라. 특별한 항등식을 지도하여 보자.

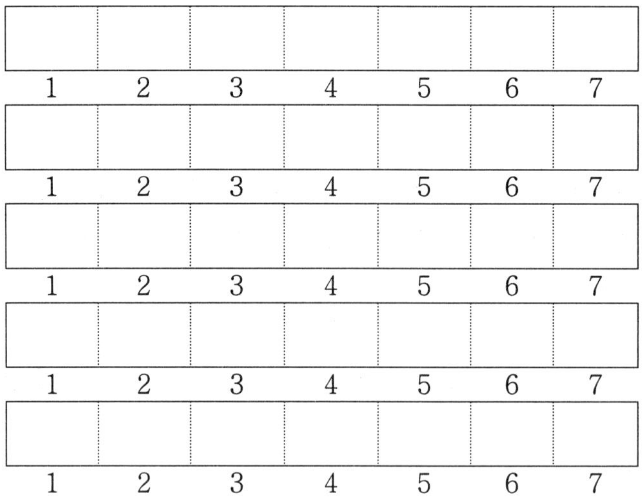

(1) 위 그림을 통하여 $F_0+F_2+F_4+F_6 = F_7 = F_{2\times 3+1}$을 증명하여보자.

(2) 일반적으로

$$F_0+F_2+F_4+F_6+\cdots+F_{2n} = F_{2\times n+1}$$

를 증명하여보자.

(9.2) TEAM PROJECT. 이 외에도 수많은 항등식이 있다. 몇 개만 소개해 보자[35]. $F_0=1, F_1=1, \ldots$에 대하여

- $F_{m+n} = F_{m+1}F_n + F_m F_{n-1}$
- $\gcd(F_n, F_m) = F_{\gcd(m,n)}$
- $F_1+F_3+\cdots+F_{2n-1} = F_{2n}-1 \ (n \ge 1)$
- $F_n^{\ 2} + F_{n+1}^2 = F_{2n+2}$
- $F_n^2 - F_{n-2}^2 = F_{2n-1} \ (n \ge 1)$
- $F_{2n+2} = F_{n+1}F_{n+2} - F_{n-1}F_n$
- $2F_n = F_{n+1} + F_{n-2} \ (n \ge 2)$
- $3F_n = F_{n+2} + F_{n-2} \ (n \ge 2)$
- $4F_n = F_{n+2} + F_n + F_{n-2} \ (n \ge 2)$

---

35) A. Benjamin and J. Quinn, Proofs that really count The art of combinatorial proof, MAA, 2003.

- $F_0 + F_3 + F_6 + \cdots + F_{3n} = \frac{1}{2} F_{3n+2}$

- $F_1 + F_4 + F_7 + \cdots + F_{3n-1} = \frac{1}{2}(F_{3n+1} - 1) \quad (n \geq 1)$

루카스수(Lucas Number)는 정의(8.3)에서

$$L_n = L_{n-1} + L_{n-2} \ \ (L_0 = 2,\ L_1 = 1)$$

로 소개하였다. 루카스수가 들어간 다음 항등식을 확인해 보기 바란다[36].

- $F_{2n-1} = F_{n-1} L_n$
- $F_{2n} - F_{n-1} L_{n+1} = (-1)^n$
- $F_{2n} - F_n L_n = (-1)^{n+1}$
- $F_{2n-1} - F_{n-2} L_{n+1} = (-1)^{n+1}$
- $F_{2n-1} - F_n L_{n-1} = (-1)^n$

(9.3) EXAMPLE. 2006년에 Goldenberg와 Kaplan이 제시한 다음 무한곱

$$\prod_{n=2}^{\infty} \frac{F_{2n-1}+1}{F_{2n-1}-1} = \frac{3+1}{3-1} \times \frac{8+1}{8-1} \times \frac{21+1}{21-1} \times \frac{55+1}{55-1} \times \cdots \quad = 3$$

을 구해보자.

(풀이) 앞에서 소개한 항등식을 쓰면

$$\prod_{n=2}^{N} \frac{F_{2n-1}+1}{F_{2n-1}+1} = \begin{cases} \dfrac{F_0 L_2}{F_1 L_1} \times \dfrac{F_{N-1} L_{N+1}}{F_N L_N} & (N\text{이 짝수}) \\[2ex] \dfrac{F_0 L_2}{F_1 L_1} \times \dfrac{F_N L_N}{F_{N-1} L_{N+1}} & (N\text{이 홀수}) \end{cases}$$

이고 정사각형 붙이기나 다음 절을 통하여

$$\lim_{N \to \infty} \frac{F_{N+1}}{F_N} = \lim_{N \to \infty} \frac{L_{N+1}}{L_N} = \frac{1+\sqrt{5}}{2}$$

임을 보일 수 있다. 따라서

36) Mathematics Magazine, MAA, Vol. 80, No. 5 (2007) pp. 395.

$$\prod_{n=2}^{\infty} \frac{F_{2n-1}+1}{F_{2n-1}-1} = 3 \quad \square$$

§10. 일반항을 구해보자

피보나치수열의 일반항을 구하는 방법을 4가지로 알아보았다. 첫째, Malthus의 모델을 다시 소개하였고, 둘째, 벡터공간 입장에서 수열을 고찰하였다. 셋째로는 일반항을 행렬의 곱에 입장에서 보았는데 이는 매우 우아한 증명 방법이라고 판단된다. 끝으로는 생성함수를 이용하여 일반항을 구해보았다.

먼저 한 쌍의 토끼가 특정기간(N일)에 암수 한 쌍만을 출산하며 이러한 규칙은 오직 두 번에 제한된다. 이제 F_n을 n차 기간에 태어난 쌍의 수라 하자. $n=0$에서 맨 처음 쌍의 시작으로 하면,

$$F_0 = 1,\ F_1 = 1$$

이고 $n = 2, 3, 4, \ldots$에 대하여

$$F_n = F_{n-1} + F_{n-2}$$

을 얻는다.

(10.1) GENERAL FORMULAR. 피보나치수열의 일반항을 멀투스 모델로 접근해보자. 먼저 일반항을 등비수열로 보면

$$F_n = r^n$$

라 하면 $F_{n+1} = F_n + F_{n-1}$이므로 $r^{n+1} = r^n + r^{n-1}$이고 따라서 $r^2 - r - 1 = 0$을 얻는다. 이 때, $r_1 = \dfrac{1+\sqrt{5}}{2}, r_2 = \dfrac{1-\sqrt{5}}{2}$이므로

$$F_n = A{r_1}^n + B{r_2}^n \text{ (여기서 } A, B\text{는 상수)}$$[37]

을 얻는다. 한편, $F_0 = F_1 = 1$이므로 $A = \dfrac{1+\sqrt{5}}{2\sqrt{5}}$, $B = \dfrac{\sqrt{5}-1}{2\sqrt{5}}$ 이다. 즉,

---

37) 등비수열에서 등비(공비)가 2개인 경우이다

$$F_n=(\frac{1+\sqrt{5}}{2\sqrt{5}})(\frac{1+\sqrt{5}}{2})^n+\frac{\sqrt{5}-1}{2\sqrt{5}}(\frac{1-\sqrt{5}}{2})^n \quad (n=0,1,2,3,\dots) \ \square$$

(10.2) GENERAL FORMULAR. 고정된 실 수 a,b에 대하여 실수로 만들어지는 수열의 집합

$$V=\{(c_0,c_1,c_2,\cdots)\mid c_{k+2}=ac_k+bc_{k+1}\}$$

에 대하여 다음을 보일 수 있다(제4장 참고).

① 항별 덧셈과 스칼라 곱에 의하여 V는 실수 벡터공간이다.

② c_0, c_1은 나머지 항을 완전히 결정한다.

③ 벡터공간 V는 $(0,1,\dots)$, $(1,0,\dots)$로 생성된다.

④ $\dim_R V=2$.

⑤ t가 방정식 $x^2-bx-a=0$의 실근이면 $(1,t,t^2,t^3,\dots)\in V$.

⑥ s,t가 방정식 $x^2-bx-a=0$의 서로 다른 실근이면 V의 임의의 원소는

$(1,s,s^2,s^3,\dots)$, $(1,t,t^2,t^3,\dots)$

로 생성된다.

⑦ 수열 $\{1, 1, 2, 3, 5, 8, . . .\}$의 일반항은

$$F_n=(\frac{1+\sqrt{5}}{2\sqrt{5}})(\frac{1+\sqrt{5}}{2})^n+\frac{\sqrt{5}-1}{2\sqrt{5}}(\frac{1-\sqrt{5}}{2})^n$$

$(n=0,1,2,3,\dots)$ 이다. □

행렬이론을 이용하여 피보나치수열의 일반항을 구해보자.

(10.3) GENERAL FORMULAR. Gibonacci 수열

$$\{a, b, a+b, a+2b, 2a+3b,\cdots\}$$

의 일반항을 F_n $(n\geq 0)$으로 표시하면,

$$\begin{cases} F_{n+1}=F_n+F_{n-1} \ (n\geq 1) \\ F_n=F_n \end{cases}$$

이고, 초기조건은 $F_0=a$, $F_1=b$이다. 이를 우리가 원하는 행렬 형태

$$\begin{bmatrix} F_n \\ F_{n+1} \end{bmatrix}=\begin{bmatrix} 0 & 1 \\ 1 & 1 \end{bmatrix}\begin{bmatrix} F_{n-1} \\ F_n \end{bmatrix}, \quad \begin{bmatrix} F_0 \\ F_1 \end{bmatrix}=\begin{bmatrix} a \\ b \end{bmatrix}$$

로 바꿀 수 있다(제5장 참고). 따라서 일반적인 피보나치수열은 평면상의 점(시작점)

$$\begin{bmatrix} F_0 \\ F_1 \end{bmatrix} = \begin{bmatrix} a \\ b \end{bmatrix}$$

이 선형변환(linear transformation)(§19절 참고)

$$\begin{bmatrix} 0\,1 \\ 1\,1 \end{bmatrix} : R^2 \to R^2$$

에 의하여 이동하는 배열

$$\begin{bmatrix} F_1 \\ F_2 \end{bmatrix} = \begin{bmatrix} 0\,1 \\ 1\,1 \end{bmatrix} \begin{bmatrix} a \\ b \end{bmatrix},\ \begin{bmatrix} F_2 \\ F_3 \end{bmatrix} = \begin{bmatrix} 0\,1 \\ 1\,1 \end{bmatrix} \begin{bmatrix} F_1 \\ F_2 \end{bmatrix} = \begin{bmatrix} 0\,1 \\ 1\,1 \end{bmatrix}^2 \begin{bmatrix} a \\ b \end{bmatrix},$$

$$\cdots$$

$$\begin{bmatrix} F_n \\ F_{n+1} \end{bmatrix} = \begin{bmatrix} 0\,1 \\ 1\,1 \end{bmatrix}^n \begin{bmatrix} a \\ b \end{bmatrix},\ \cdots$$

이다. 앞서 만든 행렬 $A = \begin{bmatrix} 0\,1 \\ 1\,1 \end{bmatrix}$에 대하여

$$A^n = \begin{bmatrix} 0\,1 \\ 1\,1 \end{bmatrix}^n$$

의 계산이 Fibonacci 수열의 일반항을 구하는 문제이다. 즉, 주어진 행렬의 연속적인 곱(합성)의 일반항을 구하는 것이다(물론 독자들이 지루한 시간을 달래기 위해서 연속적으로 행렬의 곱하기를 온 종일 시행하면 된다?!?).

계산에 필요한 이론(대각화)을 살펴보자((21.5), (22.3) 참고). 본질적인 접근은

$$A\boldsymbol{v_1} = \lambda_1 \boldsymbol{v_1},\ A\boldsymbol{v_2} = \lambda_2 \boldsymbol{v_2} \qquad (10-1)$$

를 만족하는 실수(고유값) λ_1, λ_2와 이에 대응하는 벡터(고유벡터) $\boldsymbol{v_1}, \boldsymbol{v_2}$를 구하는 것이다. 행렬 A의 고유값과 고유벡터를 구하는 과정은 다음과 같다.

① 행렬 $A = \begin{bmatrix} 0\,1 \\ 1\,1 \end{bmatrix}$의 고유값 λ를 구한다.

$(\det\left(\begin{bmatrix} 0\,1 \\ 1\,1 \end{bmatrix} - \lambda \begin{bmatrix} 1\,0 \\ 0\,1 \end{bmatrix}\right) = 0)$에서 $\lambda_1 = \dfrac{1+\sqrt{5}}{2}$, $\lambda_2 = \dfrac{1-\sqrt{5}}{2}$

② 각 고유값에 해당하는 고유벡터를 적당히 하나씩 구한다.

$$v_1 = \begin{bmatrix} 1 \\ \dfrac{1+\sqrt{5}}{2} \end{bmatrix}, \; v_2 = \begin{bmatrix} 1 \\ \dfrac{1-\sqrt{5}}{2} \end{bmatrix}$$

③ 고유벡터를 이용하여 행렬 P를 정의한다.

$$P = \begin{bmatrix} 1 & 1 \\ \dfrac{1+\sqrt{5}}{2} & \dfrac{1-\sqrt{5}}{2} \end{bmatrix}$$

위 경로는 실질적으로 $A\boldsymbol{v_1} = \lambda_1 \boldsymbol{v_1}, A\boldsymbol{v_2} = \lambda_2 \boldsymbol{v_2}$이므로 이를 행렬로 자세히 쓰면

$$A\left[\boldsymbol{v_1}\,\boldsymbol{v_2}\right] = AP = \begin{bmatrix} \lambda_1 & 0 \\ 0 & \lambda_2 \end{bmatrix} (\boldsymbol{v_1}\boldsymbol{v_2}) = \begin{bmatrix} \lambda_1 & 0 \\ 0 & \lambda_2 \end{bmatrix} P$$

이다. 따라서 우리는 행렬 A의 대각화

$$P^{-1}AP = \begin{bmatrix} \lambda_1 & 0 \\ 0 & \lambda_2 \end{bmatrix}$$

를 얻는다. 이 대각화는

$$(P^{-1}AP)^n = P^{-1}A^n P = \begin{bmatrix} \lambda_1 & 0 \\ 0 & \lambda_2 \end{bmatrix}^n = \begin{bmatrix} \lambda_1^n & 0 \\ 0 & \lambda_2^n \end{bmatrix}$$

에서와 같이 행렬의 거듭제곱을 매우 쉽게 해준다. 따라서

$$A^n = P \begin{bmatrix} \lambda_1^n & 0 \\ 0 & \lambda_2^n \end{bmatrix} P^{-1}$$

$$= \begin{bmatrix} 1 & 1 \\ \dfrac{1+\sqrt{5}}{2} & \dfrac{1-\sqrt{5}}{2} \end{bmatrix} \begin{bmatrix} \left(\dfrac{1+\sqrt{5}}{2}\right)^n & 0 \\ 0 & \left(\dfrac{1-\sqrt{5}}{2}\right)^n \end{bmatrix} \begin{bmatrix} \dfrac{\sqrt{5}-1}{2\sqrt{5}} & \dfrac{1}{\sqrt{5}} \\ \dfrac{\sqrt{5}+1}{2\sqrt{5}} & \dfrac{-1}{\sqrt{5}} \end{bmatrix}$$

이다. 구하려는 Fibonacci 수열 1, 1, 2, 3, 5, 8, . . . 은 $\begin{bmatrix} F_n \\ F_{n+1} \end{bmatrix} = A^n \begin{bmatrix} 1 \\ 1 \end{bmatrix}$ 이므로 일반항은 다음과 같다.

$$F_n = \left(\frac{1+\sqrt{5}}{2\sqrt{5}}\right)\left(\frac{1+\sqrt{5}}{2}\right)^n + \frac{\sqrt{5}-1}{2\sqrt{5}}\left(\frac{1-\sqrt{5}}{2}\right)^n \quad (n = 0, 1, 2, 3, \ldots)$$

□

(10.4) GENERAL FORMULAR. 피보나치수열 {1,1,2,3,...}의 일반항을 몫과 나머지와 관련하여 구해보자.

$$\begin{cases} F_{n+1} = F_n + F_{n-1} \ (n \ge 1) \\ F_0 = 1, F_1 = 1 \end{cases}$$

을 계수로 갖는 다항식을

$$F(x) = F_0 + F_1 \ x + F_2 \ x^2 + F_3 \ x^3 + \cdots = \sum_{n=0}^{\infty} F_n \ x^n$$

라 하자. 이 때, $F_n = F_{n-1} + F_{n-2} \ \ (n \ge 2)$를 사용하면

$$\begin{aligned} F(x) &= \sum_{n=0}^{\infty} F_n \ x^n = F_0 + F_1 x + \sum_{n=2}^{\infty} (F_{n-1} + F_{n-2}) \ x^n \\ &= 1 + x + \sum_{n=2}^{\infty} F_{n-1} x^n + \sum_{n=2}^{\infty} F_{n-2} \ x^n \\ &= 1 + x + x \sum_{n=2}^{\infty} F_{n-1} x^{n-1} + x^2 \sum_{n=2}^{\infty} F_{n-2} x^{n-2} \\ &= 1 + x + x \sum_{k=1}^{\infty} F_k x^k + x^2 \sum_{m=0}^{\infty} F_m \ x^m \\ &= 1 + x + x \ (\sum_{k=0}^{\infty} F_k \ x^k - F_0) + x^2 \sum_{m=0}^{\infty} F_m \ x^m \\ &= 1 + x + x(F(x) - 1) + x^2 \ F(x) \end{aligned}$$

이다. 그러므로

$$F(x) = 1 + x F(x) + x^2 \ F(x)$$

이고

$$F(x) = \frac{1}{1 - x - x^2}$$

는 피보나치수열을 상수항부터 각 항의 계수로 갖는 함수가 된다. 우리는 이를 피보나치 생성함수라 부른다. 생성함수

$$F(x) = \frac{1}{1 - x - x^2}$$

을 부분분수로 표시해보자. 먼저

$$1 - x - x^2 = (1 - \frac{1 + \sqrt{5}}{2} x)(1 - \frac{1 - \sqrt{5}}{2} x)$$

이므로 황금비 $\frac{1+\sqrt{5}}{2}=\Psi$ 그리고 $\frac{1-\sqrt{5}}{2}=\overline{\Psi}\ (=1-\Psi)$ 로 표시하면

$$F(x)=\frac{1}{1-x-x^2}=\left(\frac{A}{1-\Psi\ x}+\frac{B}{1-\overline{\Psi}\ x}\right),$$

$$A=\frac{1+\sqrt{5}}{2\sqrt{5}},\ B=\frac{\sqrt{5}-1}{2\sqrt{5}}$$

을 얻는다. 한편 무한등비급수

$$\frac{1}{1-r\,x}=1+rx+(rx)^2+(rx)^3+\cdots$$ 를 사용하면

$$F(x)=\left(A\sum_{n=0}^{\infty}\Psi^{\ n}\ x^{\ n}+B\sum_{n=0}^{\infty}\overline{\Psi}^{\ \ n}\ x^{\ n}\right),$$

$$A=\frac{1+\sqrt{5}}{2\sqrt{5}},\ B=\frac{\sqrt{5}-1}{2\sqrt{5}}=\sum_{n=0}^{\infty}(A\Psi^n+B\ \overline{\Psi}^{\ n})\ x^n$$

이다. 따라서 피보나치수열 {1,1,2,3,...}의 일반항

$$F_n=\left(\frac{1+\sqrt{5}}{2\sqrt{5}}\right)\left(\frac{1+\sqrt{5}}{2}\right)^n+\frac{\sqrt{5}-1}{2\sqrt{5}}\left(\frac{1-\sqrt{5}}{2}\right)^n\quad n=0,1,2,3,\ldots,$$

을 얻는다□

한편, 피보나치수열의 생성함수 $F(x)=\frac{1}{1-x-x^2}$ 에 $x=\frac{1}{10}$ 을 대입하면,

$$F\left(\frac{1}{10}\right)=\frac{100}{89}=\sum_{n=0}^{\infty}F_n\left(\frac{1}{10}\right)^n$$

이고 따라서

$$\frac{1}{89}=\sum_{n=0}^{\infty}F_n\left(\frac{1}{10}\right)^{n+2}$$

이다. 환언하면 피보나치수열 1, 1, 2, 3, 5, 8, 13, 21, 34, 55, 89, ⋯ 에 대하여

$$0.01=F_0\left(\frac{1}{10}\right)^2,\ 0.001=F_1\left(\frac{1}{10}\right)^3,\ 0.0002=F_2\left(\frac{1}{10}\right)^4,\ 0.00003,$$

0.000005 , 0.0000008 , 0.00000013 , 0.000000021 , 0.0000000034 ,

0.00000000055 , ...

의 합은 11번째 항 89의 역수 $\frac{1}{89}$이 된다.

(10.5) TEAM PROJECT. (1) 피보나치수열을 {0, 1, 1, 2, 3, 5, ...}로 하여 생성함수를 구해보고 이를 토대로 일반항을 구해보자.

(2) 일반항을 구하는 다른 방법을 소개해보자.

(3) 우리는 피보나치수열이 각 항에 나타나는 (무한)다항식을 구하였다. 같은 입장에서 각 항에 소수가 줄지어 나타나는 생성함수를 구하면 얼마나 좋을까?

$$\frac{g(x)}{f(x)} = 2 + 3x + 5x^2 + 7x^3 + 11x^4 + 13x^5 + \cdots$$

을 만족하는 다항식 $f(x), g(x)$를 구할 수 있을까?

(10.6) IN YOUR OWN WORDS. (1) 일반항을 이용하여

$$\lim_{N\to\infty}\frac{F_{N+1}}{F_N} = \lim_{N\to\infty}\frac{L_{N+1}}{L_N} = \frac{1+\sqrt{5}}{2}$$

를 증명해보자.

(2) 다음 내용을 참고하여 지도안을 작성해보자.

세계 7대 불가사의 중의 하나인 기자에 있는 쿠푸 왕의 피라미드에는 황금비가 숨어 있다. 기원전 2650년경 지어졌다고 추측되는 이 피라미드로부터 당시 이집트인들이 황금비의 값을 알고 있었다고 조심스럽게 가정할 수 있다[38]. 피라미드에서는 길이나 넓이의 비가 일정한 값이 되는 경우가 많다. 쿠푸 왕의 피라미드(밑면의 모서리의 길이는 230m, 높이는 146m)에서 그러한 경우를 조사해보자.

다음 그림에서 밑면의 모서리의 길이를 $2d$, 옆면인 삼각형의 높이를 l이라고 하면 $l^2 = d^2 + h^2$이므로 $l = \sqrt{115^2 + 146^2}$이고 따라서 계산기를 사용하여 구하면 l=185.8이고 옆면의 넓이를 구하면 $\frac{1}{2}\times 230 \times 185.85 = 21372.75$로 이 값은 높이의 제곱인 21316과 거의 같다.

38) Col. S. Beard, The Fibonacci Drawing Board-Design of the Great Pyramid of Gizah, The Fibonacci Quarterly, Vol. 6(1968) 66-68.

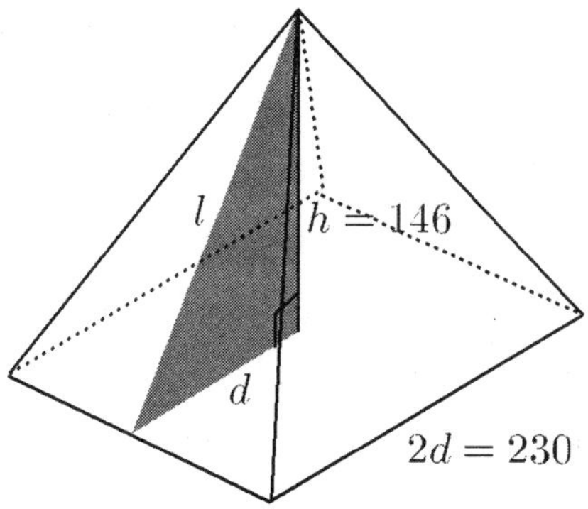

당시의 설계 도면이 전해지지 않아 구체적인 것은 알 수 없지만 앞에서의 계산에 의해 고대 이집트인들은 다음과 같은 원리로 피라미드를 건축하였다고 가정해볼 수 있다.

> [가정1] 피라미드의 밑면은 정사각형으로 건축한다.
>
> [가정2] 피라미드 옆면의 넓이는 높이의 제곱과 같도록 건축한다.

위 [가정2]로부터 $\frac{l}{d}$에 관한 방정식을 만들어 이 값을 구하여보자(이 값을 황금비라 부른다).

§11. 퍼즐

피보나치수열에서 만들어지는 항등식을 퍼즐로 지도해보자. Kepler는 연이은 피보나치수열의 항 사이에서

$$\lim_{n\to\infty}\frac{F_n}{F_{n-1}}=\frac{1+\sqrt{5}}{2}=1.61803...$$

가 황금비로 수렴한다는 사실을 발견하였다. 특히 피보나치수열

$$F_0=1, F_1=1, 2, 3, 5, 8, 13, 21, 34, 55, 89, \cdots$$

에서 각 항과 앞, 뒤항 사이에서 (예를 들어 8^2과 5×13)

$$F_nF_{n+2} - F_{n+1}^2 = (-1)^n \qquad (n=0,1,2,3,...)$$

의 관계를 발견하였다.

(11.1) EXERCISE. 한편, Sam Loyd(1841−1911)는 위 현상을 다음과 같은 퍼즐을 통하여 통쾌하게 설명하였다. 먼저 8×8정사각형 모임에서 아래와 같이 13×5 정사각형 모임으로 변경하면

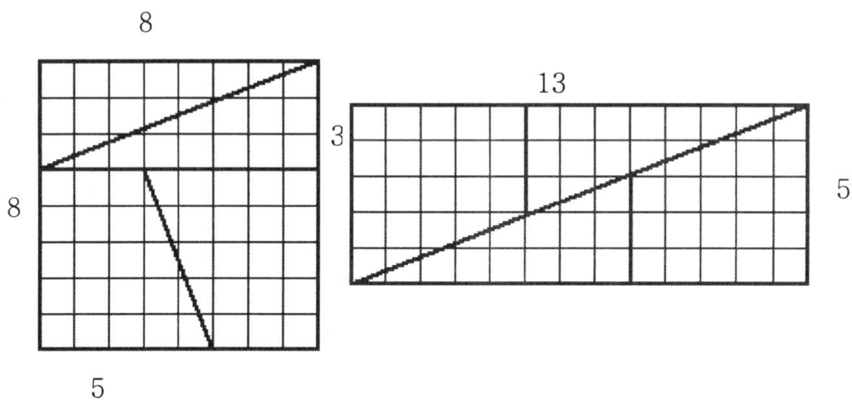

을 얻는다. 따라서 $8^2 = 13\times5$ 가 성립된다. 하나가 부족한 이유는 피보나치수열 $n=4$에서

$$F_5^{\ 2} = 8^2 = 64 = F_4F_6 - 1 = 65 - 1 = 64$$

이기 때문이다. 모순은 두 기울기 $\frac{3}{8} \neq \frac{5}{13}$에서 찾을 수 있다. 독자는 피보나치수열 8, 13, 21에서 같은 상황을 즐겨보기 바란다.

한편, Sam Loyd의 아들은 오른쪽 $8\times8=64$ 정사각형 모임 63조각으로 만들었다. 하나의 직선을 그어 완성해보자.

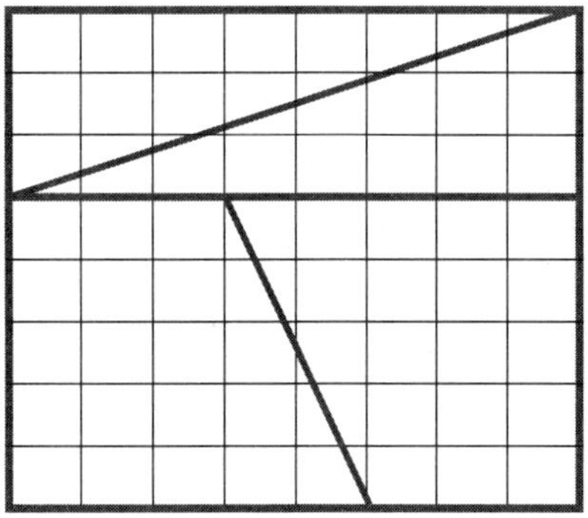

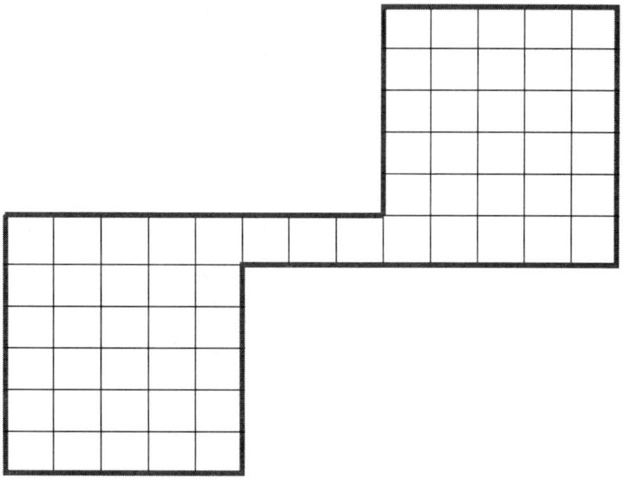

(11.2) EXERCISE. H. Langman은 피보나치수열의 연속되는 네 개의 수에서 안쪽 수와 바깥쪽 수의 곱으로 퍼즐을 만들었다. 즉,

$$F_{n-2}F_{n+1} - F_{n-1}F_n = (-1)^n \quad (n=2,3,4,\ldots)$$

임을 이용하여 가로, 세로가 F_{n-2} ,F_{n+1}인 직사각형을 분할하여 가로, 세로가 F_{n-1},F_n인 직사각형으로 재배열하였다. 네 개의 연속된 피보나치 수로 1이 차이가 나는 퍼즐을 만들어보자. 아래 그림은 연속된 피보나치 수 5, 8, 13, 21에서 8×13직사각형을 만든 것이다. 8×13=5×21임을 보이도록 조각을 잘라 다시 배열해보아라.

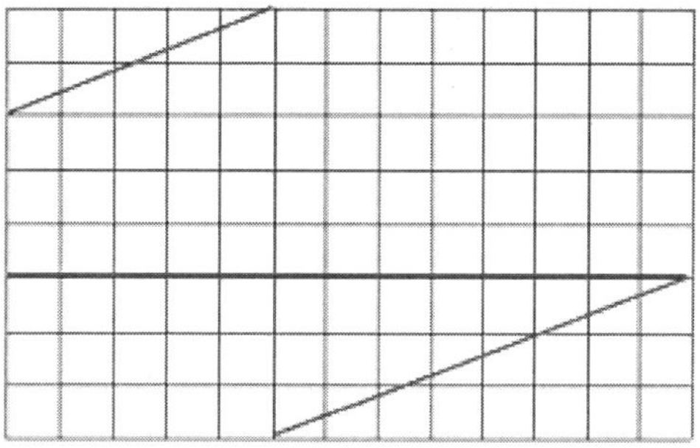

위의 성질을 이용해서 P. Curry(1953년)는 또 다른 퍼즐을 만들었다. 다음 문제를 보자.

(11.3) EXERCISE. 다음 두 그림을 비교해보면 빗금이 없는 세 부분의 넓이가 같다. 따라서 빗금이 있는 부분의 넓이가 같아야 하므로 $3 \times 5 = 2 \times 8$이 성립한다.

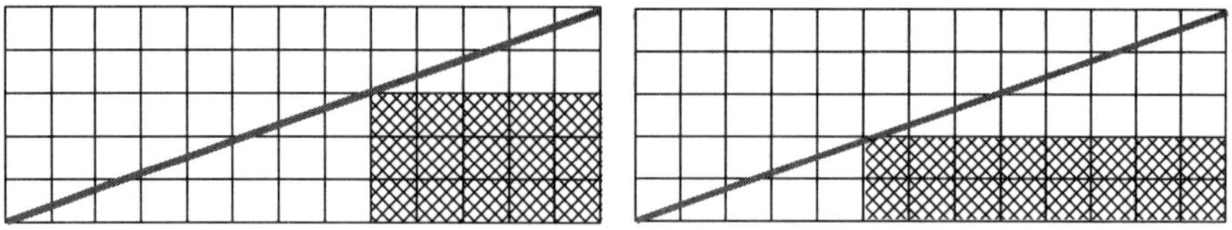

(1) 그러면 $5 \times 8 = 3 \times 13$을 만들려면 어떻게 하면 될까?

(2) 피보나치 수에서 위와 같은 방법으로

$$F_{n-2} F_{n+1} = F_{n-1} F_n \quad (n = 2, 3, 4, \ldots)$$

임을 보이기 위해서는 어떤 직사각형을 그려야 하는가?

연속된 다섯 개의 수에서 가운데 수를 제외한 네 수 사이의 관계를 이용하여 또 다른 퍼즐을 만들어보자.

(3) 다음 그림과 같이 분할하면 다섯 개의 연속된 수 5, 8, 13, 21, 34에서 $8 \times 21 = 5 \times 34$ 를 만들 수 있다. 조각을 잘라 다시 배열해보아라.

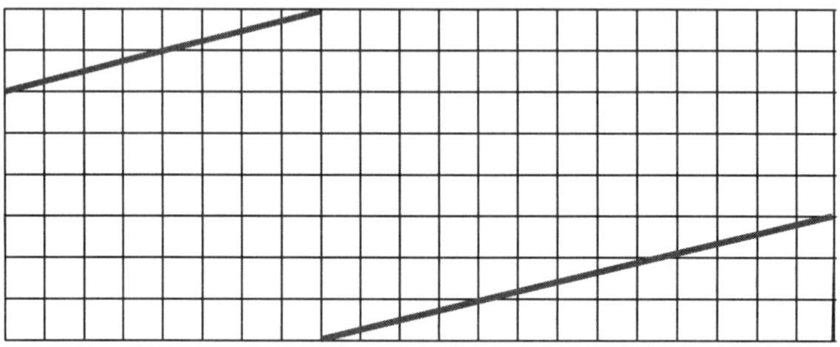

(4) 다섯 개의 연속된 피보나치 수에서 위의 관계를 일반화시켜보아라.

(11.4) TEAM PROJECT. 각 퍼즐에서 나타난 갭을 각도로 정확히 추적하여라.

(11.5) IN YOUR OWN WORDS. 연습문제 (11.1) (11.2), (11.3)을 바탕으로 지도안을 작성해 보자.

§12. 피보나치수열과 π

원주율을 구하는 역사는 4000년이 넘는다. 원주율을 구하기 위한 항등식에 피보나치수열이 어떻게 활용되는지 알아보았다. 특히, 대학 수준에서 원주율을 구하는 방법을 소개하였다.

(12.1) EXAMPLE. 1706년 머신(John Machin)은 오일러(Euler)가 생각해낸 등식

$$\frac{\pi}{4} = 4\tan^{-1}(\frac{1}{5}) - \tan^{-1}(\frac{1}{239}) \qquad (12-1)$$

을 이용하여 처음으로 π를 소수점 아래 100자리까지 구했다. 이 식을 증명해보자.

(풀이) 먼저

$$\alpha = \tan^{-1}(\frac{1}{5})$$

라고 할 때 식

$$\tan(A+B) = \frac{\tan A + \tan B}{1 - \tan A \tan B}$$

를 이용하면 $\tan(2\alpha) = \dfrac{5}{12}$이고 $\tan(4\alpha) = \dfrac{120}{119}$이므로

$$\tan(\frac{\pi}{4} - 4\alpha) = -\frac{1}{239}$$

을 얻는다. □

한편, 1844년 Zacharias Dase는

$$\frac{\pi}{4} = \tan^{-1}(\frac{1}{2})+\tan^{-1}(\frac{1}{5})+\tan^{-1}(\frac{1}{8})$$

을 이용하여 π를 소수점 아래 200자리까지 구했다. 한편, π를 백만 자리까지 구하는 데는 가우스(Gauss)가 만든 식

$$\frac{\pi}{4} = 12\tan^{-1}(\frac{1}{18})+8\tan^{-1}(\frac{1}{57})-5\tan^{-1}(\frac{1}{239})$$

$$= 6\tan^{-1}(\frac{1}{8})+2\tan^{-1}(\frac{1}{57})+\tan^{-1}(\frac{1}{239})$$

이 사용되었다. 먼저

$$\frac{\pi}{4}= \tan^{-1}(\frac{1}{2})+\tan^{-1}(\frac{1}{3})$$

는 $\tan(\frac{\pi}{4})=1=\frac{1/2+1/3}{1-(1/2)(1/3)}$로 쉽게 확인된다. 같은 방법으로 $1/3 = \frac{1/5+1/8}{1-(1/5)(1/8)}$를 우리가 어렸을 때 끝말 이어가기를 하듯이 연속적으로 사용하면

$$\tan^{-1}(\frac{1}{3})= \tan^{-1}(\frac{1}{5})+\tan^{-1}(\frac{1}{8}),$$

$$\tan^{-1}(\frac{1}{8})= \tan^{-1}(\frac{1}{13})+\tan^{-1}(\frac{1}{21}),$$

$$\tan^{-1}(\frac{1}{21})= \tan^{-1}(\frac{1}{34})+\tan^{-1}(\frac{1}{55})$$

을 얻는다. 이제 독자들은 야릇한 감정을 느낄 것이다. 다시 차근차근 처음부터 시작해보자.

$$\frac{\pi}{4}= \tan^{-1}(\frac{1}{2})+\tan^{-1}(\frac{1}{3})$$

$$=\tan^{-1}(\frac{1}{2})+\tan^{-1}(\frac{1}{5})+\tan^{-1}(\frac{1}{8})$$

$$=\tan^{-1}(\frac{1}{2})+\tan^{-1}(\frac{1}{5})+\tan^{-1}(\frac{1}{13})+\tan^{-1}(\frac{1}{21})$$

$$=\tan^{-1}(\frac{1}{2})+\tan^{-1}(\frac{1}{5})+\tan^{-1}(\frac{1}{13})+\tan^{-1}(\frac{1}{34})+\tan^{-1}(\frac{1}{55})$$

눈치 챘듯이 Fibonacci 수열 $F_0 = 1, F_1 = 1, F_2 = 2, 3, 5, 8, 13, 21, 34, 55, \ldots$에서 $F_2 = 2$부터 하나씩 건너서 나타나는 수들과 $\frac{\pi}{4}$와 관계가 있다. Fibonacci 수열을 이용하여 표현하면

$$\tan^{-1}\left(\frac{1}{F_{2n-1}}\right) = \tan^{-1}\left(\frac{1}{F_{2n}}\right) + \tan^{-1}\left(\frac{1}{F_{2n+1}}\right) \quad (n = 1, 2, 3, \ldots)$$

이고, 이를 줄줄이 연결하면 다음 급수를 얻는다.

$$\begin{aligned}\frac{\pi}{4} &= \arctan\frac{1}{2} + \arctan\frac{1}{5} + \arctan\frac{1}{13} + \cdots \\ &= \sum_{n=1}^{\infty} \tan^{-1}\left(\frac{1}{F_{2n}}\right)\end{aligned}$$

증명 없이 다음을 소개해보자(Arndt, 1994)

$$\frac{4}{\pi} = \frac{3\sqrt{5}-5}{2} - \sum_{n=1}^{\infty} F_{2n-1} \tan^{-1}\left(\frac{2}{3F_{2n+1} + F_{2n+1}^{3}}\right) \quad (F_0 = 1, F_1 = 1, \ldots)$$

정말로 π와 피보나치수열과 관련된 경이로운 식은 다음과 같다[39].

$$\pi = \lim_{n\to\infty} \sqrt{\frac{6\log F_0 F_2 \cdots F_n}{\log lcm(F_0, F_2, \cdots, F_n)}}, \qquad F_0 = 1, F_1 = 1$$

(여기서 log 는 자연로그; lcm은 최대공약수)

(12.2) EXAMPLE. 원주율을 어떻게 구하는지 알아보자. 예를 들어 소수점 이하 다섯째 자리까지 정확히 구하려면 어떻게 해야 할까?

(풀이) 피보나치수열 중 $F_1 = 1, F_2 = 2, F_3 = 3$ 에서 다음 세 가지 표현은 같다.

(표현1) $$\frac{\frac{1}{2}+\frac{1}{3}}{1-\frac{1}{2}\times\frac{1}{3}} = \frac{1}{1}$$

(표현2) $$\frac{\pi}{4} = \tan^{-1}\left(\frac{1}{2}\right) + \tan^{-1}\left(\frac{1}{3}\right)$$

---

39) Y. Matiyasevich and R. Guy, A new formular for π, Amer. Math. Monthly 93 (1986), 631-635.

(표현3)

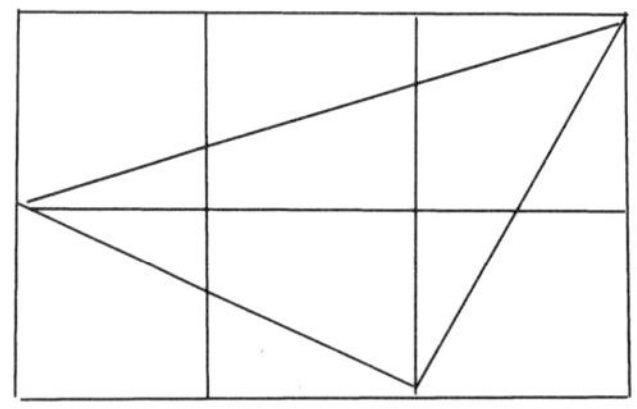

이로부터 π를 소수점 아래 다섯째 자리까지 직접 구해보자. 우리가 사용하는 식

$$\frac{1}{1+x} = 1-x+x^2-x^3+\cdots+(-1)^{k-1}x^{k-1}+(-1)^k x^k$$

으로부터 x를 t^2으로 바꾸면

$$\frac{1}{1+t^2} = 1-t^2+t^4-t^6+\cdots+(-1)^n t^{2n}+(-1)^{n+1}\frac{t^{2n+2}}{1+t^2}$$

이다. 양변을 적분하면

$$\int_0^x \frac{1}{1+t^2}\,dt$$

$$=\int_0^x \left[1-t^2+t^4-t^6+\cdots+(-1)^n t^{2n}+(-1)^{n+1}\frac{t^{2n+2}}{1+t^2}\right]dt \quad (12-2)$$

이므로 $\arctan x$의 Taylor 전개식(그레고리 급수)

$$\tan^{-1}x = x-\frac{x^3}{3}+\frac{x^5}{5}-\frac{x^7}{7}+\cdots+(-1)^n\frac{x^{2n+1}}{2n+1}+R_{2n+1}(x) \quad (12-3)$$

을 얻는다. 여기서 $R_{2n+1}(x)$은 나머지 항들을 나타내며 부등식

$$\left|R_{2n+1}(x)\right|=\left|\int_0^x \frac{t^{2n+2}}{1+t^2}dt\right| \le \left|\int_0^x t^{2n+2}dt\right| = \frac{|x|^{2n+3}}{2n+3}$$

을 만족한다.

한편, π의 값을 소수점 아래 다섯째 자리까지 정확하게 구하려면 $\tan^{-1}(\frac{1}{2})$, $\tan^{-1}(\frac{1}{3})$을 각각 오차 0.5×10^{-7} 아래로 구하면 된다. 이 조건을 만족하는 n을 결정하자. 먼저

$$\left|R_{2n+1}(\frac{1}{2})\right| \leqq \frac{(\frac{1}{2})^{2n+3}}{2n+3} \leqq 0.5\times10^{-7}$$

에서 부등식

$$2\times10^7\times(\frac{1}{2})^{2n+3} \leqq 2n+3\ ;\ 10^7\times(\frac{1}{2})^{2n+2} \leqq 2n+3$$

을 만족하는 n 을 하나 결정하자. 몇 번의 시도를 통하여 $n=9$ 를 대입하면

$$(10)^7\,(\frac{1}{2})^{20} \simeq 9.536$$

이므로 $n=9$로 결정된다. 따라서 식(12-3)으로부터 오차 0.5×10^{-7}이하에서

$$\tan^{-1}(\frac{1}{2}) \fallingdotseq \frac{1}{2}-\frac{1}{3}(\frac{1}{2})^3+\frac{1}{5}(\frac{1}{2})^5-\frac{1}{7}(\frac{1}{2})^7+\frac{1}{9}(\frac{1}{2})^9$$
$$-\frac{1}{11}(\frac{1}{2})^{11}+\frac{1}{13}(\frac{1}{2})^{13}-\frac{1}{15}(\frac{1}{2})^{15}+\frac{1}{17}(\frac{1}{2})^{17}-\frac{1}{19}(\frac{1}{2})^{19}$$

이다. 마찬가지 방법으로 부등식

$$\left|R_{2n+1}(\frac{1}{3})\right| \leqq \frac{(\frac{1}{3})^{2n+3}}{2n+3} \leqq 0.5\times10^{-7}$$

에서 우리는 몇 번의 시도를 통하여 $n=5$로 택하면

$$2\times10^7\times(\frac{1}{3})^{13} \simeq 12.544 < 13$$

이므로 식(12-3)으로부터 오차 0.5×10^{-7} 이하에서

$$\tan^{-1}(\frac{1}{3}) \fallingdotseq \frac{1}{3}-\frac{1}{3}(\frac{1}{3})^3+\frac{1}{5}(\frac{1}{3})^5-\frac{1}{7}(\frac{1}{3})^7+\frac{1}{9}(\frac{1}{3})^9-\frac{1}{11}(\frac{1}{3})^{11}$$

이다.

따라서 우리가 원하는 원주율 값은 식

$$\frac{\pi}{4} = \tan^{-1}(\frac{1}{2})+\tan^{-1}(\frac{1}{3})$$

으로부터 다음 값에 4배를 하면 된다.

$$\frac{1}{2}-\frac{1}{3}(\frac{1}{2})^3+\frac{1}{5}(\frac{1}{2})^5-\frac{1}{7}(\frac{1}{2})^7+\frac{1}{9}(\frac{1}{2})^9$$

$$-\frac{1}{11}(\frac{1}{2})^{11}+\frac{1}{13}(\frac{1}{2})^{13}-\frac{1}{15}(\frac{1}{2})^{15}+\frac{1}{17}(\frac{1}{2})^{17}-\frac{1}{19}(\frac{1}{2})^{19}$$

$$+\frac{1}{3}-\frac{1}{3}(\frac{1}{3})^{3}+\frac{1}{5}(\frac{1}{3})^{5}-\frac{1}{7}(\frac{1}{3})^{7}+\frac{1}{9}(\frac{1}{3})^{9}-\frac{1}{11}(\frac{1}{3})^{11}$$

$$= 0.7853981009$$

4배를 하면 다음과 같다.

3.141592404

이 값은 π의 실제 값인

3.14159265358979…

와 소수점 아래 여섯 번째 자리까지 같다. □

§13. 게임

변형된 체커게임을 소개하였다. 이로부터 우리 주위에 게임이나 종이접기 등에서 수학이 어떻게 활용되는지 항상 관심을 기울여 보자.

체커게임이란 8×8 격자무늬판(checkerboard)에 그림과 같이 12개의 말을 올려놓고 번갈아 말을 움직여 상대방의 말을 모두 없애는 사람이 이기는 게임이다.

[말이 움직이는 규칙]

- 색칠된 사각형 위로만 움직일 수 있다.
- 대각선 방향으로 한 칸씩 전진해야 하지만 상대편 말의 뒤쪽이 비어 있으면 점프할 수 있다. 단, 자신의 말은 점프할 수 없다.
- 점프할 수 있을 경우에는 반드시 점프해야 한다.
- 상대편 끝 쪽에 도달한 말은 킹으로 바뀌면서 전후좌우 모든 대각선 방향으로 움직일 수 있다.

[체커게임 기본 세팅]

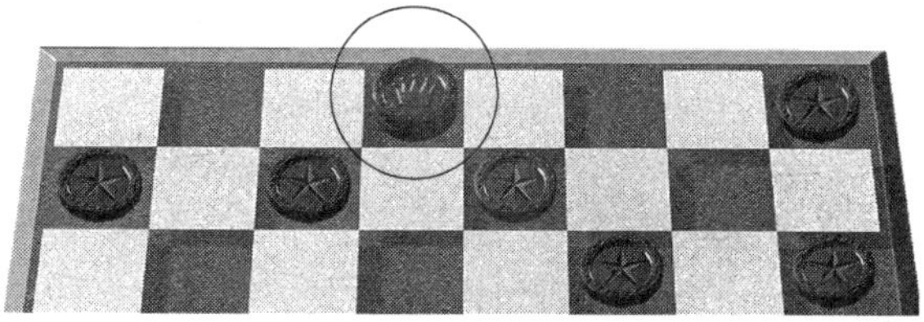

[상대편 끝쪽에 도착하여 킹으로 바뀐 모습]

(13.1) TEAM PROJECT. 오른쪽과 같이 아래편의 말 12개를 배치하자. 말이 움직이는 규칙을 체커게임에서와는 달리 약간 변화시키려고 한다. 즉, 말이 대각선방향으로 전진하는 것은 같지만 오직 점프를 해서만 움직일 수 있다고 하자. 그리고 점프할 때 밟고 넘어간 말은 죽는다. 말을 반대편 끝 쪽에 도착하게 해보아라. 도착할 수 없다면 그 이유를 설명하여라.

(13.2) TEAM PROJECT. 수학요소가 있는 다른 게임을 예로 들어보자.

§14. 피보나치곱셈법

피보나치수열은 기원전 1600년 전에 사용한 이집트인의 곱셈법((1.5) 참고)을 따라 활용할 수 있다. 다음 예를 통하여 알아보자.

(14.1) EXAMPLE. 47×73을 다음 경로를 통하여 구해보자.

① 다음 표를 완성하자

1	73
1	73

⇨

1	73
1	73
2	146
3	219

⇨

1	73
1	73
2	146
3	219
5	365
8	584
13	949
21	1533
33	2482

② 47을 서로 다른 피보나치수열에 있는 수를 사용하여 합으로 나타내어 보자.

[1단계] 47보다 작으면서 제일 가까운 피보나치수는 33이다.

[2단계] 47 = 33 + □에서 □=14이다.

[3단계] 14보다 작으면서 제일 가까운 피보나치수는 13이다.

[4단계] 14 = 13 +1

[결 론] 47 = 33 + 13 + 1

③ $47 \times 73 = 2487 + 949 + 73$

(14.2) EXERCISE. 다음 수를 서로 다른 피보나치수의 합으로 표현해보자.

자연수	서로 다른 피보나치수의 합
88	
135	
343	
1729	

(14.3) EXERCISE. $41 \times 305 = 12505$를 이집트 및 피보나치 방법으로 각각 구하여라.

(14.4) LETTER OF RECOMMENDATION. 피보나치수열을 주제로 한 학기 동안 방과후에 학생을 지도해보자. 이 때, 교수·학습내용을

(1) 학생들의 포트폴리오 작성과 자료축적을 어떻게 지도할 것인가?

(2) 생활기록부에 학생의 노력과 학습발달을 어떻게 기록할 것인가?

(3) 상위학교 진학을 위한 추천서 작성 시 방과후 활동 내용을 어떻게 추천서에 언급할 것인가?

를 염두에 두고 학생을 지도하여 보자.

Chapter IV 벡터공간

교육과정으로 보면 벡터는 「기하와 벡터」에서 벡터영역에 위치하는데, 내용은 (1) 벡터와 그 연산 (2) 벡터의 내적, (3) 직선과 평면의 방정식으로 구성되어 있다. 본 장에서는 벡터공간의 정의와 두 벡터공간에서 함수로서 중요한 역할을 하고 있는 선형변환(일차변환)을 알아보았다. 특히, 직선과 평면을 구하는데 사용하고 있는 내적을 근삿값 개념에서 심도 있게 다루었으며, 행렬을 선형변환 입장에서 다시 바라보았다. 실제, 크기(size) $m\times n$ 행렬이란 n차원 벡터공간 $\mathbb{R}^n$에서 m차원 벡터공간 $\mathbb{R}^m$으로 가는 선형변환이다.

§15. 벡터공간

벡터공간의 정의를 대하여 알아보고 내적의 의미를 살펴보자.

(15.1) DEFINITION. 아벨군(abelian group)$(V,+)$가 스칼라곱 $\mathbb{R}\times V\to V$에 대하여($k,\ l\in\mathbb{R}$, $\boldsymbol{u},\ \boldsymbol{v}\in V$)[40)]

(1) $k(\boldsymbol{u}+\boldsymbol{v})=k\boldsymbol{u}+k\boldsymbol{v}$;

(2) $(k+l)\boldsymbol{u}=k\boldsymbol{u}+l\boldsymbol{u}$;

(3) $k(l\boldsymbol{u})=(kl)\boldsymbol{u}$;

(4) $1\boldsymbol{u}=\boldsymbol{u}$

를 만족할 때, V를 $\mathbb{R}$-벡터공간이라 하고 V의 원소를 벡터라 부른다.

---

40) 중등과정에서는 벡터를 화살표를 사용하여 $\overrightarrow{\mathrm{AB}}$, $\vec{a}$, $\vec{v}$와 같이 나타내지만 화살표 사용의 불편함을 덜기 위하여 $\boldsymbol{v}$와 같이 굵게 쓰기도 한다.

중등과정에서의 벡터공간의 예는 평면이나 공간이다. 평면의 경우를 알아보자.

(15.2) EXAMPLE. $V=\mathbb{R}\times\mathbb{R}=\mathbb{R}^2$ 에서 두 연산은 다음과 같다.

(1) $(x_1, y_1)+(x_2, y_2)=(x_1+x_2, y_1+y_2)$

(2) $k(x, y)=(kx, ky)$

특히, (1)은 기하적으로 평행사변형을 만들기 때문에 흔히 "평행사변형법"이라 부르고 (2)에서 정의한 스칼라배는 기하적으로 k배 늘리거나 줄이는(음인 경우는 반대방향) 것을 의미한다. □

(15.3) EXAMPLE. (1) 실수를 계수로 하는 상수, 일차, 그리고 이차다항식까지의 모임

$$P_2=\{a+bx+cx^2 \mid a, b, c\in\mathbb{R}\}$$

은 다항식간의 일반적인 합과 스칼라곱

$$k(a+bx+cx^2)=ka+kbx+kcx^2$$

에 의하여 $\mathbb{R}$-벡터공간 이고 $\{1, x, x^2\}$은 기저이다. 따라서 P_2는 삼차원 $\mathbb{R}$-벡터공간이다.

(2) 다항식환 $\mathbb{R}[x]$는 $\mathbb{R}$-벡터공간이고 $\{1, x, x^2, x^3, \dots\}$는 기저이므로 무한차원이다.

(3) 복소수체 $\mathbb{C}$는 $\mathbb{R}$-벡터공간이고 $\{1, i\}$는 기저이므로 이차원이다.

(4) 근호를 포함한 수집합 $\{a+b\sqrt{2} \mid a, b\in\mathbb{Q}\}$는 체 $\mathbb{Q}(\sqrt{2})$이고 $\mathbb{Q}$-벡터공간이다. 이 때, $\{1, \sqrt{2}\}$가 기저이므로 $\{a+b\sqrt{2} \mid a, b\in\mathbb{Q}\}$는 이차원이다.

(5) 환이 아닌 덧셈에 관한 아벨군(abelian group)

$$\mathbb{Q}[\sqrt{2}, \sqrt{3}]=\{\mathrm{a}+\mathrm{b}\sqrt{2}+\mathrm{c}\sqrt{3} \mid \mathrm{a, b, c}\in\mathbb{Q}\}$$

은 $\mathbb{Q}$-벡터공간이다. 이 때, $\{1, \sqrt{2}, \sqrt{3}\}$이 기저를 이루므로 삼차원이다.

(6) 제5장 (20.6)에서 상세히 소개할 The Quaternions $\mathbb{H}$는 사차원 실수벡터공간이며 $\{1, i, j, k\}$는 기저이다.

(7) 이차원벡터공간의 예를 (10.2)에서 확인할 수 있다. □

(15.4) EXAMPLE. 크기가 2×2인 행렬의 모임(행렬환, noncommutative ring with identity) $\left\{\begin{bmatrix} a\,b \\ c\,d \end{bmatrix} \mid a,b,c,d \in \mathbb{R}\right\}$은 두 행렬의 합과 스칼라연산 $k\begin{bmatrix} a\,b \\ c\,d \end{bmatrix} = \begin{bmatrix} ka & kb \\ kc & kd \end{bmatrix}$에 의하여 사차원 $\mathbb{R}$－벡터 공간이다. 이 때,

$$\left\{\begin{bmatrix} 1\,0 \\ 0\,0 \end{bmatrix}, \begin{bmatrix} 0\,1 \\ 0\,0 \end{bmatrix}, \begin{bmatrix} 0\,0 \\ 1\,0 \end{bmatrix}, \begin{bmatrix} 0\,0 \\ 0\,1 \end{bmatrix}\right\}$$

는 기저이다. □

실수 γ에 대하여 $\mathbb{Q}(\gamma)$는 유리수체 $\mathbb{Q}$와 원소 γ로 생성된 체를 표시한다. 이 때, $\mathbb{Q}(\gamma)$는 $\mathbb{Q}$－벡터공간이고 $\mathbb{Q}(\gamma)$의 차원을 $[\mathbb{Q}(\gamma) : \mathbb{Q}]$로 표시한다. 다음 정리 15.5를 증명 없이 사용하자. 작도에 관한 전반적인 이론은 J. B. Fraleigh의 Section 32를 참고하자[41].

(15.5) THEOREM(Ruler and Compass Constructions). 무리수 γ가 작도가능하면 $[\mathbb{Q}(\gamma) : \mathbb{Q}] = 2^n$. 여기서 n은 음이 아닌 정수이다. □

한 모서리의 길이를 1로 하면 2배가 되는 정육면체의 한 모서리의 길이는 $\sqrt[3]{2}$이다. $\sqrt[3]{2}$는 기약다항식 $x^3-2 \in \mathbb{Q}[x]$의 근이고 $[\mathbb{Q}(\sqrt[3]{2}) : \mathbb{Q}] = 3$이다. 그러므로 $\sqrt[3]{2}$는 작도불가능하다. 각의 3등분에 대하여 생각해보자. 각 θ를 작도한다는 것은 본질적으로 $|\cos\theta|$를 작도하는 것이다. 예를 들어, 각 $60°$는 작도가능하다. 이제 $60°$를 3등분하지 못하는 원인을 알아보자.

$$\cos 3\theta = \cos(2\theta+\theta) = 4\cos^3\theta - 3\cos\theta$$

에서 $\theta = 20°$라면 $\cos 3\theta = 1/2$이다. 이제 $\alpha = \cos 20°$라 하자. 위 등식으로부터 α에 관한 삼차방정식 $4\alpha^3 - 3\alpha = 1/2$을 얻어 α는 기약다항식

$$8x^3 - 6x - 1 \in \mathbb{Q}[x]$$

의 한 근이다. 한편, $[\mathbb{Q}(\alpha) : \mathbb{Q}] = 3$이다. 따라서 α는 작도불가능하다. 즉, $60°$는 3등분할 수 없다. 환언하면 $20°$는 작도불가능하다. □

---

41) John B. Fraleigh, A first course in abstract algebra, 7th. ed., Addison Wesley, New York, 2003.

§16. 벡터공간의 활용

벡터공간의 활용으로서 월남전에서 사용한 부호론을 살펴보자. 여기서 사용하는 벡터공간은 원소의 개수가 유한이고 학부과정에서 배운 덧셈군 이론을 필요로 한다.

(16.1) EXERCISE. 아래 지도는 본부와 수색대와의 위치를 나타내고 적군이 장악하고 있는 지역은 음영 처리되어 있다.

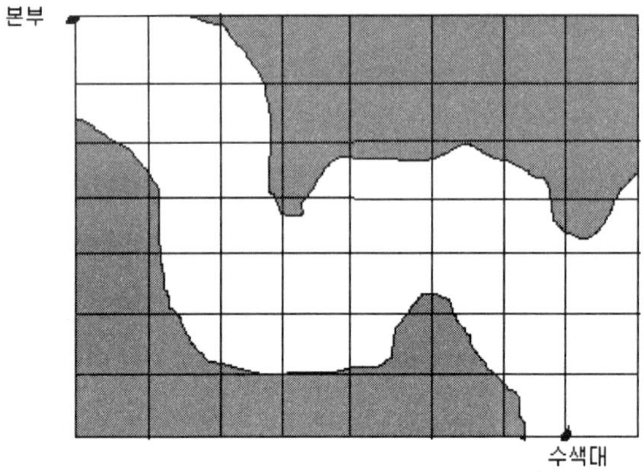

우리 수색대의 안전한 귀대를 위하여 본부에서 부호 열을 타전하면 이를 수색대가 받아 전문으로 바꾸어 지도에서 방향을 찾아 귀대한다. 방향을 나타내는 전문은 다음과 같다.

전문	부호
동	00000
서	01101
남	10110
북	11011

(1) 본부에서 보내온 다음 부호 열을 전문으로 바꾸어라.

1101111011011011101111011011010110110110101110
0110101101110111101111011110110110101101111011

(2) 위에서 구한 전문이 나타내는 경로를 위 지도에 표시하여라. □

원소 $\{0,1\}$로 이루어진 유한체 F_2(흔히 $\mathbb{Z}_2$를 사용하며 $1+1=0$, $1+0=1$, $0+1=1$이다)에서

$$V=F_2\times\cdots\times F_2=(F_2)^5$$

는 좌표가 5개로 이루어진 오차원 F_2－벡터공간이다. 이 때, $V=(F_2)^5$의 원소의 개수는 $2^5=32$이고 원소 $(1,0,1,0,1)\in V$를 괄호 없이 간단히 10101로 사용하자. 문제에서 사용한 동, 서, 남, 북 부호

$$C=\{00000,\ 01101,\ 10110,\ 11011\}$$

는 벡터공간 $(F_2)^5$의 부분공간이다. 특히, 부분공간 C는 두 원소 10110, 01101에 의하여 생성된다. 즉, 11011=10110 + 01101. 따라서 부호 C는 이차원 벡터공간이다. 문장 전개를 위하여 일반적인 유한체 F에서 사용되고 있는 정의를 알아보자.

(16.2) DEFINITION. $|F|=q$, $C\subseteq F^n$, $|C|=M\neq 1$ 와 $x,y\in F^n$ 에 대하여

(1) $\chi(x)=\{i \mid 1\leq i\leq n,\ x_i\neq 0\}$를 x 의 support라 한다.

(2) $w(x)=|\chi(x)|$를 x 의 (Hamming) weight라 한다.

(3) $d(x,y)=w(x-y)$를 x 에서 y 까지 Hamming distance라하고 실제 $d(\cdot,\cdot)$는 Q^n 에서 metric이 된다. 즉, 다음 3가지를 만족한다.

① $d(x,x)=0$

② $d(x,y)=d(y,x)$

③ $d(x,y)\leqq d(x,z)+d(z,y)$

(4) $d(x,C)=min\ \{d(x,c)\mid c\in C\}$: x 에서 부호 C까지 최소거리

(5) $d=d(C)=min\ \{d(x,y)\mid x,y\in C$ 이고 $x\neq y\}$를 부호 C의 최소거리, 특히, 최소거리가 d 인 q 진 부호를 $(n,M,d)_q$ 로 나타낸다.

(6) $w(C)=min\ \{w(x)\mid x\in C,\ x\neq 0\}$를 부호 C의 최소무게라 한다.

다시 부호 $C = \{ 00000, 01101, 10110, 11011 \}$ 로 돌아가자. 우리가 알아보았듯이 C는 벡터공간 V의 부분공간이다. 따라서 덧셈군에서 했듯이 factor 군(보다 정확히 factor module) V/C를 생각할 수 있다. 즉,

$$V/C = \{ \mathrm{u} + \mathrm{C} \mid \mathrm{u} \in \mathrm{V} \}$$

이고 $|V/C| = 8$이다. V/C의 각 원소 $u + C$를 C의 coset이라 부르고 $u + C$를 대표하는 u의 weight를 가장 작은 것으로 사용할 수 있고 이를 coset leader라 부른다. 수신벡터 w를

$$w = v + e, \text{ 여기서 } v \in C$$

의 형태로 표시해보자. 이 때, e를 error벡터라 한다. 먼저 $w + C \in V/C$이고 coset$w + C$에서 coset leader를 e라면

$$w + C = e + C$$

이다. 따라서 $w - e \in C$이다. 이제 $v := w - e$로 정의하면 이 벡터는 C에 있고

$$w = v + e$$

이다. 따라서 수신벡터 w를 부호 $v \in C$로 복호할 수 있다. 다음에서 구체적인 예를 들어보자.

(16.3) EXAMPLE. 수색대가 받은 수신벡터 $w = 11110$ 을 복호하여 보자.

(풀이) 벡터 $w = 11110$에 대하여 $w + C = 11110, 10011, 01000, 00101$ 이고 coset leader가 01000이므로

$$w + C = 11110, 10011, 01000, 00101 = 01000 + \mathrm{C}$$

이다. 따라서 $w = 11110$는

$$w - 01000 = 11110 - 01000 = 10110 = \text{남}$$

으로 복호된다.

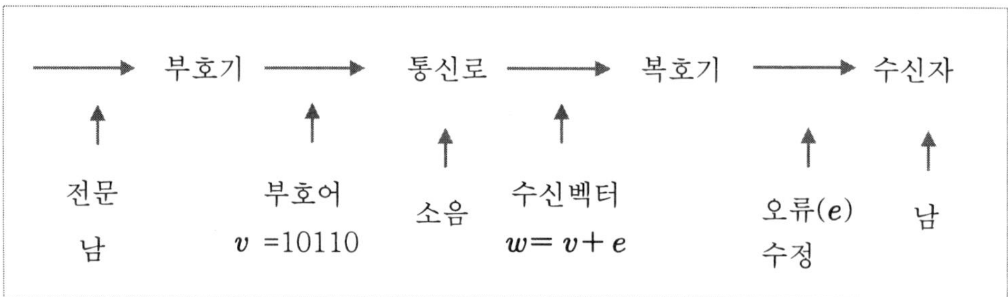

(16.4) REMARK. (1) 1965년 무인우주선 Mariner 4호(오른쪽 사진)가 화성의 사진을 전송하는데 가로와 세로를 각각 200 등분하여 각각의 직사각형의 밝기를 64등급(흰색-000000, 검은색-111111)으로 분류하여 이진 (6,64,1) 부호를 사용하였다. 그러나 이 부호는 오류를 수정할 수가 없었다.

(2) 1972년, Mariner 9호는 화성의 사진을 가로와 세로를 각각 700 등분과 832 등분하여 Reed-Muller 이진 (32, 64, 16) 부호를 사용하여 오류를 7개까지 수정할 수 있었다.

(3) 1976년, Viking 1호는 Golay 이진 (24,1024,8) 부호를 사용하여 목성과 토성의 천연색 사진을 전송하였다.

§17. 내적

먼저 $\mathbb{R}$-벡터공간 V에서 내적의 정의를 살펴보자. 평면을 벡터공간의 예로 다루는 교과서에서 사용하는 내적은 무엇이며, 어떤 의미를 가지고 있는지 자세히 알아보고, 함수로 이루어진 벡터공간에서 사용되는 내적이 시각적으로 어떤 의미가 있는지 알아보자.

본 교재에서 내적은

① 지수함수 등의 어려운 함수들을 일, 이차다항식으로 접근하고(예제 (18.1)),

② 불연속 주기함수를 매끄럽게 하고(예제 (18.4))

③ 해가 존재하지 않는 연립방정식이 해를 갖도록(응용 (21.3))

하는데 필요한 계산도구로서 소개하였다.

(17.1) DEFINITION. V가 $\mathbb{R}$-벡터공간일 때, 다음 조건을 만족하는 함수 $\langle\ ,\ \rangle : V \times V \to \mathbb{R}$를 V에서의 내적(inner product)이라 한다. 임의의

$\boldsymbol{u}, \boldsymbol{v}, \boldsymbol{w} \in V$, 실수 r에 대하여

(1) $<\boldsymbol{u}, \boldsymbol{v}> \; = \; <\boldsymbol{v}, \boldsymbol{u}>$

(2) $<\boldsymbol{u}+\boldsymbol{v}, \boldsymbol{w}> \; = \; <\boldsymbol{u}, \boldsymbol{w}>+<\boldsymbol{v}, \boldsymbol{w}>$

(3) $<r\boldsymbol{u}, \boldsymbol{v}> \; = r<\boldsymbol{u}, \boldsymbol{v}>$

(4) $<\boldsymbol{u}, \boldsymbol{u}> \geqq 0$ 이고, $<\boldsymbol{u}, \boldsymbol{u}> \; = 0 \Leftrightarrow \boldsymbol{u} = \boldsymbol{0}$

특히, 두 벡터 $\boldsymbol{u}, \boldsymbol{v} \in V$의 내적 $<\boldsymbol{u}, \boldsymbol{v}>$ 를 간단히 $\boldsymbol{u} \cdot \boldsymbol{v}$로 쓰기도 한다. 이제 교과서에서 다루는 내적의 예를 알아보자.

평면에서 다음 그림을 보자.

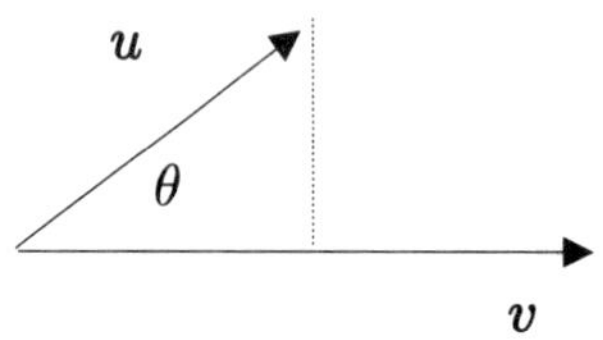

사이 각이 θ인 두 벡터 $\boldsymbol{u}, \boldsymbol{v}$가 있다. 벡터 $\boldsymbol{u}$를 벡터 $\boldsymbol{v}$에 수직으로 내려보자. 먼저 수직으로 내릴 때 나타나는 길이는 직각삼각형에서 $|\boldsymbol{u}|\cos(\theta)$이다. 여기서 $|\boldsymbol{u}|$는 벡터 $\boldsymbol{u}$의 길이(크기)이다. 한편, 벡터 $\boldsymbol{v}$ 방향의 단위 벡터는 $\dfrac{\boldsymbol{v}}{|\boldsymbol{v}|}$이므로 벡터 $\boldsymbol{u}$를 벡터 $\boldsymbol{v}$에 수직으로 내릴 때 나타나는 벡터는

$$|\boldsymbol{u}|\cos(\theta)\frac{\boldsymbol{v}}{|\boldsymbol{v}|}$$

이다. 흔히 "수직으로 내린다"를 "정사영(projection) 시키다"로 쓰고 있다. 이를 기호 $proj_{\boldsymbol{v}}\boldsymbol{u}$로 쓰기로 하자. 따라서

$$proj_{\boldsymbol{v}}\boldsymbol{u} = \frac{|\boldsymbol{u}||\boldsymbol{v}|\cos(\theta)}{|\boldsymbol{v}|^2}\boldsymbol{v} \qquad (17-1)$$

이다. 두 벡터의 좌표를

$$\boldsymbol{u} = (x_1, y_1), \; \boldsymbol{v} = (x_2, y_2)$$

로 설정하고 다음 직교좌표계로 가보자.

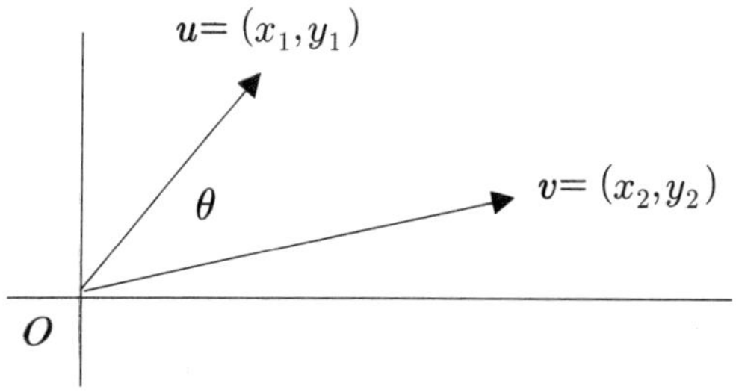

이때, $|\quad| = \sqrt{{x_1}^2 + {y_1}^2}$, $|\boldsymbol{v}| = \sqrt{{x_2}^2 + {y_2}^2}$ 이고 사잇각을 θ 라면

$$|\boldsymbol{u}||\boldsymbol{v}|\cos(\theta) = \sqrt{x_1^2 + y_1^2}\ \sqrt{x_2^2 + y_2^2}\ \cos(\theta)$$

이고 두 벡터에 의하여 만들어지는 삼각형에 코사인제2법칙을 적용하면

$$|\boldsymbol{u} - \boldsymbol{v}|^2 = |\boldsymbol{u}|^2 + |\boldsymbol{v}|^2 - 2|\boldsymbol{u}||\boldsymbol{v}|\cos(\theta)$$

이고 $\boldsymbol{u} - \boldsymbol{v} = (x_1 - x_2,\ y_1 - y_2)$ 이므로

$$|\boldsymbol{u} - \boldsymbol{v}|^2 = (x_1 - x_2)^2 + (y_1 - y_2)^2$$

이다. 한편,

$$|\boldsymbol{u}|^2 + |\boldsymbol{v}|^2 - 2|\boldsymbol{u}||\boldsymbol{v}|\cos(\theta) = (x_1^2 + y_1^2) + (x_2^2 + y_2^2) - 2|\boldsymbol{u}||\boldsymbol{v}|\cos(\theta)$$

이므로

$$(x_1 - x_2)^2 + (y_1 - y_2)^2 = (x_1^2 + y_1^2) + (x_2^2 + y_2^2) - 2|\boldsymbol{u}||\boldsymbol{v}|\cos(\theta)$$

이다. 따라서

$$x_1x_2 + y_1y_2 = |\boldsymbol{u}||\boldsymbol{v}|\cos(\theta)$$

를 얻는다. 이제 두 벡터 $\boldsymbol{u} = (x_1, y_1)$, $\boldsymbol{v} = (x_2, y_2)$의 내적을 다음과 같이 정의하자.

(17.2) DEFINITION. 두 벡터 $\boldsymbol{u} = (x_1, y_1)$, $\boldsymbol{v} = (x_2, y_2)$(사잇각 θ)의 내적 $\boldsymbol{u} \cdot \boldsymbol{v}$를

$$\boldsymbol{u} \cdot \boldsymbol{v} = x_1x_2 + y_1y_2 = |\boldsymbol{u}||\boldsymbol{v}|\cos(\theta) \qquad (17-2)$$

로 정의하자.

물론 식(17-2)는 정의 17.1을 모두 만족한다. 이를 확인하기 바란다.

이제 식의 용도를 가볍게 생각하면, 벡터 $\boldsymbol{u}$를 벡터 $\boldsymbol{v}$에 수직으로 내릴 때 나타나는 벡터 $proj_{\boldsymbol{v}}\boldsymbol{u}$를 나타내는데 있다. 식(17-1)에서

$$proj_{\boldsymbol{v}}\boldsymbol{u} = \frac{\boldsymbol{u} \cdot \boldsymbol{v}}{|\boldsymbol{v}|^2}\boldsymbol{v}$$

물론 이 정도의 벡터를 구하기 위하여 법석을 떠는 것은 아니다. 이제 의미를 생각해보자. 벡터 $\boldsymbol{v}$는 우리가 잘 아는 (일차원)벡터공간을 대변하고 이 벡터공간에 있지 않은 미지의 벡터가 $\boldsymbol{u}$이다. 따라서 잘 모르는 벡터를 우리가 잘 알고 있는 벡터공간에서 근사적으로 표현한 것이 $proj_{\boldsymbol{v}}\boldsymbol{u} = \frac{\boldsymbol{u} \cdot \boldsymbol{v}}{|\boldsymbol{v}|^2}\boldsymbol{v}$이다. 환언하면, $\boldsymbol{v}$가 생성하는 일차원 벡터공간에 있는 모든 벡터 중에서 $proj_{\boldsymbol{v}}\boldsymbol{u}$가 벡터 $\boldsymbol{u}$에 제일 가깝다.

알고 싶은 함수를 우리가 잘 알고 있는 일, 이차다항식으로 표현하는 방법을 알아볼 것이다.

(17.3) SUMMING UP. 다음 내용은 동일한 개념하에 있다.

(1) 그림처럼 아래 직선에 수선을 긋자

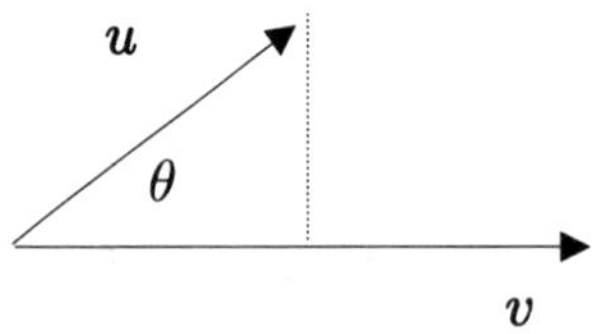

(2) $|\boldsymbol{u}||\boldsymbol{v}|\cos(\theta)$를 내적으로 사용한다.

(3) 벡터 $\boldsymbol{v}$로 생성된 일차원공간(즉, 원점을 지나고 $\boldsymbol{v}$와 평행한 직선)에서 벡터 $\boldsymbol{u}$와 가장 가까운 벡터는 $proj_{\boldsymbol{v}}\boldsymbol{u}$이다.

(4) 벡터 $\boldsymbol{u}$는 우리가 잘 모르는 대상이다. 우리가 잘 알고 있는 벡터 $\boldsymbol{v}$를 사용하여 벡터 $\boldsymbol{u}$를 이해하자.

(17.4) EXAMPLE. $\boldsymbol{u} \cdot \boldsymbol{v} = x_1x_2 + y_1y_2$는 중등과정에서 사용하는 내적의 예이다. 주어진 벡터공간에서 존재하는 내적은 무수히 많음을 인식하기 바란다. 실제 행렬(A, B)와 함수(f, g)에서 대표적으로 사용하는 내적은 다음과

같다. 정의 17.1의 네 개의 조건을 만족함을 확인하기 바란다.

(1) $< A,B > = tr\, AB^{T}$[42]

(2) $< f,g > = \int_a^b f(x)g(x)\,dx$ □

중등과정에서 사용하는 절댓값 $|\ |$과 피타고라스 정리로부터 정의된 두 점 사이의 거리가 선형대수 입장에서 어떻게 만들어지는지 알아보자.

(17.5) EXAMPLE(내적, 노름, 거리). 일반적으로 n-차원 $\mathbb{R}$-벡터공간 (n-dimensional $\mathbb{R}$-vector space) V는

① 내적 $<\ ,\ >$ 을 요구하며,

② $\boldsymbol{v} \in V$에 대하여 이미 정의되어 있는 내적을 이용한

$$\|\boldsymbol{v}\| = \sqrt{<\boldsymbol{v},\boldsymbol{v}>}$$

를 벡터 $\boldsymbol{v}$의 노름(norm)이라 부른다.

③ 한편, $\|\ \|$은 두 벡터간의 거리

$$d(\boldsymbol{u},\boldsymbol{v}) = \|\boldsymbol{u}-\boldsymbol{v}\|$$

를 결정한다.

내적	⇨	노름	⇨	거리

특히 $\{x \in V \mid \|x\| = 1\}$ 를 단위원이라 부른다. 우리가 사용하는 $\mathbb{R}$-벡터공간 V는 연속적으로

$$(V, +, \mathbb{R}, <\ ,\ >, \|\ \|, d)$$

를 내포하고 있다. 따라서 우리가 벡터공간에서 사용하는 두 벡터가 “멀다” 또는 “가깝다”는 내적에서 연유된 거리(distance)에 의해서 결정된다.

(1) (일차원벡터공간의 예) 벡터공간 $V = \mathbb{R}$은 일차원 $\mathbb{R}$-벡터공간이다. 두 실수(또는 벡터) x,y에 대하여

---

42) T는 전치행렬(행과 열을 바꿈)을 표시하고, tr은 대각선(trace) 상의 원소를 모두 합하는 것을 말한다.

$$< x, y> = xy$$

는 정의(17.1)을 만족하므로 $V=\mathbb{R}$에서의 한 내적이다. 따라서 이 때, 노름은

$$\|x\| = \sqrt{< x, x>} = \sqrt{xx} = \sqrt{x^2} = |x| \qquad (17-3)$$

이다. 우리가 상용하는 절댓값 $|\ |$은 일차원$\mathbb{R}$－벡터공간 $\mathbb{R}$에서의 내적 $< x, y> = xy$에서 연유된 노름이다(질문 (4.5)를 다시보자). 그리고 두 벡터(실수)사이의 거리는

$$d(x,y) = \|x-y\| = |x-y|$$

이다. 즉,

내적		노름		거리
xy	⇨	$\lvert x \rvert$	⇨	$\lvert x-y \rvert$

(2)(이차원벡터공간의 예) 벡터공간 $V=\mathbb{R}^2$은 이차원 $\mathbb{R}$－벡터공간이다. 두 점 $\boldsymbol{u}=(x_1, y_1)$, $\boldsymbol{v}=(x_2, y_2)$에 대하여 내적 $\boldsymbol{u}\cdot\boldsymbol{v} = x_1x_2+y_1y_2$을 사용하면 노름은

$$\|\boldsymbol{u}\| = \sqrt{x_1^{\ 2}+y_1^{\ 2}}$$

이고 이 노름으로부터 거리

$$\begin{aligned} d(\boldsymbol{u},\boldsymbol{v}) &= \|(x_1,y_1)-(x_2,y_2)\| \\ &= \|(x_1-x_2, y_1-y_2)\| \\ &= [(x_1-x_2)^2+(y_1-y_2)^2]^{\frac{1}{2}} \end{aligned}$$

를 결정할 수 있다. 즉,

내적		노름		거리
$x_1x_2+y_1y_2$	⇨	$\sqrt{x^2+y^2}$	⇨	$[(x_1-x_2)^2+(y_1-y_2)^2]^{\frac{1}{2}}$

(3)(무한차원벡터공간의 예) $C[a,b]$를 구간 $[a,b]$에서 정의된 모든 실수값 연속함수의 모임이라 하면, $C[a,b]$는 무한차원 $\mathbb{R}$－벡터공간(infinite dimensional $\mathbb{R}$－vector space)이다. 두 벡터 $f, g \in V$에 대하여

$$<f,g> = \int_a^b f(x)g(x)\,dx$$

로 정의하자. 이 정의는 (17.1)을 만족하므로 V에서 정의된 한 내적이며 이로부터 노름

$$\|f\| = <f,f>^{\frac{1}{2}} = \left[\int_a^b f(x)^2\,dx\right]^{\frac{1}{2}}$$

이 정의되고 따라서 두 벡터사이의 거리

$$\|f-g\| = \left[\int_a^b [f(x)-g(x)]^2 dx\right]^{\frac{1}{2}}$$

를 정의할 수 있다. 즉,

내적		노름		거리
$\int_a^b f(x)g(x)\,dx$	⇨	$\left[\int_a^b f(x)^2\,dx\right]^{\frac{1}{2}}$	⇨	$\left[\int_a^b [f(x)-g(x)]^2 dx\right]^{\frac{1}{2}}$

한편,

$$\|f-g\|^2 = \int_a^b [f(x)-g(x)]^2 dx$$

은 두 벡터 f, g의 차이(거리)를 선형대수 입장에서 결정하는 방법이며 $\|f-g\|^2$ 을 평균제곱오차(mean square error)라 부른다. 다음 절에서 내적의 활용에 관하여 알아보자.

(17.6) TEAM PROJECT. §21절 (21.3)을 평균제곱오차 입장에서 해석하고 지도해보자.

§18. 내적의 활용

본 절에서는 내적의 활용 측면에서 적분을 깊이 있게 다루려고 한다. 부정적분(「적분과 통계」)에서 적분형태는 무엇을 말하는지, 구분구적법(「미적분과 통계기본」)의 예는 무엇인지 그리고 이를 수리논술 형태로 어떻게

지도할 것인가에 대하여 안을 제시하였다.

유한차원 벡터공간에서 직교기저(orthogonal basis)를 구하는 방법을 Gram-Schmidt 방법[43]이라 부른다.

(18.1) THE GRAM-SCHMIDT ORTHOGONALIZATION PROCESS. 주어진 벡터 $\{u_1, u_2, \dots, u_r\}$에서 서로 직교(내적이 0)인 벡터를 만드는 방법은

(1) $v_1 = u_1$로 한다.

(2) $v_2 = u_2 - proj_{v_1} u_2 = u_2 - \dfrac{< v_1, u_2 >}{\|v_1\|^2} v_1$

(3) $v_3 = u_3 - proj_{v_1} u_3 - proj_{v_2} u_3 = u_3 - \dfrac{< u_3, v_1 >}{\| v_1 \|^2} v_1 - \dfrac{< u_3, v_2 >}{\| v_2 \|^2} v_2$

등으로 차례로 진행한다. □

W를 벡터공간 V의 부분공간(subspace)이라하고 $\{g_1, g_2, \cdots, g_r\}$을 W의 단위직교기저(orthonormal basis)[44]라 하자. $f \in V$에 대하여 W에 속한 벡터로서 벡터 f에 가장 가까운 벡터 $g \in W$는 각 기저의 정사영

$$proj_{g_i} f = \frac{< f, g_i >}{\| g_i \|^2} g_i \quad (\text{여기서 } \| g_i \| = 1)$$

의 합

$$g = proj_W f = < f, g_1 > g_1 + < f, g_2 > g_2 + \cdots + < f, g_r > g_r \qquad (18-1)$$

로 결정된다(참고문헌 #43(317쪽)).

이를 그림으로 그리면 다음과 같다.

---

43) H. Anton, Elementary linear algebra, 8e, John Wiley ε Sons, 2000, 303-305쪽 참고

44) $g_1, g_2, \cdots, g_r$ 은 W의 기저(생성하고 선형적으로 독립)이고, 각 i에 대하여 $\| g_i \| = 1$이고 $i \neq j$ 이면 $< g_i, g_j \geq 0$ 이다.

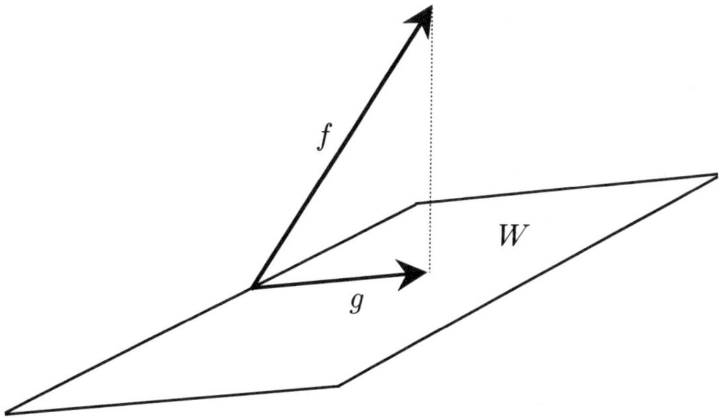

위 그림을 해석하면 연속함수로 이루어진(또는 생성된) r-차원 $\mathbb{R}$-벡터공간 W는 우리가 매우 잘 알고 있는 세계이다. 한편, 우리가 잘 모르는(또는 너무 복잡하거나 불연속함수처럼 문제를 안고 있는) 함수 f가 있을 때, "가깝다", "멀다"의 거리 개념의 입장에서 f와 제일 가까운 함수를 벡터공간 W에서 구하여 이를 함수 f 대신 사용하겠다는 것이다. 실제 예를 들어보자.

폐구간 $[-1,1]$에서 연속인 모든 함수를 $C[-1,1]$로 표시하자. 한편, $f, g \in C[-1,1]$에 대하여

$$<f\,,\,g> = \int_{-1}^{1} f(x)g(x)\,dx$$

는 정의 17.1을 만족하므로 내적이다. 특히, $\{1,\ x,\ x^2\}$로 생성된 $C[-1,1]$의 삼차원 부분공간을 P_2라 하자.

(20.8)에서 엄밀하게 정의할 지수함수 e^x를 이차다항식으로 접근해 보자. 독자들이 (20.8)에서 느끼겠지만 지수함수 e^x는 정의하기가 매우 어려운 함수이다. 따라서 다음 예와 같은 방법으로 지수함수를 이해하는 것이다.

(18.2) EXAMPLE. 지수함수 $e^x \in C[-1,1]$를 이차다항함수로 접근해 보자.

(풀이) 먼저 $\{1,\ x,\ x^2\}$을 생성원으로 하는 $C[-1,1]$의 삼차원 부분공간

$$P_2 = \{a + bx + cx^2 \mid a, b, c \in \mathbb{R}\}$$

와 $C[-1,1]$에서 정의된 내적

$$< f, g > = \int_{-1}^{1} f(x)\, g(x)\, dx$$

에 대하여 Gram-Schmidt 방법(18.1)을 이용하여 P_2의 직교기저 (orthogonal basis)를 구해보자. 먼저,

$$v_1 = 1$$

으로 시작하면

$$v_2 = x - \frac{\int_{-1}^{1} x\, dx}{\int_{-1}^{1} dx} 1 = x \ ,$$

$$v_3 = x^2 - \frac{\int_{-1}^{1} x^2\, dx}{\int_{-1}^{1} dx} 1 - \frac{\int_{-1}^{1} x^3\, dx}{\int_{-1}^{1} x^2\, dx} x = x^2 - \frac{1}{3}$$

을 얻는다. 직교기저 $\left\{1, x, x^2 - \frac{1}{3}\right\}$을 각 길이가 1인 단위직교기저 (orthonormal basis)로 만들면

$$\left\{\frac{1}{\sqrt{2}}, \sqrt{\frac{3}{2}}\, x, \frac{3}{2}\sqrt{\frac{5}{2}}\,(x^2 - \frac{1}{3})\right\} \qquad (18-2)$$

이고, 그러므로

$$< e^x, \frac{1}{\sqrt{2}} > = \int_{-1}^{1} e^x \frac{1}{\sqrt{2}} dx = \frac{1}{\sqrt{2}}(e - e^{-1})$$

$$< e^x, \sqrt{\frac{3}{2}}\, x > = \int_{-1}^{1} e^x \sqrt{\frac{3}{2}}\, x\, dx = \sqrt{6}\, e^{-1}$$

$$< e^x, \frac{1}{2}\sqrt{\frac{5}{2}}\,(3x^2 - 1) > = \int_{-1}^{1} e^x \frac{1}{2}\sqrt{\frac{5}{2}}\,(3x^2 - 1) dx = \sqrt{\frac{5}{2}}\,(e - 7e^{-1})$$

이고, 벡터 e^x 는 P_2의 원소가 아니며 식(18-1), 식(18-2)로부터 벡터

$$(\frac{33}{4}e^{-1} - \frac{3}{4}e) + 3e^{-1}x + \frac{15}{4}(e - 7e^{-1})x^2$$

는 이차다항식으로 e^x 와 가장 가까운 벡터이다. □

이 두 그래프를 Maple을 이용하여 가까운 정도를 눈으로 확인하자.

```
> f(x):=exp(x);
        f(x) := exp(x)
>g(x):=(33/4*exp(-1)-3/4*exp(1))+3*exp(-1)*x+15/4*(exp(1)
        -7*exp(-1))*x^2;
```

g(x):= 33/4exp(−1)−3/4exp(1)+ 3exp(−1) x + 15/4(exp(1)−7exp(−1))x^2

```
> plot({f(x),g(x)},x=-1..1);
```

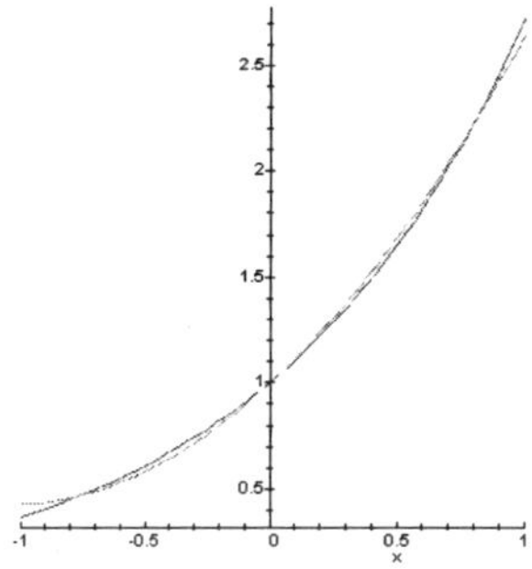

(18.3) EXERCISE. 같은 방법으로 $P_1 = \{a+bx \mid a, b \in \mathbb{R}\}$을 {1, x} 를 기저(basis)로 하는 $C[-1,1]$의 이차원 부분공간이다. 벡터 e^x에 가장 가까운 벡터를 구하여 보자.

(18.4) EXAMPLE. 주기가 2π인 함수 $f(x) = x$ 로 만들어지는 톱니함수(sawtooth function)를 삼각함수로 접근하여 보자.

(풀이) 구간 $[0, 2\pi]$에서 연속인 모든 함수들을 $C[0, 2\pi]$라 하고 벡터 $f(x) = x$ 가

$$\{1, \sin x, \ldots, \sin 4x, \cos x, \ldots, \cos 4x\}$$

으로 생성된 $C[0, 2\pi]$의 9차원 부분공간에 가장 가까운 벡터 $g(x)$를 구해보자. 기저

$$\{1, \sin x, \ldots, \sin 4x, \cos x, \ldots, \cos 4x\}$$

는 행복하게도 직교기저이다. 그 이유는 독자들이 현행 『비분과 적분』에

서 지도하는 정적분

$$< \cos mx, \cos nx > = \int_0^{2\pi} \cos mx \cos nx \, dx = 0 \quad (n \neq m),$$

$$< \sin mx, \sin nx > = \int_0^{2\pi} \sin mx \sin nx \, dx = 0 \quad (n \neq m),$$

$$< \cos mx, \sin nx > = \int_0^{2\pi} \cos mx \sin nx \, dx = 0$$

에서 찾을 수 있다. 단위직교기저(orthonormal basis)로 바꾸면

$$\{ \frac{1}{\sqrt{2\pi}}, \frac{1}{\sqrt{\pi}} sinx, \cdots, \frac{1}{\sqrt{\pi}} sin\,4x, \ \frac{1}{\sqrt{\pi}} cos\,x, \ \cdots, \frac{1}{\sqrt{\pi}} cos\,4x \ \} \qquad (18-3)$$

이고, 한편 $k = 1, 2, 3, 4$ 에 대하여

$$\int_0^{2\pi} x \sin kx \ dx = -\frac{2\pi}{k}, \ \int_0^{2\pi} x \cos kx \ dx = 0$$

이므로 식 (18-1)과 식 (18-3)으로부터

$$g(x) := \pi - 2(\sin x + \frac{\sin 2x}{2} + \frac{\sin 3x}{3} + \frac{\sin 4x}{4})(\text{Fourier series of } g(x))$$

이다. 이 과정은 주기가 2π인 주기함수 $f(x) = x$ 를 sine과 cosine으로 이루어진 주기함수 $g(x)$로 근사하는 것이다. □

두 그래프를 비교해보자.

```
> with(plots):
> P_1:=plot(2*Pi+x,x=-2*Pi..0):
> P_2:=plot(x,x=0..2*Pi):
> P_3:=plot(-2*Pi + x, x=2*Pi..4*Pi):
> P_4:=plot(Pi-2*(sin(x)+1/2*sin(2*x)+1/3*sin(3*x)+1/4*sin(4*x)),
        x=-2*Pi..4*Pi):
> display({P_1,P_2,P_3,P_4});
```

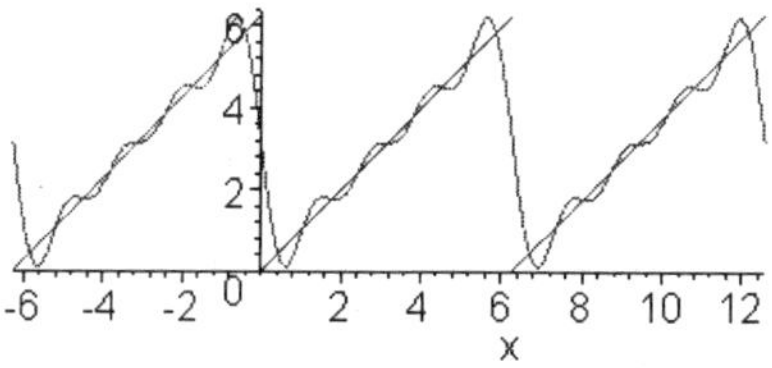

(18.2), (18.3)은 우리가 대하는 함수란 일, 이차 정도의 다항함수, 그리고 일반적인 주기함수는 삼각함수임을 뜻한다. 특히 우리가 정적분을 할 수 있는 함수의 대상은 기껏해야 일, 이차다항함수 정도이다((23.7) 참고).

우리는 (18.2), (18.4)에서 적분(부분적분법)

(1) $\int x\, e^x\, dx,\ \int x^2\, e^x\, dx$

(2) $\int x \sin x\, dx,\ \int x \cos x\, dx$

(3) $\int \sin x \sin 2x\, dx\ ,\ \int \cos 2x \sin 2x\, dx$

를 구하였다. 우리가 알아 본데로 벡터공간의 내적을 기반으로 하여 (1)은 지수함수 e^x를 이차다항식으로 근사(approximation)하는데 필요한 계산이며 (2)와 (3)은 불연속인 주기함수를 연속인 주기함수 sine, cosine 함수로 근사하는데 필요한 계산이다. 이와 같이 적분에는 그 의미가 있다. 현행 교과서 「미분과 적분」은 기교(치환, 삼각함수의 여러 가지 공식, 부분분수, 부분적분법 등)를 통하여 적분을 구하고 있다. 독자들은 교과서에 있는 적분 형태의 의미를 모두 알아보기 바란다. 다음 형태의 적분을 왜하는지 그 의미를 제6장 §23절에서 자세히 알아보았다.

(4) $\dfrac{f'(x)}{f(x)}$꼴의 적분법

(5) 부분분수법: $\int \dfrac{1}{x(1-x)}\, dx$

(6) 부분적분법 2: $\int e^{-x} x^2\, dx,\ \int (\log(x))^2\, dx,\ \int e^x \sin x\, dx$

(7) 치환적분법 : $\int \dfrac{1}{1+x^2}\, dx$

§19. 선형변환

개정교육과정에서 다루게 될 선형변환의 의미를 살펴보자. 평면에서 평면으로 가는 선형변환은 크기가 2×2인 행렬이며 원점을 원점으로, 그리고 정사각형을 평행사변형으로 보내는 함수이다. 따라서 면적의 변화를 생각해 볼 수 있다.

(19.1) DEFINITION. $\mathbb{R}$−벡터공간 V, W에 대하여 두 조건

(1) $f(\boldsymbol{u}+\boldsymbol{v})=f(\boldsymbol{u})+f(\boldsymbol{v})$

(2) $f(k\boldsymbol{u})=k\,f(\boldsymbol{u})$

를 만족하는 함수 $f: V\rightarrow W$를 선형변환(또는 일차변환, linear transformation)이라 부른다.

위 정의가 얼마나 자연스러운 것인가를 확인해보자. 먼저 평면(이차원 $\mathbb{R}$−벡터공간 $\mathbb{R}^2$)에서의 원소(벡터)를 순서쌍 (x,y)로 표시해왔다. 잠시 편리성을 위하여 순서쌍 (x,y)를 $\begin{bmatrix} x \\ y \end{bmatrix}$로 표시하자. 즉, 순서쌍을 크기가 2×1인 행렬로 보자. 이 때 임의의 2×2 행렬 $\begin{bmatrix} a & b \\ c & d \end{bmatrix}$에 대하여 다음이 성립함을 쉽게 보일 수 있다.

(19.2) EXERCISE. 행렬의 곱셈과 덧셈을 이용하여 다음을 보여 보자.

(1) $\begin{bmatrix} a\,b \\ c\,d \end{bmatrix}\left(\begin{bmatrix} x_1 \\ y_1 \end{bmatrix}+\begin{bmatrix} x_2 \\ y_2 \end{bmatrix}\right)=\begin{bmatrix} a\,b \\ c\,d \end{bmatrix}\begin{bmatrix} x_1 \\ y_1 \end{bmatrix}+\begin{bmatrix} a\,b \\ c\,d \end{bmatrix}\begin{bmatrix} x_2 \\ y_2 \end{bmatrix}$

(2) $\begin{bmatrix} a\,b \\ c\,d \end{bmatrix}\left(k\begin{bmatrix} x \\ y \end{bmatrix}\right)=k\begin{bmatrix} a\,b \\ c\,d \end{bmatrix}\left(\begin{bmatrix} x_1 \\ y_1 \end{bmatrix}\right)$

따라서 행렬 $\begin{bmatrix} a & b \\ c & d \end{bmatrix}$이 평면(이차원 $\mathbb{R}$−벡터공간 $\mathbb{R}^2$)에서 평면으로 가는 선형변환임을 말해주고 있다. 일반적으로 선형대수는 행렬에 대한 연구이며, 행렬은 물리적 현상, 회로, 격자구조, 실험값, Alphabet 변환 등으로부터 얻어진다. n차원 $\mathbb{R}$−벡터공간이란

$$\mathbb{R}^n = \mathbb{R} \times \mathbb{R} \times \cdots \times \mathbb{R}$$

이며, n차원 실수-벡터공간 $\mathbb{R}^n$에서 m차원 실수-벡터공간 $\mathbb{R}^m$으로의 모든 선형변환은 본질적으로 실수 상에서 모든 $m \times n$ 행렬로 표현된다.

주어진 행렬은 선형변환임을 알았다. 역으로 선형변환 $T: \mathbb{R}^2 \to \mathbb{R}^2$이 행렬임을 다음 정리에서 확인해 보자.

(19.3) THEOREM. 선형변환 $T: \mathbb{R}^2 \to \mathbb{R}^2$은 크기가 2×2인 행렬이다.

(증명) 선형변환 $T: \mathbb{R}^2 \to \mathbb{R}^2$에 대하여

$$T\begin{bmatrix}1\\0\end{bmatrix} = \begin{bmatrix}p\\q\end{bmatrix},\ T\begin{bmatrix}0\\1\end{bmatrix} = \begin{bmatrix}r\\s\end{bmatrix}$$

라 하면 임의의 $\begin{bmatrix}x\\y\end{bmatrix}$에 대하여

$$\begin{aligned}
T\left(\begin{bmatrix}x\\y\end{bmatrix}\right) &= T\left(\begin{bmatrix}x\\0\end{bmatrix} + \begin{bmatrix}0\\y\end{bmatrix}\right) = T\left(x\begin{bmatrix}1\\0\end{bmatrix} + y\begin{bmatrix}0\\1\end{bmatrix}\right) \\
&= x\,T\left(\begin{bmatrix}1\\0\end{bmatrix}\right) + y\,T\left(\begin{bmatrix}0\\1\end{bmatrix}\right) = x\begin{bmatrix}p\\q\end{bmatrix} + y\begin{bmatrix}r\\s\end{bmatrix} \\
&= \begin{bmatrix}x\,p\\x\,q\end{bmatrix} + \begin{bmatrix}y\ r\\y\ s\end{bmatrix} = \begin{bmatrix}xp+yr\\xq+ys\end{bmatrix}
\end{aligned}$$

한편,

$$\begin{bmatrix}p\ r\\q\ s\end{bmatrix}\begin{bmatrix}x\\y\end{bmatrix} = \begin{bmatrix}px+ry\\qx+sy\end{bmatrix}$$

이므로 기저 $\left\{\begin{bmatrix}1\\0\end{bmatrix}, \begin{bmatrix}0\\1\end{bmatrix}\right\}$에서 $T\begin{bmatrix}1\\0\end{bmatrix} = \begin{bmatrix}p\\q\end{bmatrix}$, $T\begin{bmatrix}0\\1\end{bmatrix} = \begin{bmatrix}r\\s\end{bmatrix}$를 이용한 행렬$\begin{bmatrix}p & r\\q & s\end{bmatrix}$과 비교하면

$$\begin{bmatrix}p\ r\\q\ s\end{bmatrix}\begin{bmatrix}x\\y\end{bmatrix} = \begin{bmatrix}px+ry\\qx+sy\end{bmatrix},\quad T\left(\begin{bmatrix}x\\y\end{bmatrix}\right) = \begin{bmatrix}xp+yr\\xq+ys\end{bmatrix}$$

이다. 따라서 선형변환 $T: \mathbb{R}^2 \to \mathbb{R}^2$는 행렬 $\begin{bmatrix}p & r\\q & s\end{bmatrix}$이다. □

(19.4) QUESTION. 선형변환 $T: \mathbb{R}^2 \to \mathbb{R}^2$는

(1) 정의역에 있는 직선을 무엇으로 보낼까?

(2) 정사각형을 무엇으로 보낼까? 예를 들어

$$T\begin{bmatrix}x\\y\end{bmatrix}=\begin{bmatrix}\frac{1}{\sqrt{2}} & \frac{1}{\sqrt{2}}\\ -\frac{1}{\sqrt{2}} & \frac{1}{\sqrt{2}}\end{bmatrix}\begin{bmatrix}x\\y\end{bmatrix}=\begin{bmatrix}u\\v\end{bmatrix}$$ 에서 네 점 $(0,0),(0,1),(1,0),(1,1)$으로 이루어 정사각형은 어디로 갈까?((22.6) 참고)

(3) 선형변환은 정의역에 원을 무엇으로 보낼까?((22.4) 참고)
다음에서는 선형변환의 합성(함수)을 다루어 보자.

(19.5) IN YOUR OWN WORDS. 다음 (1), (2), (3) 내용을 바탕으로 통합적 글쓰기를 지도해 보자.

(1)세 행렬 A, B, C가 다음과 같이 주어져 있다.

$$A=\frac{1}{2}\begin{pmatrix}1 & 0\\0 & 1\end{pmatrix}\begin{pmatrix}x\\y\end{pmatrix},\ B=\frac{1}{2}\begin{pmatrix}1 & 0\\0 & 1\end{pmatrix}\begin{pmatrix}x\\y\end{pmatrix}+\frac{1}{2}\begin{pmatrix}1\\0\end{pmatrix},C=\frac{1}{2}\begin{pmatrix}1 & 0\\0 & 1\end{pmatrix}\begin{pmatrix}x\\y\end{pmatrix}+\frac{1}{2}\begin{pmatrix}0\\1\end{pmatrix}$$

이들을 해석해보면 선형변환 $\frac{1}{2}\begin{pmatrix}1 & 0\\0 & 1\end{pmatrix}$은 주어진 도형을 반으로 줄이고 $B=\frac{1}{2}\begin{pmatrix}1 & 0\\0 & 1\end{pmatrix}\begin{pmatrix}x\\y\end{pmatrix}+\frac{1}{2}\begin{pmatrix}1\\0\end{pmatrix}$는 반으로 줄인 도형을 x축으로 1/2만큼 평행이동한다. $C=\frac{1}{2}\begin{pmatrix}1 & 0\\0 & 1\end{pmatrix}\begin{pmatrix}x\\y\end{pmatrix}+\frac{1}{2}\begin{pmatrix}0\\1\end{pmatrix}$는 y축으로 평행이동하는 것을 보여준다. 다음 그림을 해석해 보자.

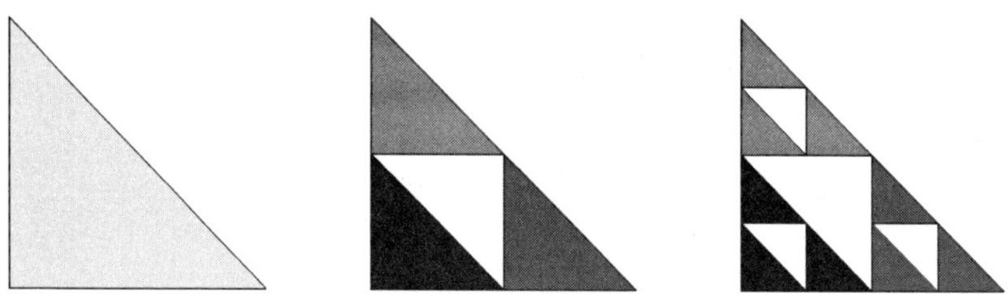

수열로 보면 면적은 0으로 수렴하고 도형의 둘레는 무한대로 발산한다.

(2) 생명체는 살아 있는 한 에너지 대사를 유지한다. 이것은 표피를 통하여 이루어지므로 생명에 있어서 가장 중요한 것은 표면적의 확보라고 할 수 있다. 일정한 부피 안에서 최대의 면적을 확보하는 방법을 자기닮음도형에서 찾아볼 수 있다. 논제에서 구한 도형은 넓이는 0으로 가면서 둘레의 길이는 무한으로 커지는 도형이다. 이것을 3차원으로 확장하면 부피는 0으로 가면서 겉넓이는 무한으로 커지는 도형을 만들 수 있고 바로 이것이 생물체의 몸 안에 몸의 크기에 비해 엄청난 표면적이 구현되어 있는 원리이다. 폐포의 구조, 혈관의 구조, 소화 기관의 구조 등 몸의 내부라고 흔히 생각하는 호흡기관, 순환기관, 소화기관 등은 사실상 몸 안쪽에 들어가 있는 표피이며, 프랙털의 원리로 확보한 표면적으로 인해 생명체의 생명이 유지되고 있는 것이다.

(3) '물질 1g' 속에 축구장만한 공간이 [중앙일보] 화학연, 수퍼 세공체 개발 :
물질 1g 내부의 공간이 축구장 넓이 80%에 달하는 신물질이 국내 연구진에 의해 개발됐다. 한국화학연구원 신화학연구단 장종산·황영규 박사팀은 이런 수퍼 세공체를 개발했다고 29일 발표했다. 연구 결과는 세계적 화학 잡지인 앙게반테 케미 국제판 5월호에 표지 논문으로 실렸다. 이 소재는 지구온난화의 주범인 이산화탄소 흡착 소재, 에너지 절약형 차세대 수분 흡탈착 제어 소재, 정밀화학용 촉매 등으로 광범위하게 사용 가능하다. 이번에 개발한 나노 세공체는 값싸고 손쉽게 구할 수 있는 유기아민 화합물을 이용한 것이다. 연구팀은 결정체 안에 극미세 구멍이 수없이 많이 만들어지도록 하는 기술도 함께 개발했다. 이에 따라 나노 세공체 1g의 표면적이 축구장 넓이의 80% 수준과 맞먹는 넓이와 구조 유연성을 가져 이산화탄소의 흡착량이 세계 최고 수준이다. 또한 100도 이하에서 다량의 표면 탈수가 가능해 산업용·가정용 제습기, 건조기 등의 기존 상업용 수분 흡착제보다 에너지 효율이 1.8배 이상, 흡착량은 4배 이상의 효율을 보이는 것으로 확인됐다. (박방주 과학전문기자)

(19.6) LETTER OF RECOMMENDATION. 현행 교과서 「미분과 적분」에 있는 모든 적분형태의 의미를 한 학기 동안 방과후에 학생을 지도해보

자. 이 때, 교수·학습내용을

(1) 학생들의 포트폴리오 작성과 자료축적을 어떻게 지도할 것인가?

(2) 생활기록부에 학생의 노력과 학습발달을 어떻게 기록할 것인가?

(3) 상위학교 진학을 위한 추천서 작성 시 방과후 활동 내용을 어떻게 추천서에 언급할 것인가?

를 염두에 두고 학생을 지도하여 보자.

한편, 「수학Ⅱ」의 핵심 내용인 "구분구적법"이 다양한 분야에서 어떻게 쓰이고 있는지를 주제로 하는 것도 매우 의미 있다고 본다(제6장 참고).

Chapter V 행렬

본 장에서는 행렬 $Mat_{2\times 2}(\mathbb{R})$을 복소수의 일반화로 소개하였다. 수학I(7차)에서 행렬은 연립일차방정식의 풀이를 간단히 하기 위하여 도입한 도구이다. 우리는 역행렬을 구하여 방정식을 푸는 것보다는 그냥 연립방정식을 푸는 것이 훨씬 경제적(?)이라는 것을 알고 있으나 대학에서 본 것처럼 연립(미분)방정식의 미지수의 개수가 4정도만 되어도 행렬의 기법(예를 들면 블록 대각화)없이 풀기란 불가능하다. 개정교육과정에서 바라보는 행렬은 다음과 같다.

- 행렬은 수량을 직사각형으로 나타내는 것이다.
- 크기가 2×2를 주로 다루며 특히 역행렬은 2×2만 다룬다.
- 역행렬은 수체계(ring with identity)에서 단원이 되는 대상이고 이를 연립방정식 풀이에 사용한다.
- 기존 수체계(ring with identity)와 달리 영인자를 갖으며 곱에 관한 교환법칙이 성립하지 않는다.
- 그래프를 행렬로 나타내고 행렬과 그래프의 관계를 이해한다.
- 일차변환과 행렬사이의 관계를 안다.
- 일차변환의 역변환을 나타내는 행렬을 구할 수 있고, 이를 활용할 수 있다.

§20. 복소수의 필요성

교육과정이 개편되면서 중등교육과정에서 복소수를 다루는 범위도 달라졌다. 6차 교육과정에서는 공통수학에서 복소수의 기본성질, 『수학 II』 에서는 복소평면, 복소수의 극형식, 드 무아브르의 식을 다루었다. 특히 수학 II』 에서는 삼각함수와 같은 단원에 위치하였는데, 그 이유는 복소수를 극형식으로 나타내어 곱을 시행할 때 사인과 코사인의 덧셈정리를 사용하기 때문이다. 제7차 교육과정에서는 『10-가』의 수와 연산 단원에서 복소수의 뜻, 연산, 기본성질을, 문자와 식 단원에서 이차방정식의 판별식에서 복소수를 다룬다. 『10-나』에서는 원과 직선의 위치관계, 이차함수의 그래프와 직선의 위치관계에서 복소수를 응용하게 된다. 방정식의 실근은 방정식을 함수로 보아 수직선 위에 근을 표시할 수 있고 이로부터 부등식의 해를 쉽게 구할 수 있다. 그러나 복소근의 표시는 다루지 않는다. 한편, 개정교육과정에서는 7차와 같이 10학년 『수학』에서 같은 내용을 다루고 있다.

16세기에 많은 수학자들이 방정식의 해를 구하는데 매진하였다. 대표적인 예가 Cardano의 삼차방정식 $x^3+ax^2+bx+c=0$이다. 이를 $x=y-(a/3)$로 치환하면 $y^3+py+q=0$이고, 또 $y=u-(p/3u)$로 다시 치환하면 $u^6+qu^3-(p^3/27)=0$ 이고 이차방정식 해법에 의하여

$$u^3=\frac{1}{2}\left(-q\pm\sqrt{q^2+(4p^3/27)}\right)$$

를 얻는다. 한편, $p^3/27u^3=u^3+q$ 이므로 삼차방정식의 해

$$y=\sqrt[3]{\frac{-q\pm\sqrt{q^2+(4p^3/27)}}{2}}-\sqrt[3]{\frac{q\pm\sqrt{q^2+(4p^3/27)}}{2}}$$

를 얻는다. Rafael Bombelli(1526-1572)는 이 식을 $y^3-15y-4=0$을 구하는데 사용하였다. 공식을 이용하면

$$y=\sqrt[3]{2+\sqrt{-121}}-\sqrt[3]{-2+\sqrt{-121}}$$

이다. 물론 이 식을 간단히 하면 $y=4$이다.

Bombelli는 어떻게

$$\sqrt[3]{2+\sqrt{-121}}-\sqrt[3]{-2+\sqrt{-121}}=4$$

를 계산했을까? 여러 형태를 시도하다 $2+\sqrt{-1}$을 세 번 거듭 곱하고 $\sqrt{-1}$의 제곱은 -1로 계산하여 $-2+\sqrt{-121}$의 세 제곱근이 $-2+\sqrt{-1}$임을 구하였다. 이로부터

$$(2+\sqrt{-1})-(-2+\sqrt{-1})=4$$

이다. 요점은 Bombelli는 Cardano의 식에서 "4"를 구하는데 $\sqrt{-1}$ 등의 대수적 전개가 필요했으며 이는 복소수를 자연스럽게 받아드리는 동기가 되었다[45]. 독자들은 사차방정식 풀이를 알아보기 바라며 다음에서 오차방정식의 근의 공식에 대하여 알아보자. 특히, 「오차방정식의 근의 공식은 존재하지 않는다」는 표현을 교실에서 사용하곤 하는데 이에 대한 명확한 이론을 인지하기 바란다.

(20.1) REMARK. 오차방정식은 근을 구할 수 있는 근의 공식은 존재한다. 다만, 방정식에 대한 근은 사칙 연산과 거듭제곱근 $\sqrt{\ }, \sqrt[3]{\ }, \sqrt[4]{\ }, \sqrt[5]{\ }$, ... 등만을 유한 번 사용한 형태로는 표현할 수 없고 다른 형태를 이용해야 표현할 수 있다. 이를 증명(Abel, Galois, Ruffine)하는 것은 대수학에서 대학원 과정의 체이론(구체적으로 Galois group, spillting filed, radical extension)과 군이론(구체적으로 solvable group)이 필요하다. 구체적인 이론상의 정의는 「John B. Fraleigh, A first course in abstract algebra, 7th. ed.(section 56)」 또는 「Thomas W. Hungerford, Algebra(p. 302~307)」를 참고하기 바란다.

다음에서 $x^5-6x+3=0$ 을 예로 들어 알아보자(T. W. Hungerford).

(20.1) EXAMPLE. 유리계수다항식 $f(x)=x^5-6x+3 \in \mathbb{Q}[x]$에 대하여

(1) $f(x)$의 모든 근들을 유리수체 $\mathbb{Q}$ 에 첨가한 체를 E 라 하자.

(2) E 에서 E 로의 동형사상(isomorphism) ρ들 중에서 $\rho(q)=q$로 모든 유리수를 고정하는 함수들만 모아놓자. 이 때, 연산은 함수의 합성이다. 이 군을 갈로아군이라 하고 $Gal_{\mathbb{Q}} E$ 로 표시한다.

(3) 이 때, 군 $Gal_{\mathbb{Q}} E$는 집합 $\{1, 2, 3, 4, 5\}$ 에서 $\{1, 2, 3, 4, 5\}$ 에로 정의된 일대일 함수모임(연산은 함수의 합성)이다. 이를 S_5로 표시한다.

(4) $x^5-6x+3=0$ 의 근이 거듭제곱근 $\sqrt{\ }, \sqrt[3]{\ }, \sqrt[4]{\ }, \sqrt[5]{\ }$, ... 만을 유한번 사용한 형태려면 군 S_5가 solvable군이 되어야 한다. 그러나 S_5는

45) Viet Ngo and Saleem Watson, Who cares if $x^2+1=0$ has a solution?, The Coll. Math. J., 29(2), 141-144(1998).

solvable 군이 아니다. 여기서 유한군 G가 각 G_i/G_{i+1} $(i=0,1,...,n-1)$가 순환(cycle)이 되는 부분군의 열

$$1=G_n \leqq G_{n-1} \leqq \cdots \leqq G_0=G$$

을 가질 때, solvable군이라 부른다.

(5) 따라서 방정식 $x^5-6x+3=0$의 근은 거듭제곱근 $\sqrt{\ }, \sqrt[3]{\ }, \sqrt[4]{\ }, \sqrt[5]{\ }, \ldots$ 등만을 유한 번 사용한 형태로는 표현할 수 없다. □

또 다른 예로 $2x^5-5x^4+5$에 대한 전개는 J. B. Fraleigh 책 475쪽을 참고해 보자.

다음을 참고하여 복소근을 갖는 이차함수를 지도하여 보자.

(20.2) IN YOUR OWN WORDS. 이차함수의 일반형 $y=a(x-b)^2+c$ $(a>0)$이 복소근을 가질 때 두 복소근 $x=b\pm i\sqrt{\frac{c}{a}}$을 다음과 같이 직교좌표에 표시하자.

(1) 함수 $y=a(x-b)^2+c$의 그래프를 꼭지점에서 x축에 수평으로 만든 직선 $y=c\,y=c$에 대칭시킨다.

(2) 대칭이동한 후 그래프의 식은 $y=-a(x-b)^2+c$이다. 이 그래프와 x축과의 교점은 $-a(x-b)^2+c=0$으로부터 $x=b+\sqrt{\frac{c}{a}}$, $x=b-\sqrt{\frac{c}{a}}$이다.

(3) x축 상의 두 점 $(b+\sqrt{\frac{c}{a}},0)$, $(b-\sqrt{\frac{c}{a}},0)$을 90° 회전하면 복소근 $b\pm i\sqrt{\frac{c}{a}}$이 표시된다.

이를 그림으로 그리면 다음과 같다(Shaun Pieper, 1997).

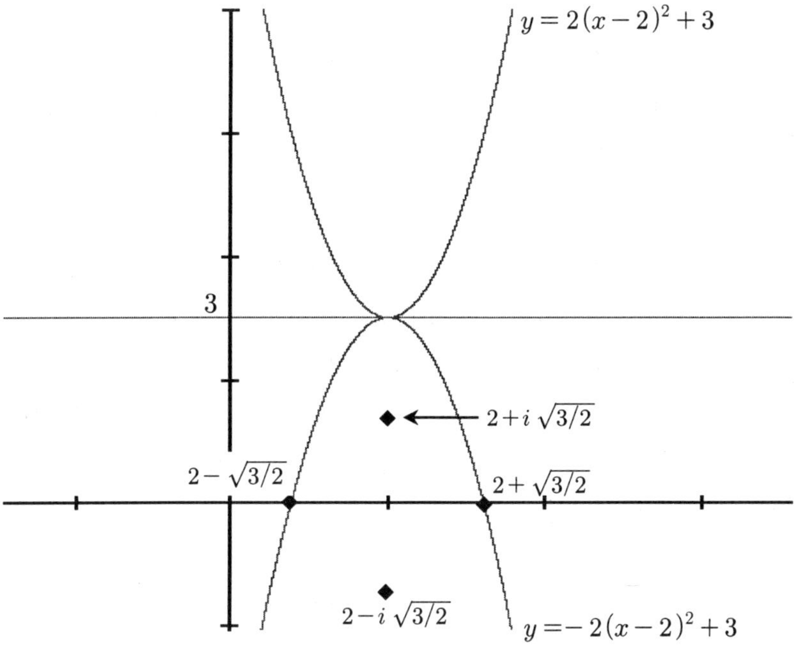

다음에서 복소수의 필요성에 대하여 계속 알아보자.

(20.3) EFFICIENCY. 함수 선택의 수월성

(설명) 실변수 지수함수 e^x를 복소지수함수 $f(z)$로 확장하는 기본적인 출발점은

$$f(x+i0)=e^x$$

이고 복소미분에서 $f'(z)=f(z)$, $z=x+iy$이다. 따라서

$$f(z)=u(x,y)+iv(x,y)$$

에서 복소미분법[46)]

$$f'(z)=u_x(x,y)+iv_x(x,y)=-iu_y(x,y)+v_y(x,y)$$

를 감안하면

---

46) J. Brown and R. Churchill, Complex variables and applications, 6th. ed., McGraw-Hill, New York, 1996(43-54쪽).
$f'(z_0)=\lim_{\Delta z\to 0}\dfrac{f(z_0+\Delta z)-f(z_0)}{\Delta z}$, Cauchy-Riemann equations: $u_x=v_y$, $u_y=-v_x$ 참고

$$f(z) = e^x(\cos y + i\sin y)$$

로 정의할 수 있다. 이때, 이를 e^x 또는 $\exp(z)$로 나타내자. 따라서 임의의 복소수 $z=x+iy$에 대하여 $e^z = e^x(\cos y + i\sin y)$로 정의된다. 특히, 실수부분이 없는 복소수 $z = i\theta$ 에 대하여

$$e^{i\theta} = \cos\theta + i\sin\theta \qquad \text{(Euler's formula)}$$

이고 이를 오일러 식이라 부르며 $z = e^{i\theta} = \cos\theta + i\sin\theta$ 일 때,

$$(\cos\theta + i\sin\theta)^n = \cos n\theta + i\sin n\theta \qquad (n=0, \pm1, \pm2, \ldots) \qquad (20-1)$$

을 드 무아브르의 식(de Moivre's formula)이라 부른다. 제6차 교육과정에서 드 무아브르의 식의 증명은 수학적 귀납법과 복소수 유리화에 가치를 두고 있다. 후자는 복소수 i가 무리수 $\sqrt{2}$ 처럼 대수적 수(algebraic number)이기 때문이다(정의(3.5) 참고).

실변수 세계에서 삼각함수와 지수함수는 완전히 성격이 다르다. 전자는 진동이나 주기적인 움직임과 관계가 있고 후자는 개체수의 증감과 관계가 있다. 그러나 복소지수함수로 오면 오일러식

$$e^{i\theta} = \cos\theta + i\sin\theta$$

에서

$$e^{-i\theta} = \cos\theta - i\sin\theta$$

이므로

$$\cos\theta = \frac{e^{i\theta} + e^{-i\theta}}{2}, \quad \sin\theta = \frac{e^{i\theta} - e^{-i\theta}}{2i}$$

이 되어 실변수 삼각함수는 복소지수함수의 특별한 형태가 된다. 환언하면 복소벡터공간($\mathbb{C}$-vector space)에서는 복소지수함수 $e^{i\theta}$와 $e^{-i\theta}$에 의하여 $\sin\theta$ 와 $\cos\theta$ 가 생성된다. 따라서 우리 눈앞에 일어나는 어떤 현상을 표현하는 함수가 다항함수가 아니라는 확신이 있으면 그 현상을 복소지수함수로 접근하면 된다. 대학과정(미분방정식)에서 공기저항을 무시한 용수철의 상하운동에서 만들어지는 미분방정식 $y'' + y = 0$(추의 질량 $m=1$, 용수철상수 $k=1$)의 풀이에서 공식처럼 $y(t) = e^{\lambda t}$ 를 방정식에 대입한 것은 바로 이 때문이다. 이 방정식을 풀면

$$\lambda^2 e^{\lambda t} + e^{\lambda t} = 0 \quad \text{또는} \quad (\lambda^2 + 1)e^{\lambda t} = 0$$

에서 $\lambda = \pm i$를 얻는다. 그러므로 미분방정식 $y'' + y = 0$을 만족하는 함수는 $y_1 = e^{it}$, $y_2 = e^{-it}$이다. 이 두 함수는 앞에서 알아본 바와 같이 복소벡터공간에서 실변수 삼각함수 $\sin t$와 $\cos t$를 만들어 내므로 일반해

$$y(t) = a \sin t + b \cos t \quad (a, b \in \mathbb{R})$$

를 구할 수 있다. □

(20.4) EFFICIENCY. 미적분의 수월성

(설명) RLC–회로에서 외부기전력(external force)이 $E_0 \sin \omega t$ 로 주어진 경우 즉, 미분방정식

$$LI'' + RI' + \frac{1}{C} I = E_0 w \cos \omega t \qquad (20-2)$$

에서 특이해(particular solution) I_p는 $I_p = K_1 a \cos wt + K_2 \sin wt$ 로 두 상수 K_1, K_2 를 결정해야 한다. 이제 미분방정식을 복소수 범위로 옮겨가면

$$LI'' + RI' + \frac{1}{C} I = E_0 w \, e^{iwt}$$

이고 이때, 특이해는 $I_p = Ke^{iwt}$로 상수 K 하나만을 결정하기만 하면 된다. 실제로

$$\left(-w^2 L + i wR + \frac{1}{C}\right) K e^{iwt} = E_0 w \, e^{iwt}$$

이고 따라서

$$K = \frac{E_0}{-\left(wL - \frac{1}{wC}\right) + iR}$$

를 손쉽게 구할 수 있다. 적분의 경우를 예로 들어 보자(연습문제 (23.5) 참고).

$$\int e^x \sin(x) \, dx \qquad (20-3)$$

와 같은 꼴의 적분은 번거롭게도 부분적분법(integration by part)을 두 번 사용하여 그 결과를 얻을 수 있다. 그러나 복소지수함수를 이용하면

$$\int e^x e^{ix} \, dx = \int e^{(1+i)x} \, dx$$

$$= \frac{1}{1+i}\ e^{(1+i)\,x}$$
$$= \left(\frac{1}{2} - \frac{i}{2}\right)e^{x}\ (\cos\ x\ +\ i\ \sin\ x\ )$$

이다. 따라서 복소부분(imaginary part)을 택하면 다음과 같이 간단하게 $\int e^{x} \sin\ (x)\ dx$ 와 같은 꼴의 적분을 얻을 수 있다.

$$\int e^{x} \sin\ (x)\ dx = Im\left[\left(\frac{1}{2} - \frac{i}{2}\right)e^{x}(\cos\ x\ +\ i\ \sin\ x\ )\right]$$
$$= \frac{1}{2}\ e^{x}\ (\sin(x) - \cos(x))\ \square$$

(20.5) EFFICIENCY. 삼각비의 수월성

(설명) Gauss가 시작한 복소수를 이용한 방법[47](R.H. Birch, 1946)에 대하여 알아보자. 임의의 정수 a,b,c,d $(c^2+d^2 \neq 0)$에 대하여

$$a+bi = (c+di)\times(a+b\,i\,)(c-d\,i\,)\times\frac{1}{c^2+d^2}$$

이므로 편각은

$$\arg(a+b\,i\,) = \arg(c+d\,i\,) + \arg((a+b\,i\,)(c-d\,i\,))$$

이다. 이 때, $a=b=1$, $c=10$, $d=1$로 택하면

$$\arg(1+\ i\ ) = \arg(10+\ i\ ) + \arg((1+\ i\ )(10-\ i\ ))$$
$$= \arg(10+i\ ) + \arg(11+9\,i)$$

이다. $\arg(11+9\,i\,)$은 $a=11, b=9$인데 이 때, $c=10, d=1$로 택하면

$$\arg(11+9\,i\,) = \arg(10+i\,) + \arg((11+9i)(10-i))$$
$$= \arg(10+i\,) + \arg(119+79\,i)$$

이다. 따라서 다음 식을 얻는다.

$$\arg(1+\ i\ ) = 2\arg(10+\ i\ ) + \arg(119+79\,i)$$

한편, $\arg(119+79\,i)$에 위 과정을 다시 적용하면

$$\arg(1+\ i\ ) = 3\arg(10+\ i\ ) + \arg(1269+671\,i)$$

---

47) R.H. Birch, An algorithm for the construction of arctangent relations, *Journal of the London Mathematical Society* 21 (1946), 499-501.

이고 연속하여 다음 식을 얻는다.

$$\begin{aligned}\arg(1+i) &= 3\arg(10+i)+\arg(1269+671i)\\ &= 4\arg(10+i)+\arg(13361+5441i)\\ &= 5\arg(10+i)+\arg(139051+41049i)\\ &= 6\arg(10+i)+\arg(1431559+271439i)\\ &= 7\arg(10+i)+\arg(14587029+1282831i)\\ &= 8\arg(10+i)+\arg(147153121-1758719i)\end{aligned}$$

한편, $\arg(147153121-1758719i)$에서 $c=10^2, d=-1$로 택하면

$$\begin{aligned}&\arg(147153121-1758719i)\\ &=\arg(100-i)+\arg(14717070819-28718779i)\end{aligned}$$

이므로

$$\arg(1+i)= 8\ \arg(10+i)+ \arg(100-i)\ +\arg(14717070819-28718779i)$$

이번에는 $c=10^3, d=-1$로 택하면

$$\begin{aligned}\arg(1+i) =&\ 8\arg(10+i)+\arg(100-i)+\arg(1000-i)\\ &+\arg(14717099537779-14001708181i)\end{aligned}$$

다시, $\arg(1471709953779-14001708181i)$에서 $c=10^3, d=-1$로 택하면

$$\begin{aligned}&\arg(1471709953779-14001708181i)\\ &=\arg(1000-i)+\arg((14717099537779-14001708181i)(1000+i))\end{aligned}$$

이므로

$$\begin{aligned}\arg(1+i) =&\ 8\arg(10+i)+\arg(100-i)+2\arg(1000-i)\\ &+\arg(14717113539487181+715391356779i)\end{aligned}$$

이다. 각으로 옮겨 표현하면 다음 등식을 얻는다.

$$\begin{aligned}\frac{1}{4}\pi =&\ 8\ \tan^{-1}(\frac{1}{10})-\tan^{-1}(\frac{1}{100})-2\ \tan^{-1}(\frac{1}{1000})\\ &+\tan^{-1}(0.00004860948819)\end{aligned}$$

결과적으로 식(12-3)

$$\tan^{-1}x = x-\frac{x^3}{3}+\frac{x^5}{5}-\frac{x^7}{7}+\cdots+(-1)^n\frac{x^{2n+1}}{2n+1}+R_{2n+1}(x)$$

에서 $n=4$로 하여 풀면

0.785398163404660027096019304592

을 얻는다. 실제 $\frac{1}{4}\pi$의 값은

$$0.785398163397448309615660845820 \cdots$$

이므로 우리는 소수점 아래 9째 자리까지 정확한 값을 구할 수 있다. □

(20.6) EFFICIENCY. 행렬의 도입

(설명) 행렬환은 대표적인 비가환이며, 행렬환의 태동은 1843년 영국인 Hamilton이 비가환체(division algebra, skew field)의 예로 처음 고안한 사차원수(the quaternions)

$$\mathbb{H} = \{a + b\,i + c\,j + d\,k \mid a, b, c, d \in \mathbb{R}\}$$

(여기서 $i^2 = j^2 = k^2 = -1, ij = k, jk = i, ki = j, ji = -k, kj = -i, ik = -j$)

에서 찾을 수 있다. 이때, 사차원수의 합과 곱의 연산을 살펴보면

$$q_1 = a_1 + b_1\,i + c_1\,j + d_1\,k\,,\ q_2 = a_2 + b_2\,i + c_2\,j + d_2\,k$$

에 대하여

$$q_1 + q_2 = (a_1 + a_2) + (b_1 + b_2)i + (c_1 + c_2)j + (d_1 + d_2)k\,,$$

여기서 $X = b_1\,i + c_1\,j + d_1\,k$, $Y = b_2\,i + c_2\,j + d_2\,k$이다. 처음 Hamilton의 의도는 무엇이었을까? 두 복소수의 곱은 평면상에서 회전의 합성이다. 복소수의 표현법으로 단위원 위에서 점 (1,0)으로부터 반 시계 방향으로 θ만큼 회전한 복소수 z는 $z = (\cos\theta, \sin\theta)$이다. 한편, 단위원 상의 두 복소수

$$z_1 = (\cos\theta_1, \sin\theta_1),\ z_2 = (\cos\theta_2, \sin\theta_2)$$

의 곱은

$$\begin{aligned} z_1 \cdot z_2 &= (\cos\theta_1\cos\theta_2 - \sin\theta_1\sin\theta_2, \cos\theta_1\sin\theta_2 + \sin\theta_1\cos\theta_2) \\ &= (\cos(\theta_1 + \theta_2), \sin(\theta_1 + \theta_2)) \end{aligned}$$

이므로 복소수의 곱은 평면상에서 회전의 합성을 의미한다.

Hamilton은 이와 같은 상황을 공간에서 시도하였다. 이 시도는 실패하였고 실수체의 네 짝을 생각하다 사차원수를 정의하게 되었다(1843년). 1880년에 Frobenius와 C. S. Peirces는 실수체, 복소수체 그리고 사차원수(the quaternions) 만이 finite-dimensional division algebras over the reals 임을 보였고 1890년대에 독립적으로 Cartan, Molien, Frobenius에 의하여 일반화(finite dimensional simple, semi-simple algebras over the reals) 되었고, 1907년에 일반적인 체로 Wedderburn에 의하여 확장되었다. 이는 skew field(체의 정의에서 곱에 관한 교환법칙이 생략됨) D_i 로 만들어진 크기 $n_i \times n_i$인 행렬환[48] $Mat_{n_i}(D_i)$들의 유한직합(direct sum)

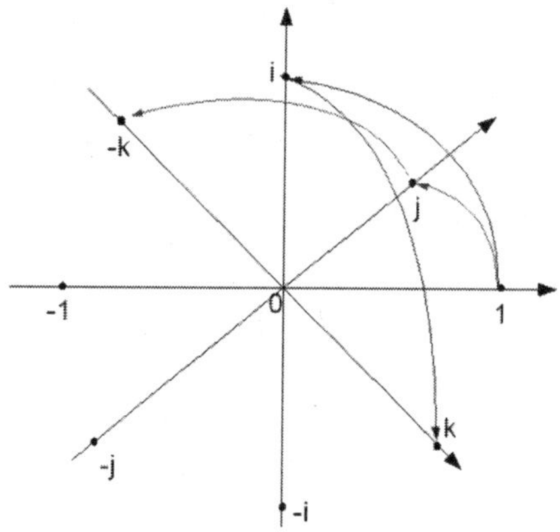

Graphical representation of quaternion units product as 90°-rotation in 4D-space

ij = k
ji = -k
ij = -ji

$$Mat_{n_1}(D_1) \oplus Mat_{n_2}(D_2) \oplus \cdots \oplus Mat_{n_t}(D_t)$$

이다. 예를 들면, 복소수체

$$\mathbb{C} = \{a + bi \,|\, a, b \in \mathbb{R}\}$$

는 실수에서 정의된 크기 2×2의 행렬환(기호로 $Mat_{2\times 2}(\mathbb{R})$)의 부분체(subfield)

$$\left\{ \begin{bmatrix} a & -b \\ b & a \end{bmatrix} \mid a, b \text{ 는 실수} \right\}$$

이다. 즉, 함수

$$\varphi : \mathbb{C} = \{a + bi \mid a, b \in \mathbb{R}\} \to Mat_{2\times 2}(\mathbb{R}),\ \varphi(a + bi) = \begin{bmatrix} a & -b \\ b & a \end{bmatrix}$$

는 환(ring)에의 일대일 준동형사상(homomorphism)이다 (우리는 일대일 준동형사상을 monomorphism이라 부른다). 특히

$$1 \equiv \begin{bmatrix} 1 & 0 \\ 0 & 1 \end{bmatrix},\ i \equiv \begin{bmatrix} 0 & -1 \\ 1 & 0 \end{bmatrix}$$

로 동질화(identify)되며, 우리가 사용하는 공액복소수는 행렬의 세계에서 표현하면 전치행렬이다. 따라서 우리는 다음 줄 세우기

48) $Mat_{n\times n}(D)$ 를 간단히 $Mat_n(D)$ 로 사용한다.

$$\{1,2,3,\cdots\} \subset \mathbb{Z} \subset \mathbb{Q} \subset \mathbb{R} \subset \mathbb{C} \subset Mat_{2\times 2}(\mathbb{R}) \qquad (20-4)$$

를 얻으며, 위에서 언급한 사차원수

$$\mathbb{H} = \{a+bi+cj+dk \mid a,b,c,d \text{ 는 실수}\}$$

에서 i, j, k 는

$$i \equiv \begin{bmatrix} 0 & -1 & 0 & 0 \\ 1 & 0 & 0 & 0 \\ 0 & 0 & 0 & -1 \\ 0 & 0 & 1 & 0 \end{bmatrix},\ j \equiv \begin{bmatrix} 0 & 0 & -1 & 0 \\ 0 & 0 & 0 & 1 \\ 1 & 0 & 0 & 0 \\ 0 & -1 & 0 & 0 \end{bmatrix},\ k \equiv \begin{bmatrix} 0 & 0 & 0 & -1 \\ 0 & 0 & -1 & 0 \\ 0 & 1 & 0 & 0 \\ 1 & 0 & 0 & 0 \end{bmatrix}$$

로 동질화된다. 즉, 사차원수 $\mathbb{H}$는 행렬환 $Mat_{4\times 4}(\mathbb{R})$에 부분환(subdivision ring)이다. 함수

$$\psi : \mathbb{H} \to Mat_{4\times 4}(\mathbb{R}),\ \psi(a+bi+cj+dk) = \begin{bmatrix} a & -b & -c & -d \\ b & a & -d & c \\ c & d & a & -b \\ d & -c & b & a \end{bmatrix}$$

는 환에서의 동형사상(ring monomorphism)이다. 한편, 식(20-4)를 따라서 지수

$$e^2, e^{\frac{1}{2}} e^{\sqrt{2}}, e^{1+2i}, e^{\begin{vmatrix} 1 & 2 \\ 3 & 4 \end{vmatrix}}$$

등의 정의가 요구된다((20.8) 참고). □

(20.7) TEAM PROJECT. (1) 식(20-1)에서 정수 n의 범위를 유리수나 실수로 확장할 수 없음을 보여라(제6차 교육과정 교과서 참고)

(2) 식(20-2)를 용수철계로 설명해보자.

(3) 행렬 A에 대하여 e^A을 정의해보자.

(4) $3^2=9$ 일 때, 3을 9의 거듭제곱근이라 한다. 마찬가지로 행렬에서 $S=\begin{pmatrix} 1 & -1 \\ 0 & 2 \end{pmatrix}$, $W=\begin{pmatrix} 1 & -3 \\ 0 & 4 \end{pmatrix}$에 대하여 $S^2 = W$이므로 S는 W의 제곱근이다(S is the square root of W). 만일 $S^n = A$를 만족하는 자연수 $n \geq 2$이 존재하지 않는다면 행렬 A는 거듭제곱근을 갖지 못한다(rootless)고 말한다[49]. 행렬 $A=\begin{pmatrix} 0 & 1 \\ 0 & 0 \end{pmatrix}$가 rootless임을 보이자.

(5) $3^{\sqrt{2}}$를 현행 교과서에서 어떻게 정의하고 지도하는지 알아보자.

---

49) B. Yood, Rootless matrices, Math. Magazine, 75(3), (2002) 219-223.

다음에서 $3^{\sqrt{2}}$의 정의를 엄밀하게 알아보자.

(20.8) DEFINITION(로그함수와 지수함수의 정의). 지수함수의 지수는 10 학년에서 유리수까지 잘 정의되어 있다. 이 시점에서 우리가 중등과정에서 정의하는 $3^{\sqrt{2}}$를 보다 명확히 살펴보자. $3^{\sqrt{2}}$는 먼저 $\sqrt{2}$에 수렴하는 유리수로 구성된 증가수열

$$1.4, 1.41, 1.414, 1.4142 \ldots$$

을 하나 설정한 후 이들에 의하여 정의되는 수열

$$3^{1.4}, 3^{1.41}, 3^{1.414}, 3^{1.4142}, \ldots$$

의 극한값의 존재를 인정하고 이 극한값을 $3^{\sqrt{2}}$로 정의한다. 이를 보다 엄밀하게 설명해보자. 무리수 $\sqrt{2}$는 계산기 제곱기능을 통하여 부등식

$$1.4 < \sqrt{2} < 1.5$$

을 보일 수 있고 이는 부등식

$$2^{1.4} < 2^{\sqrt{2}} < 2^{1.5}$$

을 우리에게 준다. 물론 지수 $3^{1.4}, 3^{1.5}$ 는 이미 정의된 지수이다. 한편 계산기의 제곱기능을 이용하여 부등식

$$1.41 < \sqrt{2} < 1.42$$

을 얻으며 이로부터 부등식

$$3^{1.41} < 3^{\sqrt{2}} < 3^{1.42}$$

을 얻는다. 따라서 모든 실수

$$3^{1.4}, 3^{1.41}, 3^{1.414}, 3^{1.4142}, \ldots$$

보다는 크고 모든 실수

$$3^{1.5}, 3^{1.42}, 3^{1.415}, 3^{1.4143}, \ldots$$

보다는 작은 유일한 실수를 $3^{\sqrt{2}}$로 정의한다. 이를 구체적으로 살펴보자. 이를 위하여 우리들은 먼저 로그함수가 필요하다. 먼저 우리가 흔히 사용하는 logarithm

$$\log x = \int_1^x \frac{1}{t}\,dt\,,\ x > 0$$

를 도입하자. 정적분을 이용하여 다음 정리들을 보이자. 먼저 정의로부터 다음 정리는 자명하다.

【정리1】 $\log 1 = 0.$

【정리2】 $\log \dfrac{1}{a} = -\log a.$

(증명) 치환 $t = \dfrac{1}{s}$에서 $dt = -\dfrac{1}{s^2}ds$ 임으로 다음 등식을 얻는다.

$$\log \frac{1}{a} = \int_1^{1/a} \frac{1}{t}dt = -\int_1^a \frac{1}{s}ds = -\log a.$$

【정리3】 $\log ab = \log a + \log b.$

(증명) 치환 $t = as$에서 $dt = a ds$ 이므로, 다음 등식을 얻는다.

$$\begin{aligned}\log ab &= \int_1^{ab} \frac{1}{t}dt = \int_{1/a}^{b} \frac{1}{s}ds = \int_{1/a}^{1} \frac{1}{s}ds + \int_1^b \frac{1}{s}ds \\ &= -\int_1^{1/a} \frac{1}{s}ds + \int_1^b \frac{1}{s}ds \\ &= \log a + \log b.\end{aligned}$$

정리 2와 3으로부터 다음을 쉽게 보일 수 있다.

【정리4】 $\log \dfrac{a}{b} = \log a - \log b.$

10학년에서 유리수에 관한 거듭제곱까지 논리적인 전개가 된 것으로 볼 때, 현시점에선 무리수의 거듭제곱은 정의되지 못한 것이므로 다음 정리는 유리수 범위에서 문장이 전개됨을 독자들은 유의하기 바란다.

【정리5】 임의의 유리수 r 에 대하여 $\log a^r = r\log a.$

(증명) 치환 $t = s^r$ 에서 $dt = rs^{r-1}ds$ 이므로,

$$\log a^r = \int_1^{a^r} \frac{1}{t}dt = r\int_1^a \frac{1}{s}ds = r\log a.$$

【정리6】 함수$\log x$는 완전증가(strictly increasing)하며

$$\lim_{x\to+\infty}\log x = +\infty,\ \lim_{x\to 0^+}\log x = -\infty$$

임을 보이자.

(증명) ① $x>0$에 대하여

$$\frac{d}{dx}\log x = \frac{1}{x} > 0\ ,\ \frac{d^2}{dx^2}\log x = -\frac{1}{x^2} < 0$$

임으로 $\log x$는 아래로 오목(convex down)하게 완전증가한다.

② 정의

$$\log x = \int_1^x \frac{1}{t}\,dt\ ,\ x>0$$

에서 특히 $x=4$를 생각하자. 즉

$$\log 4 = \int_1^4 \frac{1}{t}\,dt\ .$$

구간 $[1,4]$ 를 세 개의 분할 $1<2<3<4$ 에서 최솟값으로 만들어지는 세 개의 사각형의 면적은

$$1\times\frac{1}{2}+1\times\frac{1}{3}+1\times\frac{1}{4} = \frac{13}{12} > 1$$

임으로 $\log 4>1$임을 보일 수 있다.

```
> with(student):
> rightbox(1/t, t=1..4, 3);
```

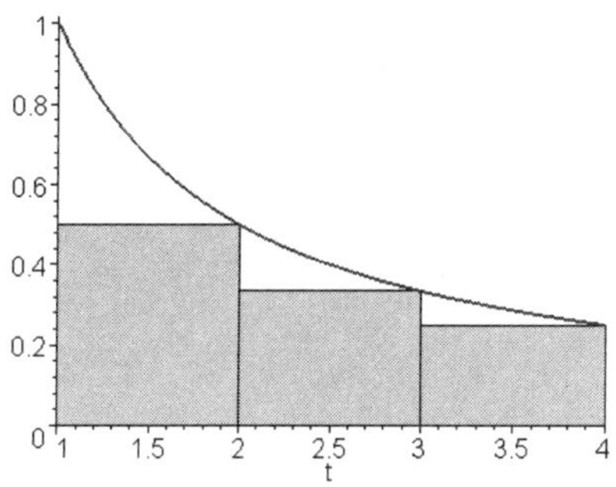

따라서 정리5에 의하여 임의의 양의 유리수 r에 대하여 $\log 4^m > m$임으로 $\log x$를 우리가 원하는 만큼 언제든지 큰 값을 갖도록 할 수 있다. 즉,

$$\lim_{x \to +\infty} \log x = +\infty$$

이다. 한편, 정리2에 의하여 $\log x = -\log \frac{1}{x}$이므로

$$\lim_{x \to 0^+} \log x = -\infty$$

를 얻는다.

정리6을 이용하면 $\log x$ 그래프를 얻으며 상수함수 $y = 1$과 비교해보자.

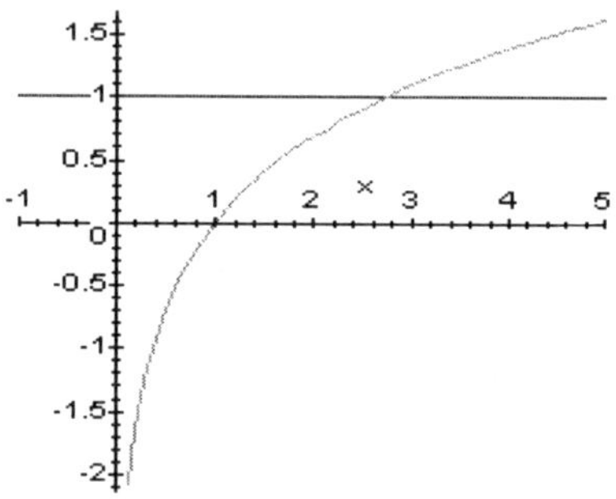

위 그래프에서 중간값정리를 사용하면 구간 2와 3사이에서 $\log e = 1$이 되는 실수 e가 존재한다(물론 정리6의 증명과정에서 실수 e는 1과 4사이에 존재한다.) 따라서 우리는 정리6으로부터 $\log x$의 역함수가 존재하며 잠시 이 역함수를 $y = g(x)$ 라 하면 다음을 얻는다.

【정리7】 (1) $g(\log(y)) = y$, $y > 0$.

(2) $\log(g(x)) = x$, $x \in \mathbb{R}$.

(3) $g(0) = 1$.

(4) $\log e = 1$.

한편, $y = g(x)$의 그래프는 $\log x$의 그래프와 $y = x$에 대하여 대칭이다.

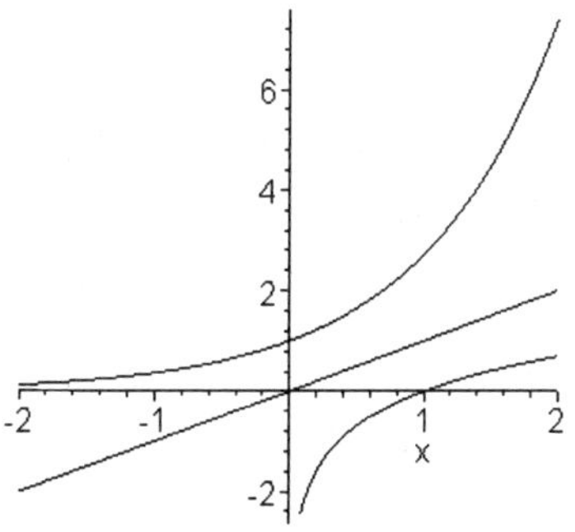

【정리8】 역함수 미분법에 의하여

$$\frac{d}{dx}g(x) = \frac{1}{\frac{d}{dx}log y} = \frac{1}{1/y} = y = g(x).$$

【정리9】 임의의 유리수 r 에 대하여 $g(r) = e^r$ 이다.

(증명) $\log e^r = r \log e = r$.

정리9를 바탕으로 임의의 실수 x 에 대하여 지수함수 e^x 를 정의해보자.

(지수함수의 정의) $\log x = \int_1^x \frac{1}{t} dt$, $x > 0$의 역함수 $y = g(x)$, $x \in \mathbb{R}$ 는 임의의 유리수 r 에 대하여 $g(r) = e^r$ 이고 미분가능한 함수임으로 임의의 실수 x 에 대하여

$$e^x = g(x) \qquad (20-5)$$

로 정의하자. 한편 일반적인 양의 실수 a를 기저(base)로 하는 지수함수는

$$a^x = e^{x \log(a)}$$

로 정의된다. 따라서 $e^{\sqrt{2}}$ 란 $g(\sqrt{2})$이고 다시 쓰면

$$3^{\sqrt{2}} = e^{\sqrt{2} \log 3}$$

이다.

우리는 식(20-5)에서 매우 어려운 대상인 지수함수를 정의하였다. 계산기를 이용하여 주어진 데이터로부터 지수함수를 직접 결정하여보자. 지수함수의 그래프는 현행 수학에서 말하듯 특정 부근에서 점차 증가하다가 그 이후부터는 급속히 증가하거나 반대로 급속히 감소하다 다시 완만하게 감소한다. 이러한 성격은 다항함수와 본질적으로 성격차이가 있음을 보여준다. 다음 연속되는 예제를 통하여 두 가지 방법으로 지수함수에 접근해 보자. 예제10은 단순한 계산기를 필요로 하며, 예제11에서는 미분을 이용하였다.

【예제10】 **(직선을 이용한 방법).** 다음 데이터는 통계청 홈페이지[50]에서 따온 것이다. 이를 지수함수로 접근해보자.

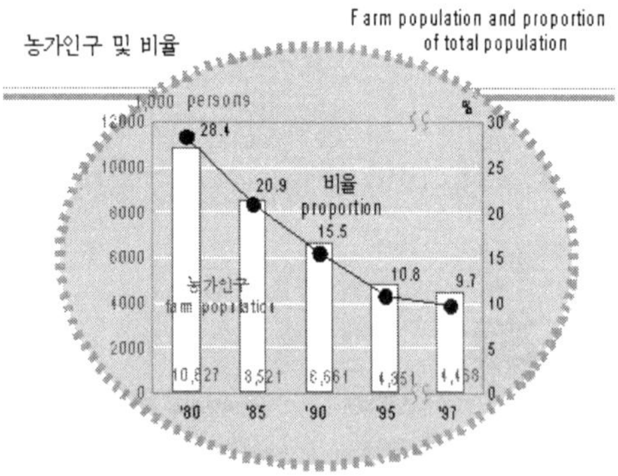

먼저 기준 년을 1980으로 하고 5년을 기본단위로 하면 1980년은 $t=0$, 1985년은 $t=1$, 1990년은 $t=2$, 그리고 1995년은 $t=3$이다.

<우리나라 농가인구 비율>

t(년)	y(t)(농가인구 비율)
0	28.4
1	20.9
2	15.5
3	10.8

50) 한국통계월보, 1999년 4월호

(풀이) 농가인구비율을 함수 $y(t)$로 표시하자. 위 표에서 $t=0,1$에서 함수값이 감소하다 $t=2,3$에서 이에 대응하는 함수값들은 상대적으로 완만히 감소하므로 우리는 이 데이터를 지수함수로 접근하여 보자. 우리는 이 데이터가 지수함수를 따른다고 가정하였으므로 따라서 이 데이터에 자연로그를 택하면 그 값들이 어떤 관계를 갖는지 아래 표에서 살펴보자.

<우리나라 농가인구 비율의 자연로그 값>

t(년)	ln [y(t)]
0	3.346389146
1	3.039749159
2	2.740840024
3	2.379546134

농가인구 비율표를 살펴보면 해당 값들이 약 0.3 정도의 차이를 보이고 있다. 따라서 이 표에 나타난 값들이 직선을 따른다고 가정할 수 있다. 양 끝점

$$(0,3.46389146),\ (3,2.379546134)$$

을 지나는 직선의 방정식 $f(t)$을 구하면

$$f(t)-3.46389146=\frac{2.379546134-3.46389146}{3-0}\,(t-0)$$

또는

$$f(t)=-0.3614484420\,t+3.46389146$$

이다. 따라서 우리가 원하는 함수 $y(t)$는

$$\begin{aligned} y(t) &= e^{3.46389146}\,(e^{-0.3614484420})^t \\ &= 31.94103223\,(0.6966665139)^t \end{aligned}$$

이다. 1997년을 추정해보자 1997년은 $t=3.4$년이다. 이 값을 대입하면

$$9.346171154$$

을 얻는다. 우리가 양 끝 두 점을 이용한 예측은 실제 통계량 9.7과의 차이는 0.353828846이다.

Maple을 이용하여 농가인구 비율표를 최소제곱법((21.3) 참고)을 이용한 직선으로 접근하자.

```
>B:=matrix(4,2,[0,3.346389146,1,3.039749159,2,2.740840024,
        3,2.379546134]);
```

$$B := \begin{bmatrix} 0 & 3.346389146 \\ 1 & 3.039749159 \\ 2 & 2.740840024 \\ 3 & 2.379546134 \end{bmatrix}$$

```
> f:=x->1;
        f := 1
> v:=vector(4,f);
        v := [1, 1, 1, 1]
> x:=col(B,1);
        x := [0, 1, 2, 3]
> b:=col(B,2);
        b := [3.346389146, 3.039749159, 2.740840024, 2.379546134]
> A:=augment(v,x);
```

$$A := \begin{bmatrix} 1 & 0 \\ 1 & 1 \\ 1 & 2 \\ 1 & 3 \end{bmatrix}$$

```
> LS:=leastsqrs(A,b);
        LS := [3.356546840, -.319943816]
```

따라서 우리가 얻은 직선의 식은

$$g(t) = 3.356546840 - 0.319943816\,t$$

이다. 따라서 우리가 원하는 함수 $y(t)$ 는

```
> exp(3.356546840);
        28.68994865
> exp(-0.319943816);
        .7261898362
```

이므로

$$y(t) = 28.68994865\,(0.7261898362)^t$$

이다. 한편 1997년 농가인구비율은

```
> 28.68994865*(0.7261898362)^(3.4);
        9.667191818
```

로 추정되며 실제 통계량 9.7에 매우 가깝다.

다음 예제는 미분(좌극한과 우극한)이 주어진 데이터에서 어떻게 쓰이는지 보여준다.

【예제11】 미분의 개념을 이용하여 농가인구 비율을 지수함수로 결정해 보자.

(풀이) 함수 $y(t)$의 도함수

$$y'(t)=\lim_{a\to t}\frac{y(a)-y(t)}{a-t}$$

를 생각해보자. 물론 우리는 함수의 극한에서 나타나는 모든 값을 표에서 주어진 데이터에서만 찾아야 한다. 표에서의 정의역은 $[0,3]$이고 $y(t)$는 $t=0,1,2,3$일 때, 우리에게 함수값을 제공한다. 따라서 우극한

$$y'(t)=\lim_{a\to t^+}\frac{y(a)-y(t)}{a-t}$$

으로 이용하자. 먼저 $y'(0)$는 $a\to 0^+$를 요구함으로 우리는 $a=1$로 택한 값 $\frac{y(1)-y(0)}{1-0}$을 $y'(0)$의 근삿값으로 결정하자. 즉,

$$y'(0)\simeq\frac{y(1)-y(0)}{1-0}=\frac{20.9-28.4}{1}=-7.5.$$

같은 방법으로 $y'(1)$는 $a\to 1^+$를 요구함으로 이 경우 우리는 $a=2$로 택할 수밖에 없으며 평균변화율 $\frac{y(2)-y(1)}{2-1}$을 $y'(1)$의 값으로 결정하자. 즉,

$$y'(1)\simeq\frac{y(2)-y(1)}{2-1}=\frac{15.5-20.9}{1}=-5.4$$

이다. 같은 맥락으로 $y'(2)$을 다음과 같이 얻을 수 있다.

$$y'(2)\simeq\frac{y(3)-y(2)}{3-2}=\frac{10.8-15.5}{1}=-4.7,$$

이제, 얻은 값들을 원래의 함수 값 $y(t)$와 비교해보자.

t (년)	y'(t)	y(t)	y'(t)/y(t)
0	−7.5	28.4	−0.26408450
1	−5.4	20.9	−0.25837320
2	−4.7	15.5	−0.30322580
3	없음	10.8	없음

위 표는 $t=0,1,2$에 대하여 $y'(t)/y(t)$의 값들이 매우 비슷하므로 이들의 평균값

$$-0.27522783$$

을 $y'(t)/y(t)$로 결정하면 $t=0,1,2$에 대하여

$$\frac{y(t+1)-y(t)}{(t+1)-t} \simeq y'(t) \simeq -0.27522783y(t)$$

또는

$$y(t+1) \simeq y(t) - 0.27522783y(t) = 0.72477216\,y(t)$$

을 얻는다. 이제 $t=0,1,2$를 순서대로 대입하여보자. $t=0$을 대입하면

$$y(1) \simeq 0.72477216\,y(0) = 28.4(0.72477216)$$

이고 $t=1,2$를 대입하면

$$y(2) \simeq 0.72477216\,y(1) = 28.4(0.72477216)^2$$

$$y(3) \simeq 0.72477216\,y(2) = 28.4(0.72477216)^3$$

을 각각 얻는다. 따라서 위 일련의 모양세로부터 우리가 구하려는 지수함수는

$$y(t) \simeq 28.4(0.72477216)^t$$

로 자연스럽게 추정된다. 다시 1997년의 값을 식을 이용하여 추측하자. $t=3.4$를 대입하면

9.506123445 (%)

를 얻는다. Maple을 이용하여 식과 통계량을 그려보자.

```
> Data_list:=[[0,28.4],[1,20.9],[2,15.5],[3,10.8]];
        Data_list := [[0, 28.4], [1, 20.9], [2, 15.5], [3, 10.8]]
> plot({Data_list, 28.4*(0.72477216)^t}, t=0..3);
```

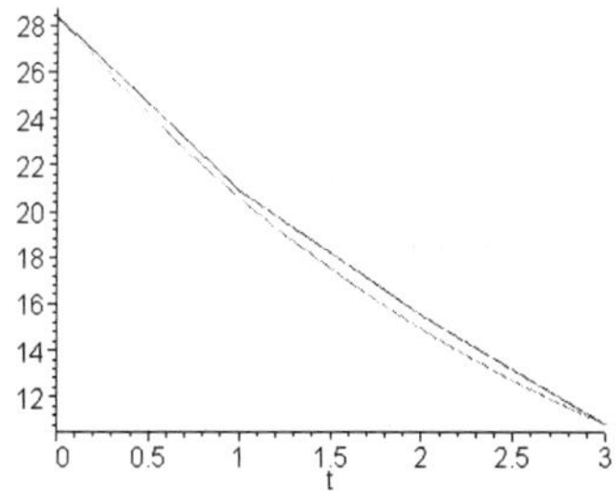

(20.8) IN YOUR OWN WORDS. 최근 통계자료를 이용하여 우리가 지수함수를 어떻게 얻는지 지도해 보자. 특히 예제10은 지수함수를 따른다는 가정한 자료의 값에 로그값을 택하면 원래의 자료는 직선 형태를 따라야 한다. 즉 지수함수와 로그함수의 합성함수는 항등함수가 된다는 것을 자료를 통하여 확인하는 것이다. 한편, 예제11은 실질적으로 우극한의 이해를 하는데 많은 도움이 된다고 판단한다.

(20.9) IN YOUR OWN WORDS. 고1 수업 중에 학생이 복소수가 왜 필요한가를 물었을 때, 설명을 어떻게 할 것인가 생각해 보자.

§21. 행렬의 활용

교과서에서는 행렬의 크기를 2×2, 2×3 정도로 다룰 수밖에 없다. 따라서 크기가 작은 경우 의미 있는 행렬의 활용문제를 다루기가 매우 곤란하다. 교과서에서 다루는 내용을 포함하여 광범위하게 행렬을 활용을 소개하였다.

(21.1) APPLICATION(Coding Theory). 갑이 을에게 행렬 B를 안전하게 보내려고 한다. 이 때, 행렬 B를 numeric message matrix 이라 부른다. 물론 보안을 위하여 행렬 B에 다른 행렬 A를 곱하여 보낼 필요가 있다. 우리는 이 행렬 A를 encoding matrix 이라 부르며, 반드시 역행렬이 존재하는 것으로 택해야 한다. 갑이 을에게 행렬 B를 안전하게 보내기 위하여 A를 B에 곱한 행렬 AB를 을에게 보내면 을은 이 행렬 AB에 갑과 약속한 A의

역행렬을 곱하여

$$A^{-1}(AB) = B$$

와 같이 행렬 B를 받아볼 수 있다. 예로서, 갑이 을에게

MATH. TEACHER MEETING

이란 극비사항(?)을 안전하게 보내는 과정을 살펴보자. 먼저 갑과 을은 encoding matrix을 (편의상 CodeMat 로 표시)

$$CodeMat = \begin{bmatrix} 1\,2\,1 \\ 4\,0\,6 \\ 6\,8\,3 \end{bmatrix}$$

로 약속한다. 따라서 message matrix 을 크기가 3×7인 행렬

$$MasgMat = \begin{bmatrix} M\,A\;\;T\,H\,.\;\;\;T \\ E\,A\;C\,H\,E\,R \\ M\,E\,E\,T\,I\,N\,G \end{bmatrix}$$

로 할 수 있다. 이제 행렬의 연산을 위하여 alphabet 문자를 숫자로 다음과 같이 대응시키자. 띄어쓰기에 필요한 공간에는 0, A부터 Z에는 1부터 26을 순서대로 부여하고 마침표 "."에는 27을 부여하자. 그러면 숫자로 바꾼 message matrix (numeric message matrix)은

$$NMasgMat = \begin{bmatrix} 13 & 1 & 20 & 8 & 27 & 0 & 20 \\ 5 & 1 & 3 & 8 & 5 & 18 & 0 \\ 13 & 5 & 5 & 20 & 9 & 14 & 7 \end{bmatrix}$$

이다. 이제 갑은 이 행렬을 을에게 사전에 서로 약속한 encoding matrix을 곱한 행렬(code message matrix)을 을에게 보낸다. 을이 받은 행렬은 다음과 같다.

$$CodeMasgMat = \begin{bmatrix} 36 & 8 & 31 & 44 & 46 & 50 & 27 \\ 130 & 34 & 110 & 152 & 162 & 84 & 122 \\ 157 & 29 & 159 & 172 & 229 & 186 & 141 \end{bmatrix}$$

을은 갑으로부터 받은 행렬에 갑과 약속한 codeMat의 역행렬을 곱하면 갑이 보낸 원래의 행렬 NMasgMat를 얻는다. 즉

$$NMasgMat = \frac{1}{CodeMat}\ CodeMasgMat \quad \square$$

(21.2) APPLICATION(Graph Theory). 4개의 공항의 노선이 아래 그림과 같을 때, 이에 대응하는 행렬 $M=(a_{ij})$를 i에서 j로 노선이 있으면

$a_{ij} = 1$, 노선이 없으면 $a_{ij} = 0$으로 정의하자. 따라서

$$M = \begin{bmatrix} 0 & 1 & 1 & 0 \\ 1 & 0 & 1 & 0 \\ 0 & 1 & 0 & 1 \\ 0 & 0 & 1 & 0 \end{bmatrix}$$

이다. 한편, 행렬의 곱 M^n 은 $n-1$번 갈아타서 갈 수 있는 경우의 수를 나타낸다. 예를 들어

$$M^2 = \begin{bmatrix} 1 & 1 & 1 & 1 \\ 0 & 2 & 1 & 1 \\ 1 & 0 & 1 & 0 \\ 0 & 1 & 0 & 1 \end{bmatrix} = (b_{ij})$$

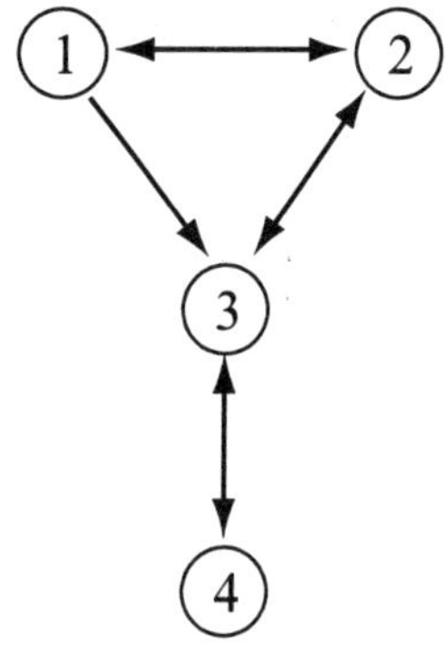

에서 $b_{22} = 2$는 한 번 갈아타서 ❷에서 ❷로 가는 방법은 ❶이나 ❸을 경유하는 총 2가지가 존재함을 말한다. 한편 ❷에서 ❹로 가는 비행편이 없었지만(즉, $a_{24} = 0$) 한 번 갈아타면 $b_{24} = 1$이다. 즉, ❷에서 ❸을 거쳐 ❹로 가는 방법이 1가지가 있다. □

(21.3) APPLICATION(Least Squares). 4개의 점 $(0,1), (1,3), (2,4), (3,4)$을 직교좌표평면에 표시해보자.

```
> data_list:=[[0,1],[1,3],[2,4],[3,4]];
            data_list := [[0, 1], [1, 3], [2, 4], [3, 4]]
> plot(data_list);
```

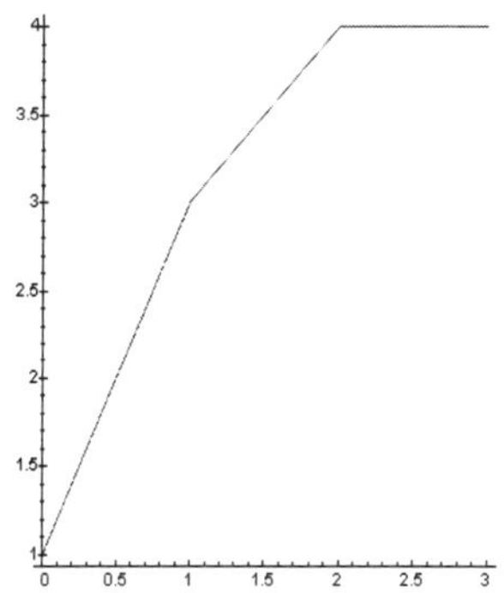

위 그래프는 네 점이 동일직선 상에 없음을 말해준다. 따라서 주어진 4개의 점을 동시에 지나는 직선은 존재하지 않으며, 주어진 4점이 이상적으로 결정하는 방법을 생각해보자. 만일 직선 $y=a+bx$이 주어진 네 점을 만족한다면 연립방정식

$$\begin{cases} 1=a+b\cdot 0 \\ 3=a+b\cdot 1 \\ 4=a+b\cdot 2 \\ 4=a+b\cdot 3 \end{cases} \tag{21-1}$$

의 해가 존재해야 한다. 이는 불가능하다. 식(21-1)을 행렬을 사용하여 재구성하면

$$\begin{bmatrix} 1 & 0 \\ 1 & 1 \\ 1 & 2 \\ 1 & 3 \end{bmatrix}\begin{bmatrix} a \\ b \end{bmatrix}=\begin{bmatrix} 1 \\ 3 \\ 4 \\ 4 \end{bmatrix},\ \text{또는}\ a\begin{bmatrix} 1 \\ 1 \\ 1 \\ 1 \end{bmatrix}+b\begin{bmatrix} 0 \\ 1 \\ 2 \\ 3 \end{bmatrix}=\begin{bmatrix} 1 \\ 3 \\ 4 \\ 4 \end{bmatrix} \tag{21-2}$$

이다. 식(21-2) 만족하는 실수 a,b가 존재하지 않는다는 이야기는 대수적으로 벡터 $\boldsymbol{b}=\begin{bmatrix} 1 \\ 3 \\ 4 \\ 4 \end{bmatrix}$가 행렬 $A=\begin{bmatrix} 1 & 0 \\ 1 & 1 \\ 1 & 2 \\ 1 & 3 \end{bmatrix}$의 두 열벡터 $\begin{bmatrix} 1 \\ 1 \\ 1 \\ 1 \end{bmatrix}, \begin{bmatrix} 0 \\ 1 \\ 2 \\ 3 \end{bmatrix}$ 로 생성된 공간에 속하지 않음을 의미한다. 따라서 우리의 최선의 방법은 벡터 $\boldsymbol{b}$를 두 열벡터로 생성된 공간 W에 사형(projection) 시킨 벡터 $proj_W \boldsymbol{b}$를 이용하여 식 (21-2)를

$$A\begin{bmatrix} a \\ b \end{bmatrix}=proj_W \boldsymbol{b} \tag{21-3}$$

로 변형하여 해결하는 것이다. 이제 문제는 벡터 $proj_W \boldsymbol{b}$를 구하는 것인데 (옆 그림 참조)

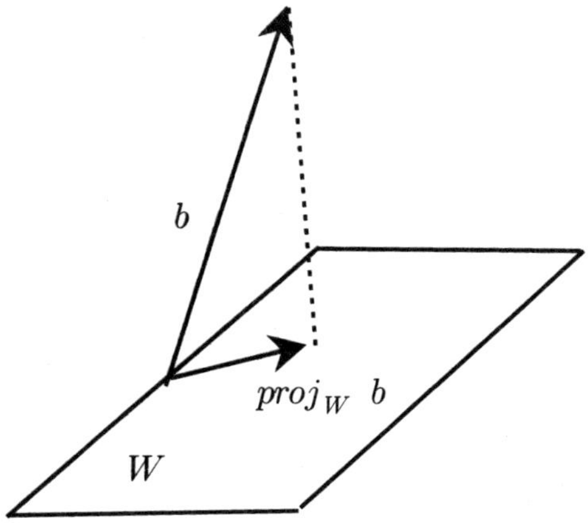

이에 대한 기술적인 방법은 벡터 $\boldsymbol{b} - proj_W \boldsymbol{b}$는 정의에 의하여 A의 두 열벡터 $\begin{bmatrix}1\\1\\1\\1\end{bmatrix}, \begin{bmatrix}0\\1\\2\\3\end{bmatrix}$로 생성된 공간 W에 수직이고 따라서

$$A^T(\boldsymbol{b} - proj_W \boldsymbol{b}) = \boldsymbol{0}$$

이다. 한편 우리가 최선으로 선택한 식 (21-3)에서

$$\boldsymbol{b} - A\begin{bmatrix}a\\b\end{bmatrix} = \boldsymbol{b} - proj_W \boldsymbol{b}$$

이므로

$$A^T(\boldsymbol{b} - A\begin{bmatrix}a\\b\end{bmatrix}) = \boldsymbol{0},$$

$$A^TA\begin{bmatrix}a\\b\end{bmatrix} = A^T\boldsymbol{b}, \text{ 또는 } \begin{bmatrix}a\\b\end{bmatrix} = (A^TA)^{-1}A^T\boldsymbol{b} \qquad (21-4)$$

을 얻는다. 따라서 우리가 구하려는 환상적인 직선의 방정식은

$$\begin{bmatrix}a\\b\end{bmatrix} = (A^TA)^{-1}A^T\boldsymbol{b} = \begin{bmatrix}1.5\\1\end{bmatrix}$$

이므로 $y = 1.5 + x$이다. 독자들은 전개되는 내용 속에서 내적의 역할을 확인하기 바란다.

Maple을 이용한 일차방정식 결정의 예를 하나 더 들어보자. 제약회사에서 한 신약을 개발한 후 신약의 단위 D를 0 단위부터 1 단위까지 특정 사람에게 투여한 후 콜레스테롤의 수치 C(milligrams/unit volume of blood)를 다음과 같이 얻었다.

D	0.0	0.2	0.4	0.6	0.8	1.0
C	289	273	254	226	213	189

위 표로부터 이상적인 직선의 방정식 $C = a + bD$를 결정해보자. 도표에 해당하는 식은

$$\begin{bmatrix} 1 & 0.0 \\ 1 & 0.2 \\ 1 & 0.4 \\ 1 & 0.6 \\ 1 & 0.8 \\ 1 & 1.0 \end{bmatrix} \begin{bmatrix} a \\ b \end{bmatrix} = \begin{bmatrix} 289 \\ 273 \\ 254 \\ 226 \\ 213 \\ 189 \end{bmatrix}$$

이다. 따라서 식(21−4)를 이용하면

$$\begin{bmatrix} a \\ b \end{bmatrix} = \begin{bmatrix} 6 & 3.0 \\ 3 & 2.2 \end{bmatrix}^{-1} \begin{bmatrix} 1444.0 \\ 615.2 \end{bmatrix} = \begin{bmatrix} 291.24 \\ -101.14 \end{bmatrix}$$

이므로 우리가 원하는 이상적인 직선의 방정식은 $C = 291.24 - (101.14)D$ 이다.

```
> with(linalg):
> B:=matrix(6,2,[0.0,289,0.2,273,0.4,254,0.6,226,0.8,213,1.0,189]);
```

$$B := \begin{bmatrix} 0 & 289 \\ .2 & 273 \\ .4 & 254 \\ .6 & 226 \\ .8 & 213 \\ 1.0 & 189 \end{bmatrix}$$

```
> f:=x->1;
        f := 1
> v:=vector(6,f);
        v := [1, 1, 1, 1, 1, 1]
> x:=col(B,1);
        x := [0, .2, .4, .6, .8, 1.0]
> b:=col(B,2);
        b := [289, 273, 254, 226, 213, 189]
```

```
> A:=augment(v,x);
```

$$A := \begin{bmatrix} 1 & 0 \\ 1 & .2 \\ 1 & .4 \\ 1 & .6 \\ 1 & .8 \\ 1 & 1.0 \end{bmatrix}$$

```
> LS:=leastsqrs(A,b);
        LS := [291.2380951, -101.1428571]
```

이차다항식 결정의 예를 들어보자. 다섯 개의 점

$$(0.1, -0.18), (0.2, 0.31), (0.3, 1.03), (0.4, 2.48), (0.5, 3.73)$$

을 이상적으로 만족하는 포물선 $y = a + bt + ct^2$ 을 결정해보자. 이 때, 식 (21-4)에서

$$\begin{bmatrix} a \\ b \\ c \end{bmatrix} = (A^TA)^{-1}A^T\boldsymbol{b} = \begin{bmatrix} -0.40 \\ 0.35 \\ 16.1 \end{bmatrix},$$

여기서

$$A = \begin{bmatrix} 1 & 0.1 & 0.01 \\ 1 & 0.2 & 0.04 \\ 1 & 0.3 & 0.09 \\ 1 & 0.4 & 0.16 \\ 1 & 0.5 & 0.25 \end{bmatrix}, \quad \boldsymbol{b} = \begin{bmatrix} -0.18 \\ 0.31 \\ 1.03 \\ 2.48 \\ 3.73 \end{bmatrix}$$

이다. 따라서 우리가 원하는 이상적인 이차방정식

$$y(t) = -0.40 + 0.35t + 16.1t^2$$

를 얻는다.

본 과정은 지구표면에서의 중력가속도(g)의 측정을 의미한다. 한 실험실에서 시간(초)을 0.1, 0.2, 0.3, 0.4, 0.5로 나누어 고정점 어느 위에서 한 물체를 자유낙하 시켰을 때 0.1초 후에 고정점 위 0.18(feet), 0.2초 후 고정점 아래 0.31(feet) 등으로 나타난 데이터이다. 운동에 관한 Newton의 제2법칙에 의하면 물체가 지구표면 상에서 수직으로 떨어질 때, 다음 방정식을 만족한다.

$$y = y_0 + v_0 t + \frac{1}{2} g t^2$$

여기서 y는 고정점에서 아래로 향한 수직 이동거리, y_0는 $t = 0$에서의 초기 위치, v_0는 $t = 0$에서의 초기 속도이다. 따라서 중력가속도의 근삿값

$$g \simeq 2c = 2 \times 16.1 = 32.2\,(feet/\sec^2) = 9.821\,(m/\sec^2)$$

을 얻을 수 있다. □

Maple웅 이용하여 두 그래프를 확인하자.

```
> data_list:=[[0.1,-0.18],[0.2,0.31],[0.3,1.03],[0.4,2.48],[0.5,3.73]];
    data_list :=
    [[.1, -.18], [.2, .31], [.3, 1.03], [.4, 2.48], [.5, 3.73]]
> plot({data_list, -0.40+0.35*t+16.1*t^2}, t=0.1..0.5);
```

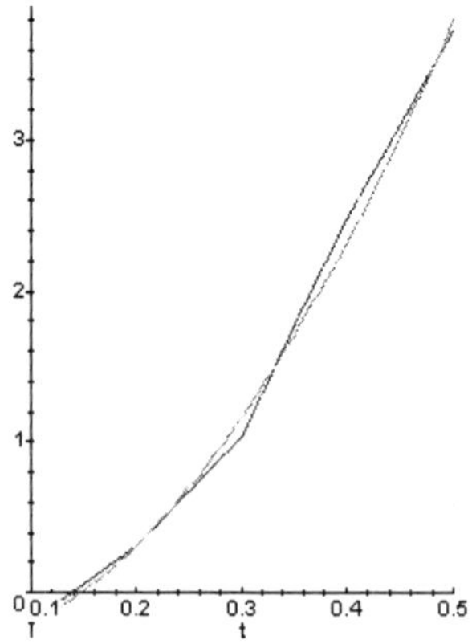

(21.4) APPLICATION(Linear Programming). 시멘트를 생산하는 A기업은 25만톤의 시멘트를 생산하려한다. 기존 시설에 의한 시멘트 제조공정은 비산 먼지를 과다하게 배출하므로 대기환경기준을 따르기 위하여 기존 시설을 교체하여야 한다. 이 때, 들어가는 추가비용을 최소로 하기 위하여 방안을 마련하여보자.

A기업에서 제공한 정보는 다음과 같다.

· A기업은 25만톤의 시멘트를 생산하려고 한다.

· 기존 시설로 시멘트 1톤을 생산하는데 10kg의 먼지가 발생한다.
· 환경부는 1,900,000kg 이하의 먼지를 방출하도록 요구하고 있다.
· 시멘트 제조 과정 중 침전기는 단 한 번만 교체할 수 있는데, 환경기준을 준수하기 위하여 기존의 시설을 교체하려고 한다. Y형 침전기로 교체하면 1톤의 시멘트를 생산하는데 3kg의 먼지가 발생되며, Z형 침전기로 교체하면 1톤의 시멘트를 생산하는데 2kg의 먼지가 발생된다. 한편, Y형 침전기의 구입 및 운영비는 1톤 당 1400원, Z형 침전기의 구입 및 운영비는 1톤당 1650원이다.

위의 정보를 바탕으로 다음과 같은 순서로 들어가는 추가비용을 최소로 하는 방안을 마련하여 보아라.

(21.5) APPLICATION(System of Differential Equation). 연립미분방정식

$$y_1' = y_1 - 4y_2 + 2y_3$$
$$y_2' = -4y_1 + y_2 - 2y_3$$
$$y_3' = 2y_1 + 2y_2 + 3y_3$$

을 행렬을 이용하여 간단히 표현하면

$$\boldsymbol{Y}' = \begin{bmatrix} 1 & -4 & 2 \\ -4 & 1 & -2 \\ 2 & 2 & 3 \end{bmatrix} \boldsymbol{Y},\ \boldsymbol{Y} = \begin{bmatrix} y_1 \\ y_2 \\ y_3 \end{bmatrix}$$

이다. 이 때부터, 연립미분방정식의 문제는 단순히 행렬

$$M = \begin{bmatrix} 1 & -4 & 2 \\ -4 & 1 & -2 \\ 2 & 2 & 3 \end{bmatrix}$$

의 문제이다. 즉, 적당한 행렬 P를 이용하여 연립방정식에서 만들어진 행렬 M을 대각화(diagonalization, Jordan block) 하는 문제

$$P^{-1}MP = J$$

이다. 이를 구하는 방법은 행렬식에서 오는 방정식의 근인 고유값(eigenvalues)과 고유벡터(eigenvectors)와 관련이 있으며(식(10-1) 참고), Maple을 이용하면 다음과 같다.

```
> M:=matrix(3,3,[1,-4,2,-4,1,-2,2,2,3]):
> J:=jordan(M,'P'):
```

```
> print(P):
> evalm(P^(-1) &* M &* P):
```

즉,

$$P^{-1}MP = \begin{bmatrix} -3 & 0 & 0 \\ 0 & 3 & 0 \\ 0 & 0 & 5 \end{bmatrix}, \quad P = \begin{bmatrix} 7/12 & -1/3 & 3/4 \\ 5/12 & 1/3 & -3/4 \\ -1/3 & 1/3 & 0 \end{bmatrix}$$

이다. 이제,

$$\begin{bmatrix} z_1 \\ z_2 \\ z_3 \end{bmatrix} = \boldsymbol{Z} = P^{-1}\boldsymbol{Y} = P^{-1}\begin{bmatrix} y_1 \\ y_2 \\ y_3 \end{bmatrix}$$

로 치환하면 우리는 간단한 형태의 연립미분방정식

$$\boldsymbol{Z}' = P^{-1}MP\boldsymbol{Z} = J\boldsymbol{Z} \text{ 또는 } \begin{bmatrix} z'_1 \\ z'_2 \\ z'_3 \end{bmatrix} = \begin{bmatrix} -3 & 0 & 0 \\ 0 & 3 & 0 \\ 0 & 0 & 5 \end{bmatrix}\begin{bmatrix} z_1 \\ z_2 \\ z_3 \end{bmatrix}$$

을 얻으며, 우리가 원하는 해

$$\begin{bmatrix} y_1 \\ y_2 \\ y_3 \end{bmatrix} = P\boldsymbol{Z} = P\begin{bmatrix} ae^{-3x} \\ be^{3x} \\ ce^{5x} \end{bmatrix}$$

$$= \begin{bmatrix} 7/12 & -1/3 & 3/4 \\ 5/12 & 1/3 & -3/4 \\ -1/3 & 1/3 & 0 \end{bmatrix}\begin{bmatrix} ae^{-3x} \\ be^{3x} \\ ce^{5x} \end{bmatrix}$$

를 얻는다. 예를 들면

$$y_1 = \frac{7}{12}ae^{-3x} - \frac{1}{3}be^{3x} + \frac{3}{4}ce^{5x} \ . \ \square$$

§22. 이차식

실수로 만들어지는 수열 $(a_0, a_1, a_2, \ldots)$ 중에서 유한개를 제외한 모든 $a_i = 0$ 인 모임을 생각하자. 예를 들면 $(1,0,3,4,0,0,\ldots)$ 처럼 1, 3, 4를 제외한 모든 항들이 0 인 수열들의 모임이다. 이러한 특별한 모임에 덧셈과 곱셈을 다음과 같이 정의하자.

$$(a_0,a_1,a_2,\ldots)+(b_0,b_1,b_2,\ldots)=(a_0+b_0,a_1+b_1,a_2+b_2,\ldots),$$
$$(a_0,a_1,a_2,\ldots)\cdot(b_0,b_1,b_2,\ldots)=(c_0,c_1,c_2,\ldots)$$

여기서 $c_n=\sum_{i=0}^{n}a_{n-i}b_i=a_nb_0+a_{n-1}b_1+\cdots+a_1b_{n-1}+a_0b_n$

위 정의에서 특히, 수열$(0,1,0,0,\ldots)$을 문자 x로 표시하고 수열 $(r,0,0,0,\cdots)$은 실수 r로 표시하자. 즉,

$$x:=(0,1,0,0,\ldots),\ r:=(r,0,0,0,\cdots)$$

위에서 언급한 $x=(0,1,0,0,\ldots)$, $r=(r,0,0,0,\cdots)$ 그리고 음이 아닌 정수 n에 대하여 다음이 성립한다.

(1) $x^n=(0,0,\ldots,0,1,0,0,\ldots)$ (여기서 1은 $n+1$번째임)

(2) $rx^n=(0,0,\ldots,0,r,0,0,\ldots)$ (여기서 r은 $n+1$번째임)

유한개를 제외한 모든 $a_i=0$인 수열 $(a_0,a_1,a_2,\ldots)$의 모임을 기호 $\mathbb{R}[x]$로 사용하고 있고, 연산에 의하여 $\mathbb{R}[x]$는 정역이다. 환언하면, 우리가 중등수학에서 사용하고 있는 이차다항식 $3+\sqrt{2}x+x^2$ 이란 수열 $(3,\sqrt{2},1,0,0,\ldots)$이고 일반적으로 n차다항식

$$a_0+a_1x+a_2x^2+\cdots+a_nx^n$$

이란 수열 $(a_0,a_1,a_2,\cdots,a_n,0,0,0,\ldots)$이며 각 항 $a_0,a_1,a_2,\ldots,a_n$을 주어진 다항식의 계수라 부르고 특히, 계수 a_0를 상수항, a_n을 최고차항의 계수라 한다.

x,y를 변수로하고 실수를 계수로 하는 이변수 함수의 모임을 $\mathbb{R}[x,y]$로 표시하고 그 정의를

$$\mathbb{R}[x,y]=\mathbb{R}[x][y]$$

로 하자. 한편,

$$f=x^2y+x^3y+x^4+xy+y^2+3\in\mathbb{R}[x,y]$$

에 대하여

$$f=x^4+yx^3+yx^2+yx+(y^2+3)\in\mathbb{R}[y][x]$$

이므로

$$\mathbb{R}[x,y] = \mathbb{R}[x][y] = \mathbb{R}[y][x]$$

임을 쉽게 알 수 있다. 특히, 두 변수 x,y 에 대하여

$$q(x,y) = ax^2 + bxy + cy^2 \in \mathbb{R}[x,y]$$

의 형태를 이차형(quadratic form)이라 부른다. 예를 들어

$$q_1(x,y) = 2x^2 + 4xy - 3y^2,\ q_2(x,y) = \frac{x^2}{4} + \frac{y^2}{9},\ q_3(x,y) = xy$$

등은 이차형이다. 한편,

이들을 행렬의 표현을 빌리면

$$q_1(x,y) = 2x^2 + 4xy - 3y^2 = [x,y]\begin{bmatrix} 2 & 2 \\ 2 & -3 \end{bmatrix}\begin{bmatrix} x \\ y \end{bmatrix}$$

$$q_2(x,y) = [x,y]\begin{bmatrix} 1/4 & 0 \\ 0 & 1/9 \end{bmatrix}\begin{bmatrix} x \\ y \end{bmatrix}$$

$$q_3(x,y) = [x,y]\begin{bmatrix} 0 & 1/2 \\ 1/2 & 0 \end{bmatrix}\begin{bmatrix} x \\ y \end{bmatrix}$$

으로 쓸 수 있다. 이 때 사용되는 행렬은 항상 대칭행렬(행과 열을 바꾸어도 변하지 않는)이다.

한편,

$$q(x,y) = ax^2 + bxy + cy^2 + dx + ey + f \ \in \mathbb{R}[x,y]$$

를 일반이차형(general quadratic form)이라고 부른다. 이 때, 방정식

$$ax^2 + bxy + cy^2 + dx + ey + f = 0 \qquad (21-1)$$

의 그래프를 일반이차곡선이라 부르고 각 계수의 선택에 의하여 포물선, 타원, 쌍곡선을 나타낸다. 특히

원($x^2 + y^2 - r^2 = 0$),

포물선($y^2 - 4px = 0$),

타원($\frac{x^2}{a^2} + \frac{y^2}{b^2} - 1 = 0$),

쌍곡선($\frac{x^2}{a^2} - \frac{y^2}{b^2} \pm 1 = 0$)

를 이차곡선이라 부른다.

교과서에서는 분수함수 그래프($xy-1=0$)에 관한 언급은 없지만 이 또한 이차곡선이다. 개정교육과정(「기하와 벡터」)에서의 이차곡선은 분수함수의 언급 없이 학습지도상 축이 x-축, y-축에 평행한 것만 다루도록 되어 있다. 따라서 평행이동을 감안하면 식(22-1)에서 $b=0$이다. 즉, xy 항이 없는 일반이차형만 다루게 되어 있다. 그 이유는 xy 항이 살아 있으면 그래프를 그리기가 너무 어렵기 때문이다. 결론적으로 xy 항이 살아 있으면 회전이 일어난 것이고 회전각은 위에서 알아본 대칭행렬의 대각화 과정에서 결정된다. 이를 다음 예를 통하여 자세히 알아보자.

(22.1) EXAMPLE. (1) 평면상에 두 점 $(x_1, y_1), (x_2, y_2)$을 지나는 방정식 $c_1x+c_2y+c_3=0$을 결정해보자. 먼저 점을 대입하면

$$\begin{cases} c_1x+c_2y+c_3=0 \\ c_1x_1+c_2y_1+c_3=0 \\ c_1x_2+c_2y_2+c_3=0 \end{cases}$$

이고 이를 행렬로 바꾸면

$$\begin{bmatrix} x & y & 1 \\ x_1 & y_1 & 1 \\ x_2 & y_2 & 1 \end{bmatrix}\begin{bmatrix} c_1 \\ c_2 \\ c_3 \end{bmatrix}=\begin{bmatrix} 0 \\ 0 \\ 0 \end{bmatrix}$$

이다 위 3×3행렬의 역행렬이 존재하면 계수 c_i들이 0이므로

$$\det\begin{bmatrix} x & y & 1 \\ x_1 & y_1 & 1 \\ x_2 & y_2 & 1 \end{bmatrix}=0$$

이다. 예를 들어, 두 점을 (2,1),(3,7)로 잡으면

$$\det\begin{bmatrix} x & y & 1 \\ 2 & 1 & 1 \\ 3 & 7 & 1 \end{bmatrix}=0,\quad -6x+y+11=0$$

(2) 원으로 옮겨가 보자. 세 점 $(x_1,y_1),(x_2,y_2),(x_3,y_3)$을 원의 방정식

$$c_1(x^2+y^2)+c_2x+c_3y+c_4=0$$

에 대입하여 이를 행렬로 표시하고 행렬식의 값을 택하면

$$\det\begin{bmatrix} x^2+y^2 & x & y & 1 \\ x_1^2+y_1^2 & x_1 & y_1 & 1 \\ x_2^2+y_2^2 & x_2 & y_2 & 1 \\ x_3^2+y_3^2 & x_3 & y_3 & 1 \end{bmatrix}=0$$

을 얻는다. 예를 들어, 세 점 (1,7),(6,2),(4,6)을 지나는 원의 방정식을 구하면

$$\det\begin{bmatrix} x^2+y^2 & x & y & 1 \\ 50 & 1 & 7 & 1 \\ 40 & 6 & 2 & 1 \\ 52 & 4 & 6 & 1 \end{bmatrix}=0,\ (x-1)^2+(y-2)^2=5^2$$

이다.

(3) 일반이차형(general quadratic form)의 방정식

$$c_1x^2+c_2xy+c_3y^2+c_4x+c_5y+c_6=0$$

으로 옮겨가 보자. 태양을 돌고 있는 소행성의 궤도를 태양의 위치를 직교좌표계의 원점으로 하여 그 궤적을 구해보자. 본 좌표계에서의 단위 길이(astronomical unit) 1은 태양과 지구 사이의 평균거리로 9,300만 마일(1마일=1.6km)을 사용한다. 이 때, Kepler의 타원궤도 법칙에 의하여 관측자는 서로 다른 5개의 관측 자료가 있어야 한다. 만일 관측자료가

(8.025, 8.310), (10.170, 6.355), (11.202, 3.212), (10.736, 0.375), (9.092, −2.267)

일 때 『행렬식=0』 을 계산하면

$$\det\begin{bmatrix} x^2 & xy & y^2 & x & y & 1 \\ 64.401 & 66.688 & 69.056 & 8.025 & 8.310 & 1 \\ 103.429 & 64.630 & 40.386 & 10.170 & 6.355 & 1 \\ 125.485 & 35.981 & 10.317 & 11.202 & 3.212 & 1 \\ 115.262 & 4.026 & 0.141 & 10.736 & 0.375 & 1 \\ 82.664 & -20.612 & 5.139 & 9.092 & -2.267 & 1 \end{bmatrix}=0$$

으로부터 Maple 등을 이용하면

$$386.802x^2-102.895xy+446.029y^2-2476.443x-1427.998y-17109.357=0$$

을 얻는다. 이를 그래프로 그리면 다음과 같다. □

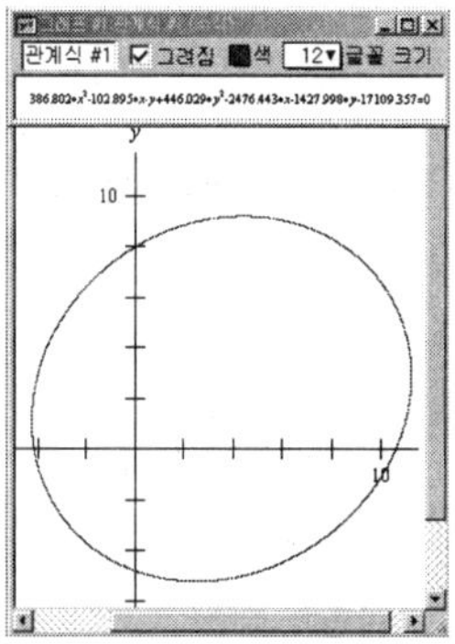

다음처럼 회전이 있는 이차곡선의 그래프를 그릴 때, 행렬의 이용은 절대적이다.

(22.2) TEAM PROJECT. 고유백터와 고유값의 의미를 살펴보자.

(22.3) EXAMPLE. 일반이차곡선 $x^2+2xy-y^2-1=0$의 그래프를 다음 과정을 거치면서 그려보자.

[과정1] 이차형 $q(x,y)=x^2+2xy-y^2$을 행렬로 표현하면 다음과 같다.

$$x^2+2xy-y^2=[x,y]\begin{bmatrix}1 & 1\\ 1 & -1\end{bmatrix}\begin{bmatrix}x\\ y\end{bmatrix}$$

[과정2] 행렬 $A:=\begin{bmatrix}1 & 1\\ 1 & -1\end{bmatrix}$을 대각화하자.

① 행렬 A 의 고유값을 구하자.

$$\det(A-\lambda I)=\det\left(\begin{bmatrix}1 & 1\\ 1 & -1\end{bmatrix}-\lambda\begin{bmatrix}1 & 0\\ 0 & 1\end{bmatrix}\right)$$

$$=\det\left(\begin{bmatrix}1-\lambda & 1\\ 1 & -1-\lambda\end{bmatrix}\right)=\lambda^2-2$$

이므로 고유값 $\lambda=\pm\sqrt{2}$를 얻는다.

② 고유값에 해당하는 고유벡터를 각각 구하자.

$\lambda=\sqrt{2}$일 때, 연립방정식 $\begin{cases}x+y=\sqrt{2}\,x\\ x-y=\sqrt{2}\,y\end{cases}$으로부터 고유벡터 $\begin{bmatrix}1\\ \sqrt{2}-1\end{bmatrix}$을 구

하고 마찬가지로 $\lambda=-\sqrt{2}$ 일 때, 고유벡터 $\begin{bmatrix} -1 \\ \sqrt{2}+1 \end{bmatrix}$을 얻는다.

③ 두 고유벡터의 노름(norm, 벡터의 길이)을 1로 만든 후 이들을 순서대로 열로 사용하자.

$$Q := \begin{bmatrix} \dfrac{1}{\sqrt{4-2\sqrt{2}}} & \dfrac{-1}{\sqrt{4+2\sqrt{2}}} \\ \dfrac{\sqrt{2}-1}{\sqrt{4-2\sqrt{2}}} & \dfrac{\sqrt{2}+1}{\sqrt{4+2\sqrt{2}}} \end{bmatrix}$$

이 때, 행렬 A의 대각화

$$Q^T \begin{bmatrix} 1 & 1 \\ 1 & -1 \end{bmatrix} Q = \begin{bmatrix} \sqrt{2} & 0 \\ 0 & -\sqrt{2} \end{bmatrix}$$

를 얻는다(여기서 Q^T 란 행렬 Q의 행과 열을 바꾼 전치행렬이다).

[과정3] 치환하여보자.

$\begin{bmatrix} x \\ y \end{bmatrix} = Q\begin{bmatrix} u \\ v \end{bmatrix}$로 치환하자. 이 때,

$$[x,y] = (Q\begin{bmatrix} u \\ v \end{bmatrix})^T = (\begin{bmatrix} u \\ v \end{bmatrix})^T Q^T = [u,v]\,Q^T$$

이고

$$\begin{aligned} x^2+2xy-y^2 &= [x,y]\begin{bmatrix} 1 & 1 \\ 1 & -1 \end{bmatrix}\begin{bmatrix} x \\ y \end{bmatrix} \\ &= [u,v]\,Q^T A\, Q\begin{bmatrix} u \\ v \end{bmatrix} \\ &= [u,v]\begin{bmatrix} \sqrt{2} & 0 \\ 0 & -\sqrt{2} \end{bmatrix}\begin{bmatrix} u \\ v \end{bmatrix} \\ &= \sqrt{2}\,u^2 - \sqrt{2}\,v^2 \end{aligned}$$

를 얻는다. 그러므로 치환 $\begin{bmatrix} x \\ y \end{bmatrix} = Q\begin{bmatrix} u \\ v \end{bmatrix}$에 의하여 $x^2+2xy-y^2-1=0$ 은 $\sqrt{2}\,u^2-\sqrt{2}\,v^2=1$로 바뀌었다. 즉, 행렬 A의 대각화

$$\begin{bmatrix} \sqrt{2} & 0 \\ 0 & -\sqrt{2} \end{bmatrix}$$

에 의하여 $u\,v$ 항이 나타나지 않는다. 치환 $\begin{bmatrix} x \\ y \end{bmatrix} = Q\begin{bmatrix} u \\ v \end{bmatrix}$란 u축의 단위 벡터

$\begin{bmatrix}1\\0\end{bmatrix}$이 xy 좌표에서는

$$\begin{bmatrix}x\\y\end{bmatrix} = Q\begin{bmatrix}1\\0\end{bmatrix} = \begin{bmatrix}\dfrac{1}{\sqrt{4-2\sqrt{2}}}\\ \dfrac{\sqrt{2}-1}{\sqrt{4-2\sqrt{2}}}\end{bmatrix}$$

이므로 uv 축을 θ (여기서 $\tan(\theta)=\sqrt{2}-1$)만큼 시계방향으로 회전하면 xy 축과 일치한다. 따라서 쌍곡선 $\sqrt{2}u^2-\sqrt{2}v^2=1$을 θ 만큼 반시계방향으로 회전하면

$$x^2+2xy-y^2-1=0$$

의 그래프를 얻는다.

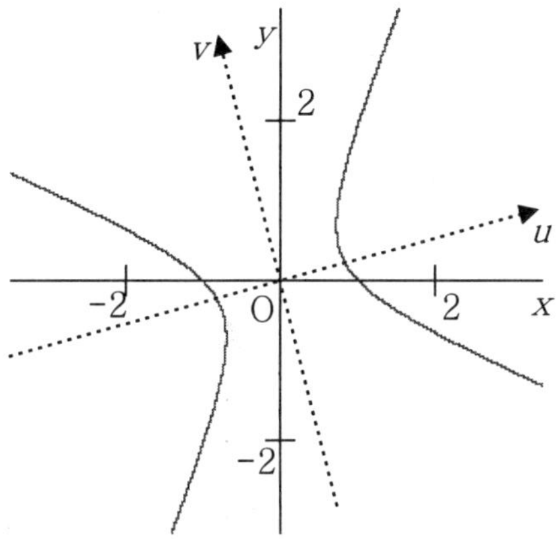

□

중등과정(「기하와 벡터」)에서 일차변환이란 크기가 2×2인 행렬이며 역으로 크기가 2×2인 행렬이란 평면에서 평면으로 가는 일차변환임을 알아보았다. 물론 공간에서 공간으로 옮겨가면 행렬의 크기는 3×3이 된다. 한편, 평면에서 평면으로의 행렬 A를 선형변환이라 부르는 이유는 함수 A가 정사각형을 평행사변형으로 보내기 때문이다. 환언하면 원점을 지나는 직선을 원점을 지나는 직선으로 보낸다. 따라서 처음 면적과 A에 의하여 변형된 면적의 비율을 A의 행렬식(determinant of A)이라 부른다. 즉

$$\det(A)=|A|=\pm\frac{(A\text{에 의하여 변형된 면적})}{(\text{원래의 면적})}$$

이다. 참고로 음의 부호는 방향이 뒤틀렸음을 의미한다. 구체적 예를 만들어

확인해 보자.

다음에서 선형변환의 의미를 다시 음미해 보자. 즉 원점을 중심으로 하는 원(단위원)을 어디로 보낼 까?

(22.4) EXAMPLE. 행렬(선형변환) $\begin{bmatrix} 5 & 3 \\ 3 & 5 \end{bmatrix}$은 원점을 중심으로 한 단위원을 어디로 보내는지 살펴보자. 고유값은

$$\begin{vmatrix} 5-\lambda & 3 \\ 3 & 5-\lambda \end{vmatrix} = (5-\lambda)^2 - 9 = 0$$

이므로

$$\lambda_1 = 8, \lambda_2 = 2$$

을 얻는다. 이 때, 각각 대응하는 고유벡터를 구하면

$$\begin{bmatrix} 1 \\ 1 \end{bmatrix}, \begin{bmatrix} 1 \\ -1 \end{bmatrix}$$

이다. 따라서 다음 그림을 얻는다.

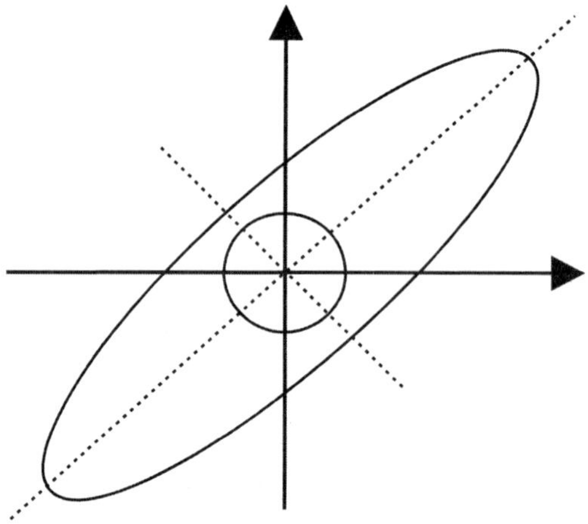

(22.5) TEAM PROJECT. 행렬식(determinant)을 고유값으로 어떻게 나타내는지 알아보자.

(22.6) EXAMPLE(치환적분과 행렬). 1979년에 Apéry는 $\zeta(2), \zeta(3)$이 모두

무리수임을 보이는데 중적분

$$I=\int_0^1\int_0^1\frac{1}{1-xy}\,dx\,dy$$

을 사용하였다. 이를 이용하여 $\zeta(2)$를 구해보자.[51]

(풀이) 먼저 $\dfrac{1}{1-xy}=\sum_{n=0}^{\infty}x^n y^n$ 이므로

$$I=\int_0^1\int_0^1\frac{1}{1-xy}\,dx\,dy=\int_0^1\int_0^1\sum_{n=0}^{\infty}x^n y^n\,dx\,dy$$

$$=\int_0^1\sum_{n=0}^{\infty}\frac{y^n}{n+1}\,dy=\sum_{n=0}^{\infty}\frac{1}{(n+1)^2}=\zeta(2)$$

따라서 $I=\int_0^1\int_0^1\frac{1}{1-xy}\,dx\,dy$를 계산하자. 먼저 치환

$$x=\frac{u-v}{\sqrt{2}},\ y=\frac{u+v}{\sqrt{2}}$$

을 하면 $1-xy=\dfrac{2-u^2+v^2}{2}$이다. 한편 치환은 영역 $[0,1]\times[0,1]$을 다음과 같이 옮겨준다.

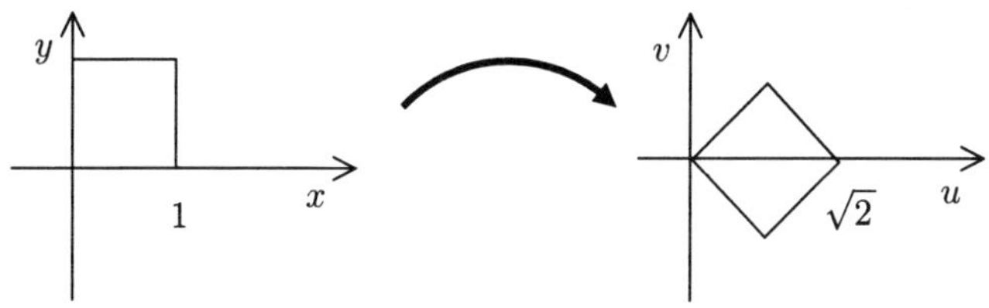

그 이유는 치환 $x=\dfrac{u-v}{\sqrt{2}}$, $y=\dfrac{u+v}{\sqrt{2}}$를 행렬로 표시하면

$$T:\mathbb{R}^2\to\mathbb{R}^2,\ T\begin{bmatrix}x\\y\end{bmatrix}=\begin{bmatrix}\frac{1}{\sqrt{2}}&\frac{1}{\sqrt{2}}\\-\frac{1}{\sqrt{2}}&\frac{1}{\sqrt{2}}\end{bmatrix}\begin{bmatrix}x\\y\end{bmatrix}=\begin{bmatrix}u\\v\end{bmatrix}$$

---

51) T. M. Apostal, A proof that Euler Missed: Evaluating $\zeta(2)$ the eazy way, The Mathematical Intelligencer 5(3) (1983) 59-60.

이기 때문이다. 즉, 치환은 시계방향으로 45° 회전을 의미한다. 그러므로

$$I=\int_0^1\int_0^1 \frac{1}{1-xy}\ dx\ dy$$

$$=2\int_0^{1/\sqrt{2}}\left(\int_0^u \frac{2\ dv}{2-u^2+v^2}\right)du+2\int_{1/\sqrt{2}}^{\sqrt{2}}\left(\int_0^{\sqrt{2}-u}\frac{2\ dv}{2-u^2+v^2}\right)du$$

이다. 한편, $\int_0^x \frac{dt}{a^2+t^2}=\frac{1}{a}\ \tan^{-1}\left(\frac{x}{a}\right)$ 이므로

$$\int_0^u \frac{dv}{2-u^2+v^2}=\frac{1}{\sqrt{2-u^2}}\ \tan^{-1}\left(\frac{u}{\sqrt{2-u^2}}\right),$$

$$\int_0^{\sqrt{2}-u}\frac{dv}{2-u^2+v^2}=\frac{1}{\sqrt{2-u^2}}\ \tan^{-1}\left(\frac{\sqrt{2}-u}{\sqrt{2-u^2}}\right)$$

$$\int_0^{\sqrt{2}-u}\frac{dv}{2-u^2+v^2}=\frac{1}{\sqrt{2-u^2}}\ \tan^{-1}\left(\frac{\sqrt{2}-u}{\sqrt{2-u^2}}\right)$$

이다. 즉,

$$I=\int_0^1\int_0^1 \frac{1}{1-xy}\ dx\ dy$$

$$=4\int_0^{1/\sqrt{2}}\tan^{-1}\left(\frac{u}{\sqrt{2-u^2}}\right)\frac{du}{\sqrt{2-u^2}}$$

$$+4\int_{1/\sqrt{2}}^{\sqrt{2}}\tan^{-1}\left(\frac{\sqrt{2}-u}{\sqrt{2-u^2}}\right)\frac{du}{\sqrt{2-u^2}}$$ 이다.

한편, 위 식에서 $u=\sqrt{2}\ \sin\theta$로 치환하면

$du=\sqrt{2}\ \cos\ \theta\ d\theta=\sqrt{2-u^2}\ d\theta$ 이고 $\tan\ \theta=\frac{u}{\sqrt{2-u^2}}$ 이므로

$$4\int_0^{1/\sqrt{2}}\tan^{-1}\left(\frac{u}{\sqrt{2-u^2}}\right)\frac{du}{\sqrt{2-u^2}}=4\int_0^{\pi/6}\theta\ d\theta=2\left(\frac{\pi}{6}\right)^2$$

이고 $u=\sqrt{2}\ \cos\ 2\theta$로 치환하면

$$du=-2\sqrt{2}\sin\ 2\theta\ d\theta$$

$$=-2\sqrt{2}\sqrt{1-\cos^2 2\theta}\ d\theta$$

$$=-2\sqrt{2}\sqrt{1-u^2/2}\ \theta$$

$$= -2\sqrt{2-u^2}\, d\theta$$

이고

$$\begin{aligned}\frac{\sqrt{2}-u}{\sqrt{2-u^2}} &= \frac{\sqrt{2}(1-\cos\ 2\theta)}{\sqrt{2-2\cos^2\ 2\theta}} \\ &= \sqrt{\frac{1-\cos\ 2\theta}{1+\cos\ 2\theta}} \\ &= \sqrt{\frac{2\sin^2\theta}{2\cos^2\theta}} \\ &= \tan\theta\end{aligned}$$

이다. 따라서

$$4\int_{1/\sqrt{2}}^{\sqrt{2}} \tan^{-1}\left(\frac{\sqrt{2}-u}{\sqrt{2-u^2}}\right)\frac{du}{\sqrt{2-u^2}} = 8\int_0^{\pi/6}\theta\, d\theta = 4\left(\frac{\pi}{6}\right)^2$$

이 되어

$$\zeta(2) = \int_0^1\int_0^1 \frac{1}{1-xy}\ dx\ dy = 6\left(\frac{\pi}{6}\right)^2 = \frac{\pi^2}{6}$$

이다. □

(22.7) LETTER OF RECOMMENDATION. 행렬을 주제로 한 학기 동안 방과후에 학생을 지도해보자. 이 때, 교수·학습내용을

(1) 학생들의 포트폴리오 작성과 자료축적을 어떻게 지도할 것인가?

(2) 생활기록부에 학생의 노력과 학습발달을 어떻게 기록할 것인가?

(3) 상위학교 진학을 위한 추천서 작성 시 방과후 활동 내용을 어떻게 추천서에 언급할 것인가?

를 염두에 두고 학생을 지도하여 보자.

Chapter VI 적분

본 장에서 우리는

(1) $\int x\, e^x\, dx$, $\int x^2\, e^x\, dx$

(2) $\int x \sin x\, dx$, $\int x \cos x\, dx$

(3) $\int \sin x \sin 2x\, dx$, $\int \cos 2x \sin 2x\, dx$

의 적분이 무엇을 의미하는지를 알아보았다. 교과서 「미분과 적분」에서 다루는 형태를 몇 개 나열하고 각 적분의 의미를 알아보자. 또한, 적분의 연장선에서 구분구적법의 활용의 예를 들어 보았다.

7차교육과정에서 교과목별 의미을 살펴보면 「수학 I」은 함수를 다루고 「수학 II」는 다항함수를 대상으로 미적분의 개념을 다루고 있다. 이에 반하여 「미분과 적분」에서는 초월함수를 바탕으로 한 기교적 적분기법을 다루고 있다. 이런 의미에서 실제 「수학 II」는 개념적인 교과이기 때문에 그 중요성은 더욱 강조될 수 있다.

한편, 「미분과 적분」은 학생입장에서는 기교(치환, 삼각함수의 여러 가지 공식, 부분분수, 부분적분법 등)를 통하여 적분을 수행하는 것이라면 교사의 입장에서는 적분형태의 의미를 추구하는 것이라고 판단한다. 몇 가지 적분의 의미를 교과서의 예를 통하여 알아보자. 먼저, 다음 표를 생각해 보자.

	수학 II	미분과 적분
주제	구분구적법	적분법(치환, 부분분수, 부분적분법 등)
대상	다항함수	삼각함수, 지수함수, 분수함수 등
내용	구분구적법의 계산	적분법의 이해
실예	• 통계자료나 실험값을 바탕으로 지니계수나 심박출양 등을 구한다 • $\ln 2, \pi$ 등의 근삿값을 구한다	• 미분방정식에 근거한 적분을 다룬다 (예: $\int \frac{1}{x(1-x)}\,dx$, $\int \frac{f'(x)}{f(x)}\,dx$) 등) • 벡터공간에서 projection을 룬다 (예: $\int x\,e^x\,dx$, $\int e^x \sin x\,dx$ 등)
목적	구분구적법의 활용	(학생) 여러 가지 적분법 (교사) 적분의 의미

§23. 적분의 의미

(23.1) COMPOSITION RULE($\dfrac{f'(x)}{f(x)}$ 꼴의 적분법).

(설명) 본 적분은 개체수의 추정과 관련되어 "개체수는 개체수의 변화율에 비례한다"에서 온다. 즉, $y'(t)$(변화율)이 $y(t)$에 비례한다면 비례식

$$y'(t) = cy(t),\ c\text{는 상수}$$

으로 부터

$$\frac{y'(t)}{y(t)} = c$$

이고 이를 적분하면 $\ln[y(t)] = ct + k$ (k는 적분상수)이므로

$$y(t) = Ae^{ct}\ (\text{여기서 } A = e^k)$$

인 지수함수를 자연스럽게 얻게 된다. 한편, 물의 온도변화(뉴턴의 냉각법칙)에서도 이를 확인할 수 있다. 시간 t에서 용액의 온도를 $T(t)$라 하면

$T'(t)$는 온도의 변화율이다. 실내온도를 22°C라고 하면, 온도변화율 $T'(t)$는 주위와의 온도차 $T(t)-22$에 비례하므로 비례상수 c(여기서 c는 음수)가 존재하여

$$T'(t) = c\,(T(t)-22),\quad \frac{T'(t)}{T(t)-22} = c$$

이다. 이로부터 지수함수를 얻게 된다. (23.8) IN YOUR OWN WORDS(커피는 어떤 경우에 천천히 식을까?)에서 다시 다루어 보자.

합성함수미분법 (23.1)은 개체가 주어진 환경을 고려하지 않은 것이다. 예를 들어 「물고기의 개체수의 변화율은 개체수에 비례한다」에서는 물고기가 살고 있는 저수지의 크기나 영양상태 등을 고려하지 않은 것이다. 다음에서 저수지의 크기와 같은 환경을 고려해 보자.

(23.2) PARTIAL FRACTIONS($\int \frac{1}{x(1-x)}\,dx$).

(설명) 먼저 분수함수 $\frac{1}{x(1-x)}$을 분모가 x, $1-x$ 인 분수식의 합의 꼴로 변형한다.

$$\frac{1}{x(1-x)} = \frac{A}{x} + \frac{B}{1-x}$$

로 놓으면

$$\frac{1}{x(1-x)} = \frac{A(1-x)+Bx}{x(1-x)}$$

이고 계수를 비교하면

$$A=1,\ B-A=0$$

이므로

$$\int \frac{1}{x(1-x)}\,dx = \int \left(\frac{1}{x} + \frac{1}{1-x}\right) dx = \int \frac{1}{x}\,dx + \int \frac{1}{1-x}\,dx$$

따라서

$$\begin{aligned}\int \frac{1}{x(1-x)}\,dx &= \int \frac{1}{x}\,dx + \int \frac{1}{1-x}\,dx \\ &= \ln|x| - \ln|1-x| + C\end{aligned}$$

본 문제는 개체가 속한 환경을 고려하여 개체수의 변화를 측정하는 것이다. 우리가 관찰하는 개체수($y(t)$)가 K를 넘지 못할 때, 개체수의 변화율은

$$\frac{dy}{dt} = cy\left(1 - \frac{y}{K}\right) \quad (\text{여기서 } c \text{ 는 상수})$$

이고

$$\int \frac{dy}{y(1-\frac{y}{K})} = \int (\frac{1}{y} + \frac{1}{K-y})\, dy = \int c\, dt$$

이를 적분하면 $\ln y - \ln(K-y) = ct + c_0$, 여기서 c_0 는 적분상수, 이고

$$\ln \frac{K-y}{y} = -ct - c_0,\ \frac{K-y}{y} = Ae^{-ct},\ A = e^{-c_0}$$

를 얻는다. 따라서 함수는

$$y(t) = \frac{K}{1 + Ae^{-ct}}$$

이다.

주어진 상황에서 상수 처리를 하면, 다음 예와 같이

$$y(t) = \frac{168}{1 + \frac{16}{5}(\frac{1}{8})^t}$$

와 같은 함수를 얻게 된다.

(23.3) EXAMPLE. 우리나라 한 동굴의 박쥐수가 다음과 같다.

(단위: 1000마리)

년	2006	2008	2010
박쥐 수	40	120	160

2012년의 박쥐 수를 예측해보고 이 동굴에서 최대 몇 마리가 살 수 있는지 알아보자.

(풀이) 먼저 $t=0$은 2006년, $t=1$은 2008년으로 하자. 식

$$\frac{dy}{dt} = c\,y\left(1 - \frac{y}{K}\right)$$

은 다음으로 변형된다.

$$\int \frac{dy}{y(1-\frac{y}{K})} = \int (\frac{1}{y} + \frac{1}{K-y})\,dy = \int c\,dt$$

이를 적분하면 박쥐의 수를 나타내는 함수는

$$y(t) = \frac{K}{1+Ae^{-ct}}$$

이다. 이제 세 상수 K, A, e^{-c}를 구하자. 먼저 $y(0)=40$ 이므로

$$K = 40(1+A)$$

이고 $t=1,2$를 연속 대입하면

$$120 = \frac{40(1+A)}{1+Ae^{-c}},\ 160 = \frac{40(1+A)}{1+Ae^{-2c}}$$

을 얻는다. $B = e^{-c}$ 라면 위 식은

$$1+A = 3+3AB,\ 1+A = 4+4AB^2$$

로 변형되고 이로부터 $8B^2-9B+1=0$이다. 한편 $c \neq 0$임으로 $B \neq 1$이다. 따라서 $B=1/8$이고 이로부터 $A=16/5$, $K=168$이다. 따라서 우리의 박쥐수함수는

$$y(t) = \frac{168}{1+\frac{16}{5}(\frac{1}{8})^t}$$

이다. 함수의 그래프를 그려보자.

```
>plot((168)/(1+16/5*(1/8)^t), t=0..4);
```

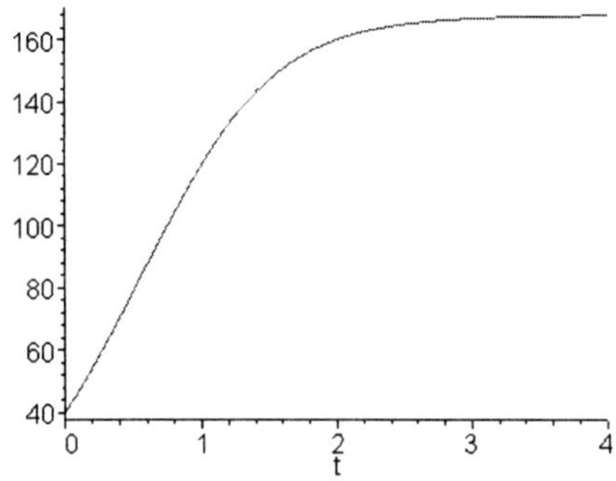

한편 2012년은 $t=3$이므로

```
> evalf((168)/(1+16/5*(1/8)^3));
            166.9565217
```

166,956마리로 예측할 수 있다. 한편 K값의 의미로부터 그래프는 168,000에 수렴한다. □

(23.3) INTEGRAL BY PARTS I($\int x^2\ e^x\ dx,\ \int\ x\ \sin 2x\ dx$).

(설명) (20.8)에서 지수함수를 정의하였고 지수함수를 구하는 두 가지 방법을 소개하였다. $3^{\sqrt{2}}$ 를 교과서에서는 학생들을 위하여 수열

$$3^{1.4},\ 3^{1.41},\ 3^{1.414},\ 3^{1.4142},\ \ldots$$

의 극한값의 존재를 인정하고 이 극한값을 $3^{\sqrt{2}}$로 정의한다. 물론 엄밀한 정의를 위해서는

$$\log\ x = \int_1^x \frac{1}{t}\,dt,\ x > 0$$

을 도입하였고 역함수 $y=g(x),\ x \in \mathbb{R}$는 임의의 유리수 r에 대하여 $g(r)=e^r$이고 임의의 실수 x에 대하여

$$e^x = g(x)$$

로 정의하였다. 이로부터

$$3^{\sqrt{2}} = e^{\sqrt{2}\log 3}$$

을 얻는다. 이 과정을 보더러도 지수함수 $y= e^{x}$는 매우 어려운 함수임에 틀림없다. 이에 대하여는 §17, §18절에서 상세히 다루었다.

삼각함수와 지수함수를 바탕으로 다음 내용을 살펴보자.

(23.4) EXERCISE. 다음 그래프를 해석하시오

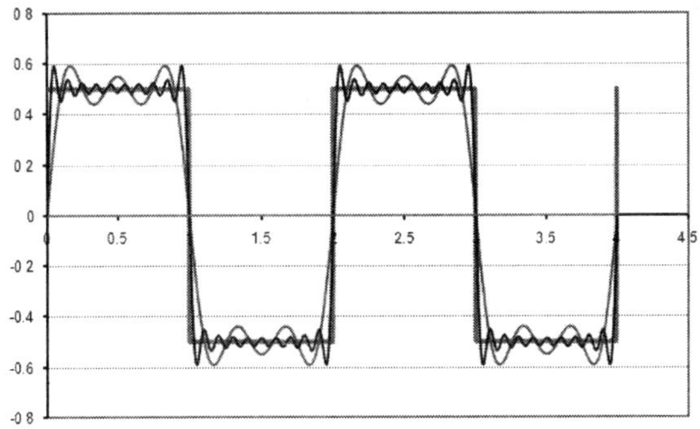

(23.5) EXERCISE(Half-Range Expansions). (1) 다음을 해석해 보자.

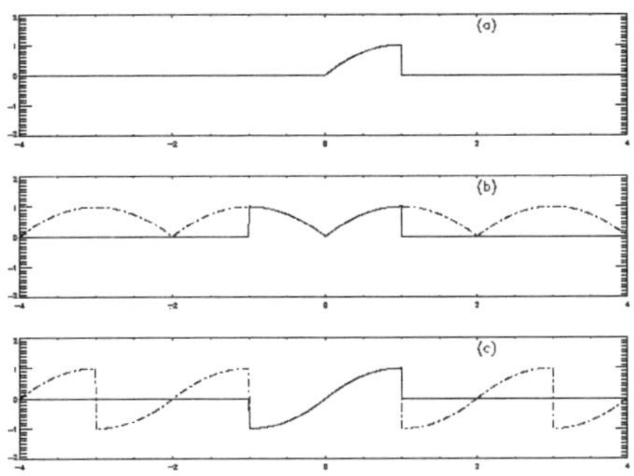

(2) $\int e^{x}\sin x\ dx$, $\int e^{x}\cos x\ dx$의 용도를 설명하시오(식(20-4) 참고).

(23.6) INTEGRAL BY PARTS II ($\int e^{-x} x^2 \, dx \int (\log(x))^2 \, dx$)

(설명) 중등과정에서 n개 전체를 일렬로 늘어놓은 순열의 수를 n의 계승이라 부르고 $n!$로 표시한다. 한편, 서로 다른 n개의 원소 중에서 k개를 순서없이 뽑는 것을 조합이라 하며 기호 ${}_nC_k$ 로 나타낸다. 교육과정에서는 순열의 수 ${}_nP_k$ 를 먼저 도입하고 이를 바탕으로 식

$$ {}_nC_k = \frac{{}_nP_k}{k!} = \frac{n!}{k!(n-k)!} \qquad (0 \le k \le n) $$

을 사용하고 있다. 정의에 의하여 음이 아닌 정수에 대하여 $n!$을 정의한다. 오일러가 $n!$을 임의의 양의 실수 x에 대하여 어떻게 정의하였는지 알아보자. 먼저 양의 실수 λ에 대하여

$$ \Gamma(\lambda) = \int_0^\infty e^{-t} t^{\lambda-1} \, dt $$

를 식(5-2)에서 언급한 감마함수[52](gamma function)이다. 부분적분법을 쓰면

$$ \Gamma(\lambda+1) = \int_0^\infty e^{-t} t^{\lambda} \, dt = -e^{-t} t^{\lambda} |_0^\infty + \lambda \int_0^\infty e^{-t} t^{\lambda-1} \, dt $$

이고 따라서

$$ \Gamma(\lambda+1) = \lambda \Gamma(\lambda) $$

이다. 특히,

---

52) Leonhard Euler(1707-1783)가 팩토리얼 $n!$을 정수가 아닌 수로 확장하기 위하여 Gamma 함수를 1729년에 도입하였다. 오일러는 1730년 1월 8일자 Christian Goldbach에 보낸 편지에서 다음 정의

$$ \Gamma(x) = \int_0^1 (-\log(t))^{x-1} \, dt \qquad (x > 0) $$

를 제안하였다(여기서 log는 자연로그임). 물론 치환 $u = -\log(t)$에 의하여 $du = -(1/t)\, dt$ 이므로 $\Gamma(\lambda) = \int_0^\infty e^{-t} t^{\lambda-1} \, dt$를 얻는다. 한편, Goldbach에게 1729년 10월 13일자로 보낸 편지에서는 $\Gamma(x) = \lim_{p \to \infty} \Gamma_p(x)$, $\Gamma_p(x) = \frac{p^x}{x(1+x/1)\cdots(1+x/p)}$ $(x > 0)$로 정의하였다. 이 함수는 Legendre(1752-1833), Gauss(1777-1855), Gudermann(1798-1852), Liouville (1809-1882), Weierstrass(1815-1897), Hermite (1822-1901) 등의 수학자들에의 의하여 연구 발전되었다,

$$\Gamma(1)=\int_0^\infty e^{-t}\ dt = -e^{-t}|_0^\infty = 0-(-1)=1$$

이므로

$$\Gamma(2)=\Gamma(1)=1!,\quad \Gamma(3)=2\Gamma(2)=2!,\quad \Gamma(4)=3\Gamma(3)=3!,$$

이고 일반적으로

$$\Gamma(n+1)=n! \qquad (n=0,1,2,\cdots) \qquad (23-1)$$

을 얻는다. 수학I에서

$$0!=1$$

로 정의하는 것은 순열의 수 ${}_nP_r=\dfrac{n!}{(n-r)!}$에서 $n=r$로 택하였을 때 등식을 성립시키기 위해서이다. 그러나 더 자연스럽게 적분으로부터 $0!=1$이 수학적으로 보장된다. 구체적인 적분에 의하여[53)]

$$\Gamma(\frac{1}{2})=\sqrt{\pi}$$

이며, 이로부터 $\Gamma(\frac{5}{2})=\Gamma(\frac{3}{2}+1)=\frac{3}{2}\Gamma(\frac{3}{2})=\frac{3}{2}\frac{1}{2}\Gamma(\frac{1}{2})=\frac{3\sqrt{\pi}}{4}$

이고, 양의 정수 n에 대하여

$$\Gamma(\frac{1}{2}+n)=\frac{1\cdot3\cdot5\cdots(2n-1)}{2^n}\sqrt{\pi}$$

가 성립한다. 따라서

$$\frac{3}{2}!=\frac{3}{4}\sqrt{\pi}$$

양의 실수 $x>0$에 대하여 앞에서 알아본 감마함수를 이용한 함수

---

53) • W. Fleming, Functions of several variables, 2nd. ed., Springer-Verlag, New York, 1977(219쪽 참고).

• $\Gamma(\frac{1}{2})=\int_0^\infty e^{-t}t^{-\frac{1}{2}}dt$에서 치환 $t=x^2$에 의하여 $\Gamma(\frac{1}{2})=\int_{-\infty}^\infty e^{-x^2}dx$이고 따라서

$[\Gamma(\frac{1}{2})]^2=\int_{-\infty}^\infty e^{-x^2}dx\int_{-\infty}^\infty e^{-y^2}dy=\int\int e^{-(x^2+y^2)}dxdy=\lim_{b\to\infty}\int_0^{2\pi}\int_0^b re^{-r^2}dr\,d\theta=\pi$

(마지막은 극좌표치환으로 $x=r\cos\theta, y=r\sin\theta, dA=r\,dr\,d\theta$)

$$\frac{1}{\Gamma(x)}\int_0^\infty \frac{u^{x-1}}{e^u-1}\,du \qquad (23-2)$$

는 리만제타함수[54]이다. 이유를 살펴보자. $x=n$이 정수일 때 식(23−2)가 리만제타함수임을 보이자. 먼저

$$\frac{u^{n-1}}{e^u-1}=\frac{e^{-u}u^{n-1}}{1-e^{-u}}, \quad \frac{1}{1-e^{-u}}=\sum_{k=0}^{\infty} e^{-ku}$$

이므로

$$\frac{u^{n-1}}{e^u-1}=e^{-u}u^{n-1}\sum_{k=0}^{\infty}e^{-ku}=\sum_{k=1}^{\infty}e^{-ku}\,u^{n-1}$$

이다. 따라서

$$\int_0^\infty \frac{u^{n-1}}{e^u-1}\,du = \sum_{k=1}^{\infty}\int_0^\infty e^{-ku}\,u^{n-1}\,du$$

이다. 그러므로 식 (5−4)는

$$\frac{1}{\Gamma(n)}\sum_{k=1}^{\infty}\int_0^\infty e^{-ku}\,u^{n-1}\,du$$

로 변형된다. $y=ku$로 치환하면 $dy=k\,du$이므로 식(23−2)는

$$\frac{1}{\Gamma(n)}\sum_{k=1}^{\infty}\int_0^\infty e^{-y}\,(\frac{y}{k})^{n-1}(\frac{1}{k})\,dy = \frac{1}{\Gamma(n)}\sum_{k=1}^{\infty}\frac{1}{k^n}\int_0^\infty e^{-y}\,y^{n-1}\,dy$$

$$=\frac{1}{\Gamma(n)}\sum_{k=1}^{\infty}\frac{1}{k^n}\Gamma(n)$$

이므로 우리는 흔히 사용하고 있는 양의 정수에 대하여

$$\zeta(n)=\frac{1}{\Gamma(n)}\int_0^\infty \frac{u^{n-1}}{e^u-1}\,du$$

을 얻는다.

다음에서 근삿값을 구하는 용도로서의 적분을 알아보자.

---

54) H.M. Edwards, Riemann's Zeta Function, Academic Press, 1974.

(23.7) TRIGONOMETRIC SUBSTITUTIONS($\int \frac{1}{1+x^2}dx$).

(설명) $x=\tan t$ 로 놓으면 $dx=\sec^2 t\,dt$ 이므로

$$\begin{aligned}\int_0^1 \frac{1}{1+x^2}dx &= \int_0^{\pi/4}\frac{\sec^2 t}{1+\tan^2 t}dt\\ &= \int_0^{\pi/4}\frac{\sec^2 t}{(\cos^2 t+\sin^2 t)/\cos^2 t}dt\\ &= \int_0^{\pi/4} 1\,dt = \frac{\pi}{4}\end{aligned}$$

이다.

이 문제는 정적분 $\int_0^1 \frac{4}{1+x^2}dx$ 를 소수점 이하 30자리까지 정확히 구하는 문제로 환원된다. 이차다항식을 이용한 Simpson의 방법(Parabolic rule, Simpson's rule)은 적분구간을 정칙분할하여 처음부터 이웃한 세 점을 지나는 이차함수를 결정하고 이 이차함수를 정적분하여 더해나가는 수치적분법이다. 이를 구체적으로 알아보자.

구간 $[a,b]$ 에서 정의된 함수 $f(x)$ 에 대하여 먼저 구간을 같은 길이로 n 등분하자. 이 때, $h=(b-a)/n$ 이라 하고 각 분할 점들을

$$a=x_0<x_1<\cdots<x_n=b$$

로 표시하자.

이 때, 다음 그림을 얻는다.

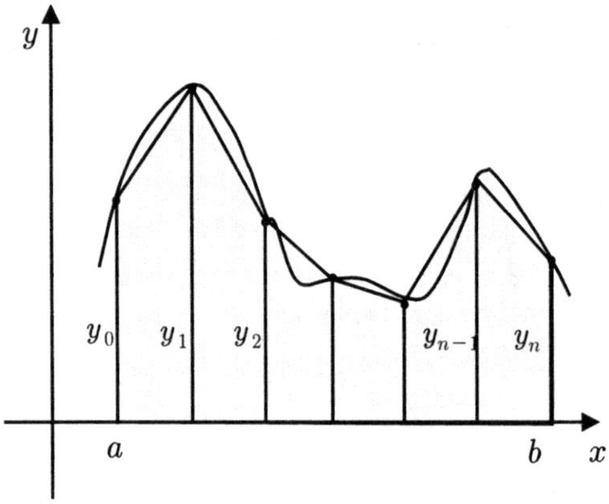

이 경우 n이 짝수이어야 하며 함수의 그래프 상의 처음 세 점

$$(x_0, f(x_0)), (x_1, f(x_1)), (x_2, f(x_2))$$

으로 만들어지는 포물선의 정적분은

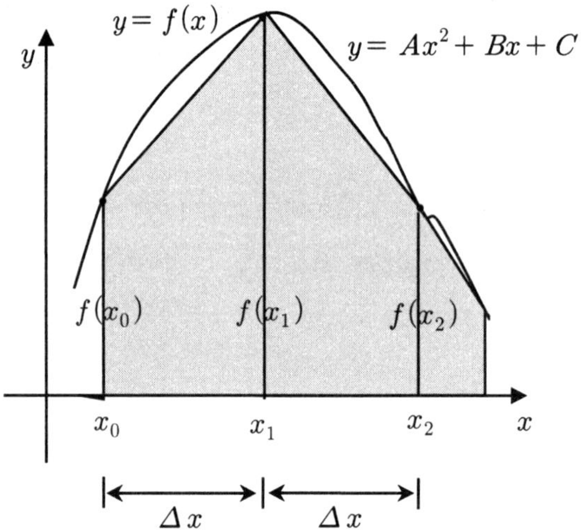

$$\frac{h}{3}(f(x_0) + 4f(x_1) + f(x_2))$$

이므로 다음을 얻는다.

$$\int_a^b f(x)dx \simeq \frac{b-a}{3n}[f(x_0)+4f(x_1)+2f(x_2)+\cdots+4f(x_{n-1})+f(x_n)]$$

이 식의 오른쪽을 $S_n(f)$로 표시하자. 함수 f가 그의 사차도함수까지가 구간 $[a,b]$에서 연속이면 심슨(Simpson)의 이차다항식 방법에 의한 정적분의 오차(error) E_n은 c가 a,b 사이에 존재하여

$$S_n(f)-\int_a^b f(x)\,dx = \frac{(b-a)^5}{180n^4}f^{(4)}(c)$$

으로 주어진다[55].

$f(x)=\dfrac{4}{1+x^2}$에 대하여 $S_n(f)$가 소수점이하 30자리까지 정확하도록 n을 결정해보자. 먼저,

$$f^{(4)}(x)=\frac{96(5x^4-10x^2+1)}{(1+x^2)}$$

이다. 구간 [0,1]에서 최댓값을 결정하려면

$$f^{(5)}(x)=\frac{-960x(3x^4-10x^2+3)}{(1+x^2)^6}=0$$

에서 구간 [0,1]에 해당하는 근은 $x=0,\ 1/\sqrt{3}$ 이다. 한편

$$f^{(4)}(0)=96,\ f^{(4)}(1/\sqrt{3})=-40.5,\ f^{(4)}(1)=-12$$

임으로 구간 [0,1]에서 $|f^{(4)}(x)| \leqq 96$ 이다. 따라서 부등식

$$\frac{96}{180n^4} \leqq 10^{-30},\ n^4 \geqq \frac{96\times 10^{30}}{180}$$

을 풀면 $n \geqq 27024003.1$이다. 짝수를 택하면 $n=27024004$이다. 끝으로

$$S_n(\frac{4}{1+x^2}),\quad n=27024004$$

을 계산하자. Maple을 이용할 때, 이 계산은 대략 75분이 필요하다.

```
> with(student):
> evalf(simpson(4/(1+x^2),x=0..1, 27024004), 50);
```

---

55) R. Bartle and D. Sherbert, Introduction to real analysis, Wiley, New York, 1992, 275, 279쪽 참조.

3.1415926535897932384626433832795028841971693992732

한편, 실제 π는

```
> evalf(Pi,50);
```

3.1415926535897932384626433832795028841971693993751

이므로 실제 결과는 소수점이하 45째 자리까지 정확하다. 무한급수를 이용한 예는 Example(12.2)를 참고하기 바란다.

다음 두 개의 수리논술을 참고해 보고 「미분과 적분」에서 논술문제를 만들어 보자.

(23.8) IN YOUR OWN WORDS(**커피는 어떤 경우에 천천히 식을까?**)

<제시문>

어떤 물체와 그 물체가 놓인 환경 사이의 온도차가 그리 크지 않다면 식어가는 비율이나 더워져 가는 비율은 근사적으로 그 물체와 물체의 환경 사이의 온도차에 비례한다고 알려져 있다. 이를 뉴턴의 냉각법칙이라 부른다. 시간 t에서 용액의 온도를 $T(t)$라 하면 $T'(t)$는 온도의 변화율이다. 실내온도를 22°C라고 하면, 온도변화율 $T'(t)$는 주위와의 온도차 $T(t)-22$에 비례하므로 비례상수 c(여기서 c는 음수)가 존재하여

$$T'(t) = c\,(T(t)-22) \qquad (23-3)$$

즉,

$$\frac{T'(t)}{T(t)-22} = c$$

이다. 한편 두 용액을 합한 온도는 양을 고려한 온도의 평균이 된다. 예를 들어 100도의 물 30cc와 80도의 물 50cc를 합하면

$$\frac{30\times100+50\times80}{80} = 87.5$$

이다.

【논제1】 제시문에 있는 식(23-3)으로부터 $T(t)$를 구하여라.

【논제2】 실험결과에 따르면 커피의 맛이 가장 좋을 때는 온도가 70°C일 때라고 한다. 또, 실험 결과에 의하면 실내 온도가 22°C일 때, 100°C의 커피의 3분 후의 온도는 85°C라고 한다.

(1) 이 커피가 70°C가 될 때까지 기다리려면 얼마나 기다려야 할까?

(2) 만약 커피를 마시지 않고 그냥 둔다면 커피의 온도는 어떻게 될까? (단, $\log 2 = 0.3, \log 3 = 0.5$로 하고, 계산은 항상 소수 둘째 자리에서 반올림하여 소수 첫째 자리까지 한다).

【논제3】 따뜻한 커피에 찬 우유를 넣어 마시려고 한다. 커피에 우유를 넣고 5분이 지났을 때의 온도와 커피가 5분 동안 식은 후 우유를 넣었을 때의 온도를 비교하여라. 단, 커피의 양은 50cc, 우유의 양은 30cc이고 실내 온도는 22°C로 한다.

<출제 의도>

논제에서 제시한 가정은 뉴턴의 냉각법칙이라고 부르는데, 어떤 물체와 그 물체가 놓인 환경 사이의 온도차가 그리 크지 않다면 식어가는 비율이나 더워져 가는 비율은 근사적으로 그 물체와 물체의 환경 사이의 온도차에 비례한다는 것이다. 이 내용은 고등학교 교육과정에 실려 있는 것으로서 여러 종류의 교과서에 뉴턴의 냉각법칙이라는 용어로 소개되어 있다. 『수학 I』 법문사, 『수학 I』 동아, 『미분과 적분』 교학사, 『미분과 적분』 중앙교육 등에 물, 차, 초콜릿, 커피 등의 온도 변화를 소재로 한 실생활 문제로 소개되어 있다. 또한, 변화율의 비례 관계로부터 로그 함수의 적분을 이용하여 x, y 사이의 관계를 구하는 문제(『미분과 적분』 대한)도 실려 있다. 다시 말하면, 이 주제는 교과서에서 가져온 것으로 풀이 방법도 교과서 수준이므로 교과서를 깊이 있게 공부한 학생은 충분히 해결할 수 있는 논제인 것이다.

<논제해설>

【논제1】 이제 물체의 온도가 식어가는 비율이 물체와 주변의 온도 차에 비례한다는 가정을 이용하여 시간 t에서 용액의 온도를 $T(t)$라 하면

$$\frac{T'(t)}{T(t)-22} = c$$

이므로 양변을 적분하면

$$\ln (T(t)-22) = ct + d$$

$$T(t)-22 = e^{ct+d}$$

한편 처음온도($t=0$)를 T_0로 표시하면 $T(0)-22 = e^{d}$ 이므로

$$T(t)=22+e^{ct+d}=22+(T_0-22)e^{ct}$$

이다.

【논제2】 (1) 위 【논제1】 에 의하여 현재 온도가 T_0인 커피의 t분 후의 온도는 $T(t)=22+(T_0-22)e^{ct}$ 이다. 현재 온도가 100°C이라는 사실에서 $T_0=100$이므로

$$T(t)=22+(100-22)e^{ct}=22+78e^{ct}$$

이다. 또, 3분 후의 온도가 85°C라는 사실에서 $T(3)=85$이므로

$$T(3)=22+78e^{3c}\ ,\ 85=22+78e^{3c}\ ,\ e^{3c}=\frac{63}{78},\ e^{c}=(\frac{63}{78})^{\frac{1}{3}}$$

따라서 논제의 커피의 온도는 시간 t에 대하여

$$T(t)=22+78(\frac{63}{78})^{\frac{t}{3}}$$

이제 $T(t)=70$을 만족하는 t를 구해보자.

$$22+78(\frac{63}{78})^{\frac{t}{3}}=70,\ (\frac{63}{78})^{\frac{t}{3}}=\frac{48}{78}\ ,\ \frac{t}{3}\log\frac{63}{78}=\log\frac{48}{78}\ ,$$

$$\frac{t}{3}\log 0.8=\log 0.6\ ,\ \frac{t}{3}(3\log 2-\log 10)=\log 2+\log 3-\log 10,$$

$$\frac{t}{3}\times(3\times 0.3-1)=(0.3+0.5-1),$$

$t=6$ (분)

따라서 커피의 온도가 70°C가 되는 것은 약 6분 후이다.

(2) 커피의 온도는 나타내는 식은 $T(t)=22+78(\frac{63}{78})^{\frac{t}{3}}$인데, 커피를 마시지 않고 그냥 둔다는 것은 $t\to\infty$라는 뜻이고 이때의 $T(t)$의 극한값은 22이므로 커피를 마시지 않고 그대로 두면 커피의 온도는 22°C, 즉 실내온

도와 같아지게 된다.

【논제3】 시간 $t=0$에서 커피와 우유의 온도를 각각 T_c, T_m 으로 표시하자.

(경우1) 커피에 우유를 넣은 후 5분이 지났을 때의 온도

먼저 혼합 직후 온도는 다음과 같다.

$$\frac{50\times T_c+30\times T_m}{80}$$

따라서 커피와 우유를 섞은 후 5분이 지났을 때의 온도는 다음과 같다.

$$22+\left(\frac{50\,T_c+30\,T_m}{80}-22\right)e^{5c}$$

(경우2) 커피와 우유를 따로 놓고 5분이 지난 후 섞었을 때의 온도

논제1에서 5분 후 커피의 온도는 $T(5)=22+(T_c-22)\,e^{ct}$ 이다. 이제 찬 우유를 넣으면 제시문으로부터 다음을 얻는다.

	온도	양
커피	$T(5)=22+(T_c-22)\,e^{5c}$	50 cc
우유	T_m	30 cc

따라서 커피와 우유를 따로 놓고 5분이 지난 후 섞었을 때의 온도는 다음과 같다.

$$\frac{50\times T(5)+30\times T_m}{80}=\frac{50[22+(T_c-22)e^{5c}]+30\times T_m}{80}$$

이제 (경우1)의 온도에서 (경우 2)의 온도를 빼어보자.

$$22+\left(\frac{50\,T_c+30\,T_m}{80}-22\right)e^{5c}-\frac{50[22+(T_c-22)e^{5c}]+30\times T_m}{80}$$

$$=\frac{1}{80}[80\times22-50\times22-30\,T_m+e^{5c}(50\,T_c+30\,T_m-80\times22-50\,T_c+50\times22)]$$

$$=\frac{1}{80}[30\times22-30\,T_m+e^{5c}(30\,T_m-30\times22)]$$

$$= \frac{3}{8}(22 - T_m)(1 - e^{5c})$$

여기서 상수 c는 음수이고 우유의 처음온도 T_m은 실내온도 22도보다 작으므로 위 값은 양수가 된다. 커피와 우유를 따로 놓고 5분이 지난 후 섞었을 때의 온도보다 먼저 커피와 우유를 섞고 5분이 지났을 때의 온도가 더 높다.

뜨거운 커피보다는 뜨거운 커피와 우유를 섞은 것이 온도가 더 낮다. 즉, 뜨거운 커피와 실내 온도와의 차보다 우유를 섞은 커피와 실내 온도와의 차가 더 작기 때문에 천천히 식는다고 볼 수 있다. 이는 제시문의 냉각법칙 – 어떤 물체와 그 물체가 놓인 환경 사이의 온도차가 그리 크지 않다면 식어가는 비율이나 더워져 가는 비율은 근사적으로 그 물체와 물체의 환경 사이의 온도차에 비례한다 – 와 일치하는 결과이다.

참고문헌

[가] 박배훈, 수학 I 지도서, 법문사, 2003.

[나] 우정호, 미분과 적분, 대한교과서, 2002.

[다] Sam Northshield, Not mixing is just as cool, Math. Magazine, vol. 80(4),(2007) 294-298.

(23.9) IN YOUR OWN WORDS(우리 나라의 장래 인구는?)

(가) 우리 나라는 통일 신라 시대에 조세 및 부역의 자료를 확보하기 위하여 호구 조사를 한 기록이 있으며, 일제 강점기였던 1925년에 근대적 인구 조사를 처음으로 실시하였다.

인구 조사를 하면, 인구의 수뿐만 아니라 인구의 특성을 파악할 수 있는데, 인구 집단의 연령, 성, 인종 등과 같은 자연적 특성과 직업, 국적, 종교, 학력, 결혼 상태 등과 같은 사회적 특성을 기준으로 한 구성 상태를 인구 구조라고 한다. 오늘날에는 인구·주택 총조사를 통해 인구 구조를 파악하고 있다.

이와 같은 인구 구조는 그 지역의 사회 · 경제적 상황을 반영하고 있으므로, 국가 경영을 위한 고용, 교육, 주택, 보건, 복지, 교통, 환경 등 여러 분야의 계획을 수립하는 데 이용된다.

한편, 인구의 연령 구조를 크게 14세 이하의 유소년층, 15~64세의 청장년층(생산 연령층), 65세 이상의 노년층으로 나누어 그 구성 상태를 살펴보면, 현재의 경제 활동 인구 비율을 파악할 수 있음은 물론 장래의 인구 구성을 예견할 수 있다.
우리나라는 2000년 노인 인구 비율이 7.1%에 달하여 국제 연합(UN)이 정한 기준 7%를 넘어 고령화 사회로 접어들었다.

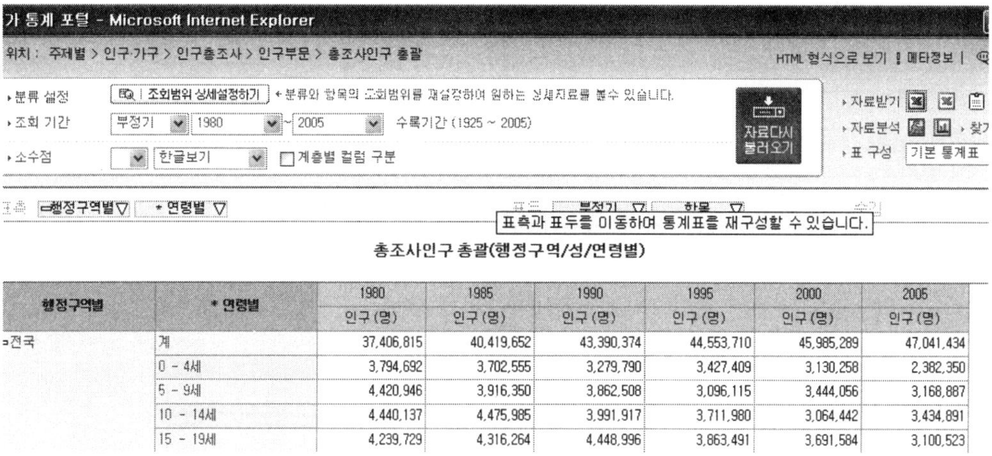

총조사인구 총괄(행정구역/성/연령별)

행정구역별	* 연령별	1980	1985	1990	1995	2000	2005
		인구(명)	인구(명)	인구(명)	인구(명)	인구(명)	인구(명)
전국	계	37,406,815	40,419,652	43,390,374	44,553,710	45,985,289	47,041,434
	0 - 4세	3,794,692	3,702,555	3,279,790	3,427,409	3,130,258	2,382,350
	5 - 9세	4,420,946	3,916,350	3,862,508	3,096,115	3,444,056	3,168,887
	10 - 14세	4,440,137	4,475,985	3,991,917	3,711,980	3,064,442	3,434,891
	15 - 19세	4,239,729	4,316,264	4,448,996	3,863,491	3,691,584	3,100,523

(나) 2005년 한국인 평균수명은 78세 7개월, 여자는 81세 11개월이고 남자는 75세 2개월이다. 1960년 평균수명이 여자 53세 8개월, 남자 51세 1개월이었으니 50년도 안 돼 여자는 28년, 남자는 24년을 더 살게 됐다. 얼마 전 보건사회연구원은 질병과 장애 없이 건강한 삶을 누리며 사는 평균 건강수명을 68세 7개월로 집계했다. 평균 수명과 비교해보면 보통 10년을 갖가지 질병에 시달리다 가는 셈이다. 여자는 마자보다 평균 6세 9개월을 더 살지만 건강수명은 69세 7개월밖에 안 돼 남자 67세 5개월과 2세 차밖에 안 난다. 관절염이나 우울증처럼 남자보다 질병이 많기 때문이라고 한다. 그래서 "한국이 2050년 세계에서 가장 늙은 국가가 된다."는 통계청 전망도 달가운 뉴스가 아니다. 65세 고령인구 비중은 2005년 9.1%에서 2050년 38.2%로 높아져 세계 평균 16.2%의 갑절을 넘어설 거라고 한다. 80세 이상 초고령 인구 비중은 1.4%에서 14.5%로 폭증해 세계 평균 4.4%의 세

배를 웃돌 전망이다. 급속한 수명 연장 추세에 세계 최저 출산율이 겹친 탓이다. 젊은 세대가 노인을 부양하는 국가적 부담이 감당하기 어렵게 커진다는 얘기이다.

【논제1】 장래 인구 $f(x)$를 '개체수의 변화율 $f'(x)$는 개체수 $f(x)$에 비례한다'는 전제로부터 구해보자. 이때 자료는 가장 최근 자료인 2000, 2005년 것만을 사용하되, 2000년을 $x=0$, 2005년을 $x=1$, 우리 나라 인구를 $f(x)$라 하자.

[표 1] 우리 나라 인구

년	2000년	2005년
인구(단위:백만)	46.0	47.0

【논제2】 [표 2]를 이용하여 2015년의 인구를 예측하여보자.

【논제3】 [표 2]를 이용하여 2050년 우리나라 65세 이상의 고령인구를 예측하여 보자.

[표 2] 거듭제곱의 값

거듭제곱	$\frac{47}{46}$	$(\frac{47}{46})^2$	$(\frac{47}{46})^3$	$(\frac{47}{46})^4$	$(\frac{47}{46})^5$	$(\frac{47}{46})^6$	$(\frac{47}{46})^7$	$(\frac{47}{46})^8$	$(\frac{47}{46})^9$	$(\frac{47}{46})^{10}$	$(\frac{47}{46})^{11}$
값	10.2	1.04	1.07	1.09	1.11	1.14	1.16	1.19	1.21	1.24	1.27

<출제의도>

「미분과 적분」에서 다루는 함수는 로그, 지수, 삼각함수이다. 이 중 지수함수는 방사선 물질의 반감기나 미생물의 개체수 등을 다룰 때 주로 사용하는 함수로 이 논제에서 다루는 지수함수의 적분은 고등학교 수학에서 매우 중요한 부분이다.

<논제해설>

【논제1】 비례상수를 c 라 하면 $f'(x)=cf(x)$ 이고 따라서 $\frac{f'(x)}{f(x)}=c$ 이다. 양변을 x 에 관하여 적분하면 $\int\frac{f'(x)}{f(x)}dx=cx+d$ (d 는 적분상수) 이므로 $\ln f(x)=cx+d$ 이다. 이제 자연로그를 지수로 바꾸면 $f(x)=e^{cx+d}$ 를 얻는다.

이제 표1을 이용하여 $f(x)=e^{cx+d}$ 를 구할 수 있다. 먼저 $x=0$일 때, 개체수는 46.0이므로 $46.0=f(0)=e^{d}$ 이다. 한편, $x=1$일 때 47.0이므로 $47.0=f(1)=e^{c+d}$ 즉, $e^{c}=\frac{47}{46}$ 이다. 우리가 구하는 인구 함수는

$$f(x)=46(47/46)^{x}$$

이다.

【논제2】 2015년은 $x=3$ 이므로 $f(3)=46(47/46)^{3}=49.1$ 로 4천9백1천만 명으로 예측할 수 있다.

【논제3】 2050년은 $x=10$이므로 $f(10)=46(47/46)^{10}=57.04$이고 제시문 <나>로부터 2050년 우리나라 65세 이상의 고령인구는

$$f(10)\times 38.2(\%)=57.04\times 0.382=21.8$$

으로 2천백8십만 명으로 예측할 수 있다.

참고문헌

[가] 통계청 국가통계포털사이트 http://www.kosis.kr

[나] 이강섭 외, 미분과 적분, (주)지학사, 2002.

[다] 조화룡 외, 한국지리, (주)금성출판사, 2002.

[라] 위클리 조선 [1965호] 2007. 07. 30.

§24. 구분구적법의 예

수리논술의 분류는 중학교에서 "교과통합형 서술형태". "활동지를 통한 증명형태", "교과내용을 통하여 자신의 주장형태" 등으로 분류할 수 있다.
고등학교 수리논술은 수시모집을 중심으로 한 대학입시에 영향을 받고 있으며 완화된 형태는 중간·기말고사에서 서술형 문제로 학생들을 지도하고 있다. 중학교에 비하여 배운 내용이 방대하여 교과간 통합이 자연스럽게 이루어지며 실생활문제를 쉽게 활용할 수 있다. 이로 인하여 학생들이 느끼는 난이도가 높으며 교사입장에서는 가르치기가 어려운 것이 현실이다. 2010학년도부터는 교과간 통합이 매우 느슨하게 되면서 교과 독립적인 문제가 주류를 이룰 것이다. 이미 앞에서 언급했지만 수리논술은 대학에서 학생을 선발하는 평가유형에 국한되는 것이 아닌 현장에서 이루어지고 있는 교수·학습법이다.

본 지면에서는 적분의 핵심주제인 구분구적법을 주제로 한 4개의 수리논술을 다루었다. 이를 통하여 구분구적법의 활용과 그 지도방안에 대하여 생각해 보기 바란다.

(24.1) IN YOUR OWN WORDS(**혈액은 얼마나 빨리 흐르나**).

(가) 혈액이 동맥이나 정맥 등 혈관을 따라 흐를 때, 혈관을 아래 그림과 같이 반지름의 길이가 R이고 길이가 l 인 원기둥으로 생각할 수 있다.

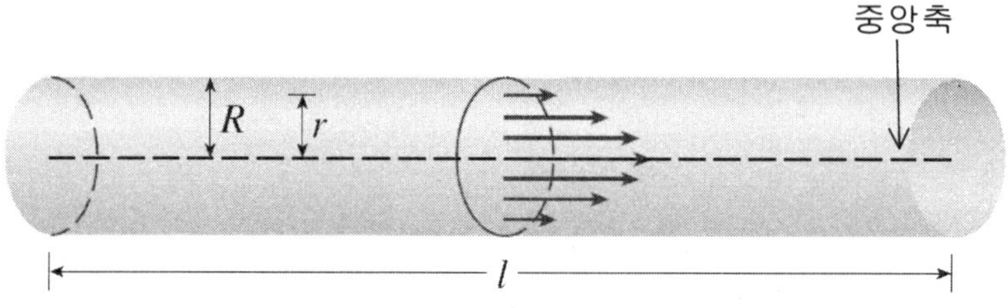

혈관 벽에서의 마찰로 인해 혈액의 속력은 혈관의 중앙 축에서 최대가 되고, 혈관 벽에서 v=0이 될 때까지 축으로부터의 거리 r이 커질수록 속력은 계속 작아지는데, 속력 v와 거리 r 사이에 다음과 같은 관계가 있음이 알려져 있다.

$$v = \frac{P}{4\eta l}(R^2 - r^2)\ (cm/s)$$ (η는 혈액의 점도, P는 혈관 양쪽 끝의 압력 차)

만약 P와 l이 상수라면, v는 r의 함수가 된다($v \in [0, R]$).

(나) 혈관의 중심축으로부터 간격이 일정하게 되는 반지름의 길이 $r_1, r_2, \dots (r_{i-1} < r_i)$을 생각하면 두 반지름 r_{i-1}, r_i으로 만들어지는 원 사이의 영역의 넓이는 대략

$$2\pi r_i \Delta r \quad (\Delta r = r_i - r_{i-1})$$

이다. Δr이 충분히 작다면, 이 영역을 통과하는 혈액의 속력은 $v(r_i)$로 생각할 수 있다. 이로부터 단위 시간에 이 영역을 통과하는 혈액의 양, 나아가 혈관의 단면을 통과하는 혈액의 전체 양을 구할 수 있다.

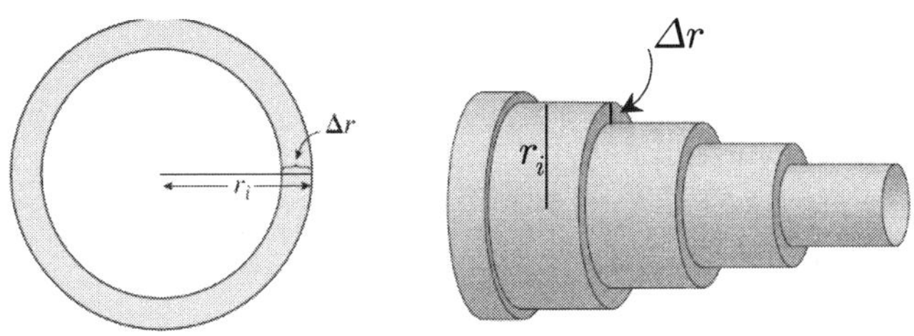

【논제1】 반지름의 길이가 0.01cm, 길이가 3cm, 양끝의 혈압 차이가 3000 $dynes/cm^2$, 점도가 0.027 $g/(cm \cdot s)$인 혈관을 생각하자. 제시문 (가)를 참고하여 다음을 설명하여라(단, $1dyn = 1g\,cm/s^2$).

(1) 혈관의 중앙 축으로부터 거리를 r cm이라고 할 때, 중앙 축을 따라가는 혈액의 속력(r=0), r=0.005일 때의 혈액의 속력, 혈관 벽에서의 혈액의 속력($r = R = 0.01$)을 구하여라.

(2) r=0, r=0.005, $r = R = 0.01$인 곳에서의 혈액의 속력의 순간변화율을 구하여라.

【논제2】 반지름의 길이가 R인 혈관에서 중심축으로부터의 거리가 r인 지점의 속력을 $v(r)$이라고 하자. 제시문 (가)를 참고하여 다음을 설명하여라.

(1) 어느 곳에서의 속력이 최대인가? 어느 곳에서 속력의 변화가 가장

큰가?

(2) $0 \leq r \leq R$일 때 평균속력을 구하여라. 평균 속력과 최대 속력을 비교하여라.

【논제3】 심장은 1분에 70회 정도 일정하게 수축이완을 반복하고 있으므로 단위시간당 동맥에 흐르는 혈액의 양은 일정하다고 볼 수 있다. 반지름의 길이가 R인 혈관에 대하여 제시문 (가), (나)를 참고하여 다음을 논하여라.

(1) 단위시간당 흐르는 혈액의 양을 구하여라.

(2) 혈관이 좁아지면 심장은 정상적인 혈액 공급을 유지하기 위하여 압력을 증가시키게 된다. 혈관 반지름의 길이가 원래의 3/4으로 줄어들면 혈압은 몇 배 늘어나겠는가?

(3) 순환기 장애의 대표적인 경우인 고혈압과 동맥경화가 어떤 현상인지 설명하여라.

<해설>

【논제1】 (1) $v = \dfrac{P}{4\eta l}(R^2 - r^2)$에 R=0.01, l=3, P=3000, η=0.027을 각각 대입하면

$$v = \frac{3000}{4 \times 0.027 \times 3}(0.01^2 - r^2)$$

따라서 $v(0) \approx 0.9$, $v(0.005) \approx 0.7$, $v(0.01) = 0\ (cm/s)$이다.

(2) $v(r) = \dfrac{P}{4\eta l}(R^2 - r^2)$, $v'(r) = -\dfrac{Pr}{2\eta l}$

위 식에 l=3, P=3000, η=0.027을 대입하면

$$v'(r) = -\frac{3000r}{2(0.027)3} = -\frac{3000r}{2(0.027)3} = -\frac{50000r}{27}$$

따라서 $v'(0) = 0$, $v'(0.005) = \dfrac{2500}{27} \approx -92.6$, $v'(0.01) = \dfrac{5000}{27} \approx -185.2$ 이다.

【논제2】 (1) $v'(r) = -\dfrac{Pr}{2\eta l}$ =0이라고 하면 $r = 0$이므로 속력이 최대인 곳은 $r = 0$, 즉 중앙축이다. 속력의 변화가 가장 클 때는 가속도의 절댓값이 가장 클 때이다. $r = R$일 때가 $|v'(r)|$의 값이 가장 크므로 속력의 변화가 가

장 큰 곳은 혈관 벽이다.

(2) 속력이 최대가 되는 경우는 $r=0$일 때이므로 최대속력은 $v_{최대}=\frac{P}{4\eta l}R^2$이다. 평균 속력을 $v_{평균}$라고 하면

$$v_{평균}=\frac{1}{R-0}\int_0^R v(r)\,dr=\frac{1}{R}\int_0^R \frac{P}{4\eta l}(R^2-r^2)$$
$$=\frac{P}{4\eta lR}\left[R^2r-\frac{1}{3}r^3\right]_0^R=\frac{P}{4\eta l R}\left(\frac{2}{3}\right)R^3=\frac{2}{3}\frac{PR^2}{4\eta l}$$

이다. 따라서 $v_{평균}=\frac{2}{3}v_{최대}$이다.

【논제3】 (1) Δr이 충분히 작다면 두 반지름 r_{i-1}, r_i으로 만들어지는 원 사이의 영역을 통과하는 혈액의 속력은 $v(r_i)$로 생각할 수 있다. 따라서 단위 시간에 이 영역을 통과하는 혈액의 양은 $2\pi r_i\,\Delta r\times v(r_i)$ 이 되어 혈관의 단면을 통과하는 혈액의 전체 양은 $\sum_{i=1}^{n}2\pi r_i v(r_i)\,\Delta r$ 이다. 따라서 단위 시간에 흐르는 혈액의 양 C는

$$C=\lim_{n\to\infty}\sum_{i=1}^{n}2\pi r_i v(r_i)\,\Delta r=\int_0^R 2\pi r v(r)\,dr=\int_0^R 2\pi r\frac{P}{4\eta l}(R^2-r^2)\,dr$$
$$=\frac{\pi P}{2\eta l}\int_0^R (R^2r-r^3)\,dr=\frac{\pi P}{2\eta l}\left[R^2\frac{r^2}{2}-\frac{r^4}{4}\right]_{r=0}^{r=R}=\frac{\pi PR^4}{8\eta l}$$

이다.

(2) $C=\frac{\pi PR^4}{8\eta l}$에서 단위시간에 흐르는 혈액의 양 C는 일정하므로 PR^4도 일정해야 한다. 즉, $PR^4=P_1R_1^4$, $P_1/P=(R/R_1)^4$이 성립해야 한다. $R_1=\frac{3}{4}R$라고 하면

$$P_1/P=(4/3)^4\approx 3.16$$

이므로 혈압은 약 세 배 이상 커진다.

(3) 고혈압은 혈압이 비정상적으로 계속 높게 나타나는 질환으로 그 원인은 유전적인 원인, 지나친 염분 섭취, 비만, 운동 부족, 스트레스 등으로

다양하다. 동맥 경화는 동맥의 내벽에 콜레스테롤이 축적되면서 동맥이 굳어져 탄력성을 잃고 그 통로가 좁아지는 현상이다. 동맥 경화는 나이가 많아지면서 나타나는 노화 현상이지만 혈중 콜레스테롤 수치가 높거나 음주, 흡연, 당뇨병, 고혈압 등에 의해 촉진된다. 한편, 고혈압으로 인해 혈류의 속도가 빨라지면 혈관 내부가 손상되기 때문에 고혈압은 동맥 경화를 악화시키는 요인이 된다.

참고문헌
[가] 김윤택 외, 생물 I, (주)중앙교육진흥연구소, 2002
[나] James Stwart, Calculus, Brooks Cole, 2006

(24.2) IN YOUR OWN WORDS(심장에서 나오는 혈액의 양)

(가) 심장은 혈액을 흐르게 하는 원동력을 공급한다. 사람의 심장은 주먹만한 크기로 무게는 약 300g 정도이고 2심방 2심실의 구조를 하고 있어 심장으로 들어온 동맥혈과 정맥혈이 섞이지 않는다. 심장은 전체가 두꺼운 근육층으로 되어 있고 심실벽의 근육이 심방벽보다 두꺼운데, 특히 혈액을 온몸으로 내보내는 일을 하는 좌심실의 벽이 가장 두껍다. 심장은 평생 동안 수축과 이완을 반복하면서 혈액을 온몸으로 보내는 펌프 역할을 한다. 심장이 단위 시간에 내보내는 혈액의 양을 심박출량(cardiac output)이라고 한다. 심박출량의 단위는 L/m(liters/minute), 또는 (cm^3/s)로 사용한다.
혈관은 심장에서 나오는 혈액이 흐르는 동맥, 심장으로 들어가는 혈액이 흐르는 정맥, 동맥과 정맥을 연결하는 모세 혈관으로 구분된다. 동맥은 여러 갈래의 소동맥으로 갈라지면서 결국 온몸의 조직에 퍼져있는 모세 혈관과 연결된다.

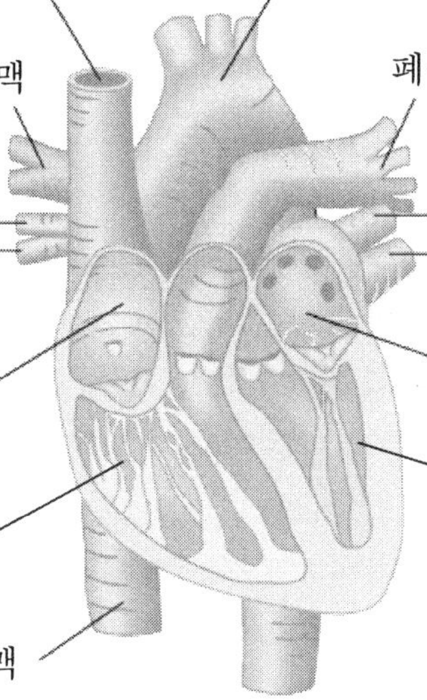

(나) 혈액 순환의 경로는 크게 폐순환과 체순환으로 구분된다. 폐순환은 우심실에서 나간 정맥혈이 폐에서 이산화탄소를 내보내고 산소를 받아들여 동맥혈이 되어 좌심방으로 돌아오기까지의 경로이다. 체순환은 좌심방에서 좌심실로 내려온 동맥혈이 대동맥을 통해 온몸으로 나가 조직 세포에 산소를 내주고 이산화탄소를 받아 정맥혈이 되어 우심방으로 돌아오기까지의 경로이다. 혈액은 순환계를 통해 끊임없이 온몸을 돌며 조직 세포에 산소와 영양소를 공급하고 이산화탄소와 노폐물을 제거한다. 따라서 혈액순환이 멈추면 생명을 유지할 수 없다.

(다) 심장은 1분에 약 70번 수축이완하면서 1회 수축이완할 때, 70 cm^3(=0.07 리터(L))의 혈액을 내보내므로 1분에 대략 4.9리터의 혈액을 내보낸다. 심장은 항상 일정한 양의 혈액을 내보내고 있으므로 심박출량은 혈관의 단면적과 혈액의 속력의 곱으로 표현되므로 심박출량을 C, 대동맥의 단면적을 $A_{동}$, 대동맥에서의 혈액의 속력을 $v_{동}$이라고 하면 다음 식이 성립한다.

$$C = A_{동} v_{동}$$

한편, 심박출양이 일정하므로 혈액의 속력은 단면적에 의해 달라진다. 단면적이 크면 속력이 느려지고 단면적이 작으면 속력이 빨라진다. 대동맥과 모세혈관은 연결되어 있어 모세혈관의 총단면적을 $A_{모}$, 모세혈관에서의 혈액의 속력을 $v_{모}$라고 하면

$$A_{동}\, v_{동} = A_{모}\, v_{모}$$

가 성립한다.

【논제1】 심장에 지시약을 주입하여 심박출량을 알아보는 방법이 있다. 혈액이 제시문 (나)와 같이 순환하므로 지시약을 우심방에 주입하면 심장을 통해 대동맥으로 흘러간다. 대동맥에 미리 넣어둔 측정기로 지시약이 없어질 때까지($0 \le t \le T$) 지시약의 농도를 일정한 시간 간격으로 측정한다. $c(t)$를 시간 t에서의 지시약의 농도라고 하자.

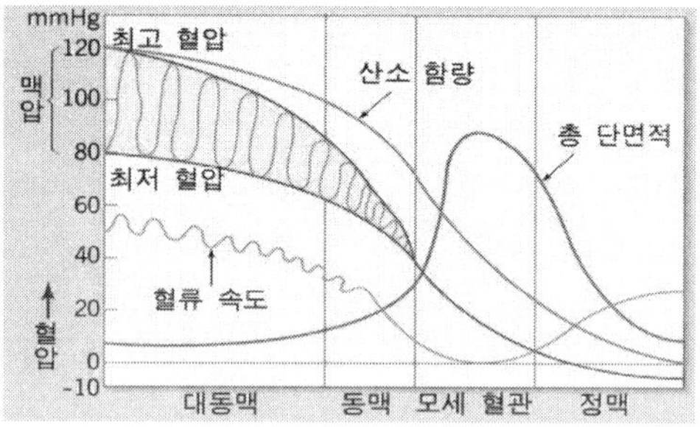

(1) 구간 $0 \le t \le T$을 같은 간격 Δt으로 나누어 $t = t_{i-1}$에서 $t = t_i$ 사이의 시간동안 측정 지점을 지나간 지시약의 양은

(농도)×(부피) $= c(t_i)\, C\, \Delta t$ (C 는 심박출량, $\Delta t = t_i - t_{i-1}$)

이다. 이로부터 지시약의 전체 양을 구하여라.

(2) 오른쪽 표는 지시약 3.4mg을 우심방에 주입하고 1초 간격으로 지시약의 농도(mg/L)를 대동맥에서 측정한 것이다. 이를 토대로 심박출량을 구하여라.

t	$c(t)$	t	$c(t)$
0	0	6	6.1
1	0.4	7	4.0
2	2.8	8	2.3
3	6.5	9	1.1
4	9.8	10	0
5	8.9		

【논제2】 제시문 (다)를 참조하여 다음을 구하여라.

(1) 대동맥의 지름이 대략 2cm임을 이용하여 대동맥에서의 혈액의 속력을 구하여라.

(2) 모세 혈관의 총단면적이 $2500\,cm^2$임을 이용하여 모세혈관에서의 혈액의 속력을 구하여라.

(3) 모세 혈관에서는 산소와 이산화탄소, 영양소와 노폐물의 교환이 일어난다. 이것이 가능한 이유를 설명하여라.

<해설>

【논제1】 (1) 지시약의 총량은 $\sum_{i=1}^{n} c(t_i)\,C\,\Delta t = C\sum_{i=1}^{n} c(t_i)\Delta t$로 표현할 수 있다. 이제 $n\to\infty$이면 지시약의 양 D는 $D = C\int_o^T c(t)\,dt$이다. 따라서 심박출량은 $C = \dfrac{D}{\int_0^T c(t)\,dt}$이다.

(2) $\Delta t = 1$, T=10이므로 다음 근삿값을 얻을 수 있다.

$$\int_0^{10} c(t)\,dt \approx 0.4+2.8+6.5+9.8+8.9+6.1+4.0+2.3+1.1=41.9$$

한편, D=3.4이므로

$$C = \frac{3.4}{\int_0^{10} c(t)\,dt} \approx \frac{3.4}{41.9} \approx 0.08\ (L/\mathrm{s})\ =\ 80\ cm^3/s\ (=\ 4.8\ \mathrm{L/m})$$

【논제2】 (1) $A_{\text{대동맥}} = \pi(1)^2 = \pi(\approx 3.14)\ (cm^2)$

따라서 대동맥에서의 혈류의 속력은

$$v_{\text{대동맥}} = \frac{C}{A_{\text{대동맥}}} = \frac{80\ cm^3/s}{3.14\ cm^2} = \frac{80}{\pi}(\approx 26.5)\ cm/s$$

(2) $v_{\text{모세혈관}} = \dfrac{A_{\text{대동맥}}}{A_{\text{모세혈관}}} v_{\text{대동맥}} = \dfrac{\pi}{2500} \times \dfrac{80}{\pi} \approx 0.03 cm/s$

(3) 모세 혈관은 혈관 중 총 단면적이 가장 넓어 혈액이 천천히 흐른다. 위에서 구한 바에 의하면 동맥에서는 혈류가 1초에 26.5cm를 흘러가는데 비해 모세 혈관에서는 1초에 0.03cm를 흘러갈 정도로 속력이 매우 느리다. 또한, 모세 혈관의 벽은 한 층의 세포로 이루어져 있다. 따라서 모세 혈관에서 혈액과 조직 세포 사이에 산소와 이산화탄소, 영양소와 노폐물의 교환 등 물질 교환이 효율적으로 일어날 수 있다.

참고문헌

[가] 김윤택 외, 생물 I, (주)중앙교육진흥연구소, 2002.
[나] F.C. Hoppensteadt and C.S. Peskin, Mathemarics in medicine and the

life sciences, Springer, 1992.
[다] Peter J. Nolan, Fundamentals of college physics, WCB, 1993.
[라] James Stwart, Calculus, Brooks Cole, 2006.

(24.3) IN YOUR OWN WORDS(지니계수를 구하여보자)

철학자 플라톤은 이상적인 사회에서는 가장 부자인 사람의 소득이 가장 가난한 사람의 소득보다 4배 이상 많아서는 안 된다고 했다. 소득분배 자료가 존재하지 않거나 측정방법(개인소득이냐 가구소득이냐)이 달라 비교하기 쉽지 않지만, 소득분배가 상대적으로 가장 균등하다는 독일은 상위 20% 계층의 소득이 하위 20% 계층의 4배 정도이고, 가장 불균등한 브라질은 25배 정도에 이른다.

이러한 소득의 불평등도를 측정하는 방법으로 이탈리아 통계학자 지니가 소득분포에 관해 제시한 지표인 지니 계수가 있다. 지니 계수는 빈부격차와 계층 간 소득분포의 불균형 정도를 나타내는 수치로, 소득이 어느 정도 균등하게 분배되어 있는지를 평가하는데 주로 이용되는데, 근로소득·사업소득은 물론, 부동산·금융자산 등의 자산 분배 정도까지도 파악할 수 있다.
우리나라의 소득 불평등도는 다른 나라와 비교해 볼 때 그리 높은 편이 아니다. 그러나 자산 분배 불평등도는 매우 높은 것으로 나타났다. 자산 분배 불평등도란 토지, 건물, 금융 자산 등의 소유 불평등도로서 역시 지니 계수로 나타낸다. 1995년 우리 나라 자산 지니 계수는 토지가 0.90, 토지와 건물을 합한 것이 0.836, 금융 자산은 0.656이었다.
지니 계수는 다음과 같은 방법으로 구할 수 있다. 다음 그림에서 가로축은 인구의 누적 비율이며 세로축은 소득의 누적비율을 나타낸다. 소득분배곡선인 로렌츠 곡선은 소득 수준이 낮은 인구로부터 높은 순으로 누적한 비율을 가로축에, 그에 대응하는 누적소득 비율

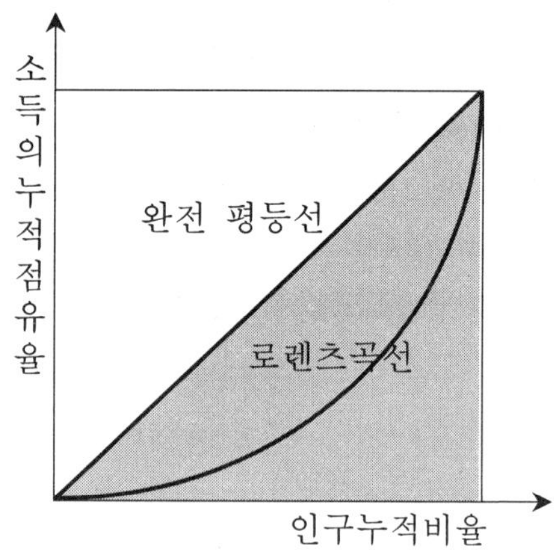

을 표시한 곡선이다. 이제, 완전 평등선(45°선)을 그은 후, 완전 평등선과 로렌츠 곡선 사이의 면적인 불평등 면적을 구한다. 지니 계수는 불평등 면적을 완전 평등선 아래의 삼각형(어두운 부분)의 면적으로 나눈 비율이다. 지니계수는 0과 1 사이의 값을 가지는데, 로렌츠 곡선이 가상 완전 평등선에 가까워지면, 지니 계수는 0에 가까워지고, 이것은 소득분배의 불평등 정도가 낮다는 것을 뜻한다. 일반적으로 지니 계수가 0.4를 넘으면 소득분배가 상당히 불평등하다고 본다.

【논제】 10분위별 소득이란 가구를 소득순으로 나열한 다음, 최하위 가구부터 최상위 가구까지 10구간으로 등분하여 각 구간별 소득을 평균한 금액이므로 구간별 가구수는 전체 가구수의 10%이다. 여기서 소득이 가장 낮은 쪽의 구간이 1분위이고 가장 높은 쪽의 구간이 10분위이다. 우리 나라 도시 근로자 가구의 10분위별 소득분포(2005년)는 다음과 같다.

소득분위	1분위	2분위	3분위	4분위	5분위	분위6	7분위	8분위	9분위	10분위
소득 점유율	2.6	4.6	5.9	7.0	8.2	9.4	10.8	12.5	15.2	23.8
누적비율	2.6	7.2	13.1	20.1	28.3	37.7	48.5	61.0	76.2	100

(자료: 통계청, 「가계조사」, 각년도
주: 도시근로자가구 대상)

(1) 주어진 자료로부터 지니 계수를 추정하고 그 방법을 정당화하여라.

(2) 앞에서 구한 지니 계수 보다 정확한 지니 계수를 구하는 방안을 제시해보자.

<해설>

정적분은 교육과정에서는 수학 II에서 다루는 넓이, 물리 I에서 다루는 총충격량에서 찾아볼 수 있다. 정적분을 소재로 한 수리논술은 이미 여러 대학의 논술시험 예시논제에서 찾아볼 수 있고 08년 논술시험에서도 여러 대학

에서 수리논술의 소재로 사용할 것으로 예상된다. 대학은 가속도에 관한 자료를 주고 속도에 관한 정보를 구하는 문제라든지 제시된 문제에서 축척된 양을 계산하는 문제 등을 출제함으로써 학생들의 정적분의 이해와 적용능력을 검증할 것이다. 이외에도 소비자물가짓수는 인플레이션율을 정적분한 값이므로 연도별 인플레이션율로부터 우리나라의 총 소비자물가짓수를 구할 수 있다.

한편, 정적분은 무리수의 근삿값과도 연관이 있다. 무리수의 근삿값을 정적분을 이용하여 푸는 것도 논술 소재가 될 수 있을 것이다.

다음 그림은 주어진 자료를 누적하여 나타낸 것이다. 로렌츠 곡선을 정적분하기위하여 수학 II 과정에서 배운 구분구적법(정적분의 근삿값)을 사용하자. 오른쪽 그림에서 직사각형의 넓이를 모두 더한 값이 로렌츠 곡선을 정적분한 값의 근삿값이다. 로렌츠곡선을 정적분해보자.

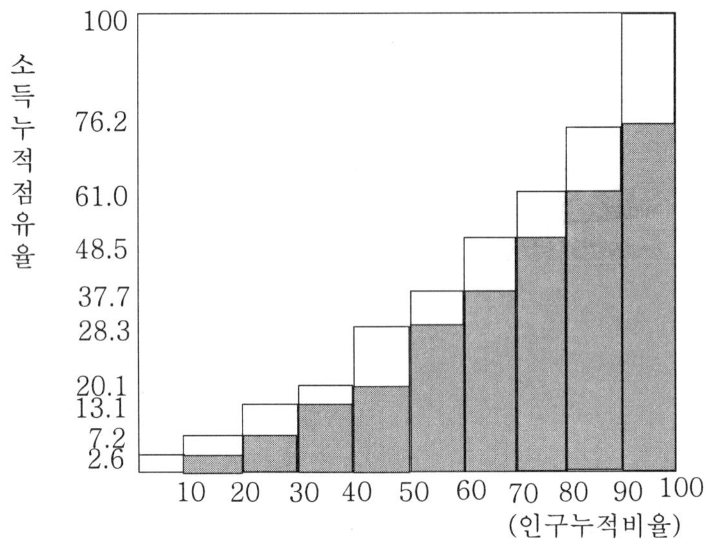

- 위 그림에서 흰색 직사각형은 구간의 최댓값, 회색 직사각형은 구간의 최솟값을 나타낸다(이는 각 소구간에서 로렌츠 곡선을 상수함수로 본 것임). 최댓값(또는 최솟값)을 사용하여 10개의 직사각형의 면적을 합한 값이 로렌츠 곡선을 정적분한 값의 근삿값이다.
- 최솟값과 최댓값의 평균으로 각 구간의 높이를 택하여 직사각형을 사다리

꼴로 바꾸어 볼 수 있다(이는 각 소구간에서 로렌츠 곡선을 일차함수로 본 것임). (참고: 고등학교 미분과 적분, 교학사, 190쪽) 10개의 사다리꼴의 면적을 합한 값이 로렌츠 곡선을 정적분한 값의 또 다른 근삿값이다.

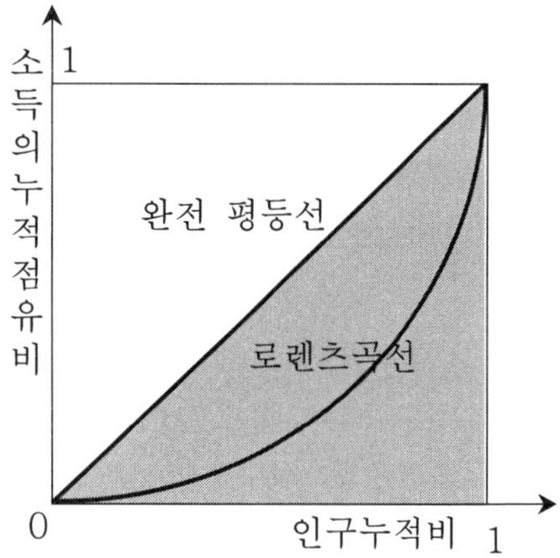

참고문헌
[가] 고등학교 경제, 두산, 187쪽
[나] 고등학교 경제, 천재교육, 201-204쪽
[다] 고등학교 수학 II, 지학사, 154쪽

(24.4) IN YOUR OWN WORDS(지니계수를 구하여보자 2)

(가) 미국의 통계학자 로렌츠(Lorentz, M. O)가 창안한 소득분포의 불균등도(不均等度)를 측정하는 방법으로 가로축에는 소득이 낮은 인구로부터 가장 높은 순으로 비를 누적하여 표시하고, 세로축에는 각 인구의 소득 수준을 누적한 비로 표시하는 것을 로렌츠 곡선이라고 한다. 따라서 로렌츠곡선 $L(x)$의 정의역은 $0 \le x \le 1$이고 $L(0)=0, L(1)=1$이다. 한편, $100x$는 비율이다.

예를 들어, 우리 나라 전가구의 5분위별 소득분포(2006년)를 보자. 5분위별 소득이란 전가구를 최저소득가구로부터 최고소득가구까지 5분위별로 구분하여(전가구의 최저소득 가구비율 20%가 제1분위임) 각 분위의 소득을 전체 가구 소득의 백분위로 나타낸 것을 말한다. 아래 표에서

$$L(0.2) = 0.066,\ L(0.4) = 0.18$$

이다.

소득분위	1분위	2분위	3분위	4분위	5분위
연간소득(만원)	999.8	1804.3	2512.4	3394.7	6467.6
소득 점유율(%)	6.6	11.4	17	22.4	42.6
누적비	0.066	0.18	0.35	0.574	1

(자료: 통계청)

이제 불균등도를 측정하는 또 다른 방법을 알아보자. 위 그림에서 대각선은 완전 균등선으로 소득 전액을 전 국민이 균등하게 분배하였음을 나타내고, 완전 균등선에 가까울수록 부의 분배가 균등하게 이루어지고 있음을 나타낸다.

완전 평등선과 로렌츠 곡선 사이의 넓이인 불평등 넓이를 완전 평등선 아래의 삼각형(어두운 부분)의 면적으로 나눈 비율을 지니 계수(Gini coefficient)라고 한다. 지니 계수는 이탈리아의 통계학자 지니(Gini, C.)가 제시한 지표이다. 즉, 로렌츠 곡선을 L(x)로 나타낼 때 지니계수는 다음과 같이 정적분으로 나타낼 수 있다.

$$\text{지니 계수: } G = 2\int_0^1 [x - L(x)]\, dx$$

여기서 완전 균등 상태의 지니계수는 0이고 완전 불균등 상태의 지니계수는 1이다. 지니계수의 값이 커지면 불균등도 커지고, 지니계수가 작을수록 부의 균등 분배가 이루어지고 있음을 나타낸다. 일반적으로 0.50 이상이면 고불균등 분배이고, 0.40 이하이면 저불균등 분배라고 한다. 우리나라의 2000년 지니계수는 이탈리아(0.315), 캐나다(0.315), 스페인(0.325)과 유사한 수준으로 OECD의 다른 국가와 비교할 경우 중위권 수준으로 평가된다.

(나) 통계청이 5월 9일 발표한 1분기 가계수지동향에 따르면 소득 수준별로 소득의 증가 속도가 차이가 났다. 상위 20% 소득계층의 소득은 전년 동기 대비 8.2% 늘어난 반면 하위 20%의 소득은 7.7% 늘어나는 데 그쳤다. 이 때문에 상위 20%의 소득이 하위 20%의 8.4배에 달해 지난해 1분기(8.36배)보다 빈부격차가 확대됐다. 도시근로자 가구로 범위를 좁혀 봐도 이 배율은 5.95배로 지난해 1분기(5.8배)보다 높아 졌다. 전국 가구의 30.9%가 번 것보다 쓴 것이 많은 적자 가구였다. 특히, 하위 30%에서는 적

가 가구 비율이 54.1%에 달했다. 다음은 2003년부터 2007년 까지 각 1분기 상위 20%의 소득을 하위 20%의 소득으로 나눈 값이다.

년도(1분기)	2003	2004	2005	2006	2007
$\frac{\text{상위20\% 소득}}{\text{하위20\% 소득}}$ (단위: 배)	7.81	7.75	8.22	8.36	8.40

【논제1】 다음 자료 A, B, C에 해당하는 로렌츠곡선을 그려라.

분위	A: 연간소득(만원)	B: 연간소득(만원)	C: 연간소득(만원)
1	999.8	3035.76	0
2	1804.3	3035.76	0
3	2512.4	3035.76	0
4	3394.7	3035.76	0
5	6467.6	3035.76	15,178.8
합	15,178.8	15,178.8	15,178.8

또한, 연간 소득의 총합이 15,178.8만원이 되면서 A의 로렌츠 곡선과 교차하는 자료를 만들고 곡선의 교차가 무엇을 의미하는지 해석하여라.

【논제2】 로렌츠곡선 $L(x)$ $(0 \le x \le 1)$에 대하여

(1) $L(x) \le x$

(2) $L'(x) > 0, L''(x) > 0$

임을 설명하여라. 한편, $y = \frac{7}{8}x^2 + \frac{1}{7}x$는 로렌츠곡선이 될 수 있는가?

【논제3】 로렌츠곡선이 $L(x) = \frac{6}{7}x^2 + \frac{1}{7}x$ 일 때,

(1) 1분위 소득점유율

(2) 상위 20%소득점유율을 하위 20%의 소득점유율로 나눈 값

(3) 지니계수

를 구하여라.

【논제4】 <제시문 가>의 우리 나라 전가구의 5분위별 소득분포(2006년)를 사용하여 지니계수를 구하여라.

【논제5】 <제시문 나>에 의하면 소득격차가 갈수록 벌어지고 있다. 그 이유를 400자 내외로 설명하여라.

<해설> 구분구적법을 사용하여 로렌츠 곡선의 면적을 구하고 이로부터 지니계수를 구한다. 따라서 교과과정으로 보면 이 과정은 「수학 II」와 「경제」의 문제이다. 한편, 로렌츠 곡선은 정의에 의하여 증가하고 아래로 볼록한 모양을 가진다. 즉,

(1) $L(0)=0, L(1)=1$;

(2) $L(x)\le x$;

(3) $L'(x)\ge 0, L''(x)\ge 0$

따라서 본 문제는 「미분과 적분」에서 이계도함수의 활용에 해당된다.

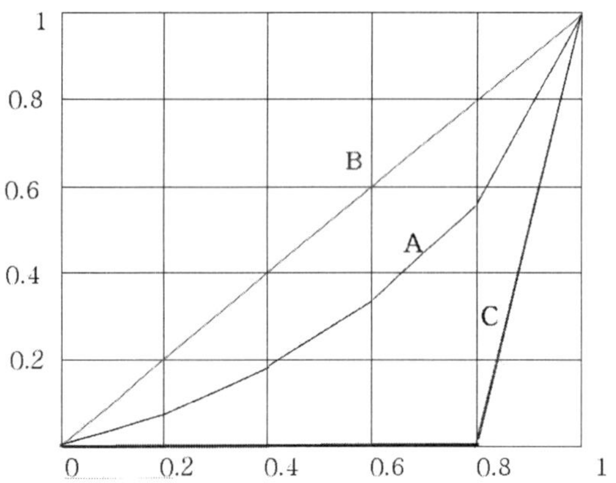

【논제1】 연간 소득의 총합이 A와 같으면서 A의 로렌츠 곡선과 교차하는 자료를 만들었을 때 두 곡선이 $(x_0, L(x_0))$에서 교차한다고 하면 두 경우 모두 누적인구비율이 $100x\%$일 때의 소득누적이 $L(x_0)$로 같다고 볼 수 있다. $x<x_0$일 때 A의 로렌츠 곡선이 위에 있는 경우와 아래에 있는 경우로 나누어 소득분포의 특징을 더 설명할 수 있다.

【논제2】 $y=L(x)$는 누적소득을 나타내므로 증가함수이다. 따라서 $L'(x)>0$이다. 소득이 완전히 불평등하게 분배된 경우는 x<100%인 경우

y=0, x=100%인 경우 y=100%가 되는 경우이다(이러한 선을 완전불평등선이라고 한다). 로렌츠 곡선은 완전평등선보다 위로 올라갈 수 없고, 완전불평등선보다 아래로 내려갈 수 없으므로 $L''(x)>0$이다. 또, $L(x)$가 로렌츠 곡선을 나타내면 우선 $L(0)=0$, $L(1)=1$을 만족해야 한다.

【논제3】 $L(0.2)=\frac{6}{7}(0.2)^2+\frac{1}{7}(0.2)=0.063=6.3\%$,

$$G=2\int_0^1\left(x-(\frac{6}{7}x^2+\frac{1}{7}x)\right)dx=2\int_0^1(-\frac{6}{7}x^2+\frac{6}{7}x)\,dx$$

$$=\frac{12}{7}\left[-\frac{1}{3}x^3+\frac{1}{2}x^2\right]_0^1 \fallingdotseq 0.286$$

【논제4】 로렌츠 곡선의 사다리꼴 넓이의 합을 이용하여(주간조선 제1946호(2007.3.19), 106-107쪽 참고) 지니 계수를 구하면 약 0.332정도이다. 물론 이 값은 곡선을 직사각형으로 근사할 때 차이가 날 수 있다.

【논제5】 하위 20%에 고령가구가 몰려 소득이 더디게 오른다, 상위 20%에는 성과급을 받는 고소득가구가 몰려 기업실적이 좋아질수록 소득 격차가 벌어질 수밖에 없다, 저소득층도 예외 없이 내야하는 세금이나 공공요금이 오르면 똑같이 지출해도 고소득층의 부담이 상대적으로 적어 소득 격차가 벌어진다는 등의 이유를 여러 가지 측면에서 설명하면 된다.

함수 $y=f(x)$가 증가 함수일 때 사다리꼴 면적의 합은

$$\sum_{i=0}^{n-1}\left(f(x_i)\frac{b-a}{n}+\frac{1}{2}[f(x_{i+1})-f(x_i)]\frac{b-a}{n}\right)$$

이 된다(아래 그림 참고). 이것은 n개의 사다리꼴의 넓이의 합은 n개의 사각형의 넓이와 n개의 삼각형의 넓이의 합으로 나누어 구할 수 있다.

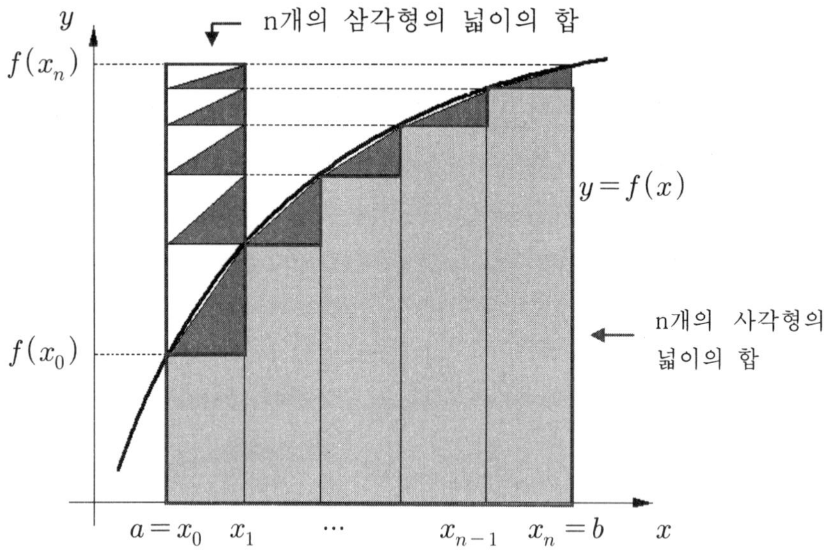

(n개의 사각형의 넓이의 합) = $\sum_{i=0}^{n-1} f(x_i)\frac{b-a}{n}$

(n개의 삼각형의 넓이의 합) = $\sum_{i=0}^{n-1}\frac{1}{2}[f(x_{i+1})-f(x_i)]\frac{b-a}{n}$

(사다리꼴 면적의 합) = $\sum_{i=0}^{n-1}\left(f(x_i)\frac{b-a}{n}+\frac{1}{2}[f(x_{i+1})-f(x_i)]\frac{b-a}{n}\right)$

따라서 $x_0=0$, $x_1=0.2, ..., x_5=1$, $n=5$에 대하여 로렌츠곡선의 면적(근삿값)은

$$\sum_{i=0}^{4}\left(L(x_i)\frac{1}{5}+\frac{1}{2}[L(x_{i+1})-L(x_i)]\frac{1}{5}\right) = \frac{1}{10}\sum_{i=0}^{4}\left(L(x_{i+1})+L(x_i)\right)$$

$$=\frac{1}{10}(2L(0.2)+2L(0.4)+2L(0.6)+2L(0.8)+L(1)) = 0.334$$

따라서 지니계수는 $\frac{0.5-0.334}{1/2}=0.332$ 이다.

<지도상 유의점>
다음 기사 내용을 제시문으로 사용하여 논제를 만들어보자.

글로벌 경제위기의 충격이 저소득 서민계층을 가장 먼저 덮치면서 우리 사회 빈부격차가 크게 확대되고 있다. 지난 1분기에 2인 이상 가구 중 하위 20% 소득계층의 월 평균소득은 85만6000원으로 1년 전보다 5.1% 줄었다. 반면 상위 20% 계층 월 평균소득은 742만5000원으로 1.1% 늘었다. 이에 따라 상위 20% 소득을 하위 20% 소득으로 나눈 '소득 5분위 배율'은 8.68배로 작년 1분기 8.14배보다 크게 나빠졌다. 2000년 전국 가구 소득 통계를 만들기 시작한 이후 빈부 격차가 가장 많이 벌어졌다.

가장 큰 원인은 경기침체로 저소득층 일자리부터 사라지고 있는 데 있다. 기업들은 경영 악화로 인력을 줄여야 할 때 핵심인력인 정규직 감원은 되도록 뒤로 미루고 비정규직부터 내보내기 마련이다. 근로기간 1년이 안 된 임시·일용직 근로자가 지난 3월 기준 537만4000명으로 1년 전보다 26만4000명이나 감소한 것도 그 때문이다. 상가·식당·숙박업 같은 자영업 일자리도 많이 줄었다.

외환위기 때 실직자 중엔 대기업 명예퇴직자가 적지 않았다. 이들은 저축해 둔 돈도 있었고 퇴직 때 상당한 보상금도 받아 그나마 생계를 유지하고 버틸 여력이 있었다. 그러나 이번 경기침체 와중에 일자리를 잃은 비정규직과 영세 자영업자, 저소득층에겐 그런 안전판이 없다. 수입이 끊기면 곧바로 빈곤의 수렁에 빠져들 수밖에 없는 처지다. 당장 생계가 막막해지고, 인간으로서 자존심이 무너지고, 가정이 해체되고, 급기야 노숙자로 거리를 떠도는 비극이 벌어지게 된다.

실제 소득이 최저생계비(4인 가구 기준 133만원)에도 못 미쳐 정부 지원을 받는 기초생활보장 수급자가 올 들어 매달 1만명씩 늘고 있다. 4월 말 현재 기초생활보장 수급자는 157만3000명으로 2000년 이 제도가 도입된 이래 가장 많아졌다. 먹을거리를 기증받아 나눠주는 푸드뱅크 이용자도 작년 11만6000명에서 올해는 14만3000명으로 23% 늘었다.

한국보건사회연구원은 올해 성장률이 정부 전망대로 마이너스 2%로 떨어질 경우 소득이 최저생계비에 미치지 못하는 '근로빈곤층'이 98만명 늘어날 것으로 예측했다. 2007년 282만명이었던 근로빈곤층이 올 연말 380만명으로 급증한다는 것이다. 빈부 격차와 소득 양극화가 지금보다 더 심각해질 것이라는 얘기다.

빈곤층이 늘고 빈부 격차가 커지면 사회·정치적 갈등과 불만이 커가고 그러다 어떤 계기를 만나면 폭발적으로 분출할 수 있다. 이 정부에 멍에처럼 따라붙는 '부자 정권' 이미지가 사태를 더 악화시킬 위험도 있다. 제2의 촛불이나 용산 철거민 사태 같은 일이 다시 벌어질 수 있다는 것이다.
정부는 올 들어 10여 차례에 걸쳐 저소득층과 실업자, 영세 자영업자 등 취약계층 대책을 내놓았다. 그러나 정부 재정만으로 우리 사회의 복지 사각지대를 해소하기는 어렵다. 우리 경제력으로 감당할 수 있는 복지의 수준엔 한계가 있다. 정부가 노력해야 할 부분도 있지만 민간 부문 역할도 중요하다. 우리 사회의 여유 있는 계층이 불우한 이웃들에게 따뜻한 배려와 관심을 기울이며 사회 통합의 짐을 나눠지는 모습을 보여야 한다. (조선일보 2009년 6월 5일 사설: 2000년 이후 빈부격차 가장 많이 벌어졌다)

참고문헌

[가] 고등학교 경제, 두산, 187쪽
[나] 고등학교 수학 II, (주)지학사, 154쪽
[다] 고등학교 미분과 적분, (주)지학사, 84쪽
[라] Leon Gerber, A Quintile Rule for the Gini Coefficient, Math. Magazine, The Mathematical Association of America, Vol. 80(2) (2007) 133-135.

수학과 방과후 활동지도

지은이 박제남
펴낸이 박문규
펴낸곳 KM 경문사
펴낸날 2010년 3월 5일 1판 1쇄
등 록 1979년 11월 9일 제9-9호
주 소 121-818, 서울특별시 마포구 동교동 184-17
전 화 (02) 332-2004 팩스 (02) 336-5193
이메일 kms2004@kyungmoon.com

값 10,000원

ISBN 978-89-6105-324-2